참혹했던 비극의 역사
1948년 제주 4·3사건

1946년 10월 1일 대구10월사건

박 윤 식 지음

※「대한민국 근현대사 시리즈」(박윤식 著)에 사용된 '폭동' 및 '폭도'는 운평어문연구소 편역, 「뉴에이스 국어사전」(금성출판사, 1999)에 따라 아래와 같은 의미를 갖는다(2347쪽).

- **폭동**(暴動: 사나울 폭, 움직일 동)
 "내란까지는 이르지 않았으나 집단적 폭력행위를 일으켜 사회의 안녕질서를 어지럽게 하는 일"

- **폭도**(暴徒: 사나울 폭, 무리 도)
 "난폭한 행동을 일으켜 치안을 문란하게 하는 무리"

저자 서문

　구한말 이후 오늘날까지 고요한 아침의 나라 대한민국은 반만년의 유구한 역사 가운데 최대의 격동기를 뚫고 전진해 왔습니다. 오늘에 이르기까지 우리나라의 그 파란만장(波瀾萬丈)한 역사는, 감히 필설로 다 표현하기 어려울 정도로 고난의 가시밭길이었습니다. 세계열강의 각축과 일제의 수탈과 압제, 해방 이후 좌·우익 대결의 혼란, 6·25전쟁의 참화, 반복되는 정치적 혼란 속에서, 대한민국은 그야말로 한 치 앞도 내다볼 수 없는 칠흑 같은 흑암과 혼돈 속에 빠져 있었습니다. 그러나 이토록 불우했던 약소민족 대한민국은 그 어떤 나라보다도 평화를 사랑하며 본심이 선하고 착한 백의민족(白衣民族)이었습니다. 순박하고 순진하기 그지없는 우리 민족은, 오직 나라가 잘되어야 백성이 잘된다는 일념(一念)과 허리를 졸라매는 근검절약으로 마침내 부강한 나라를 이룩하였습니다. 대한민국은 하늘에서 비춰 주신 한 줄기 소망의 빛을 붙잡고 신통하게도 그 거친 역사의 격랑을 헤치고, 마침내 민족 본연의 기개를 드높여 전 세계 선망의 대상으로 우뚝 솟아올랐습니다. 이제 대한민국은 위대한 민족사적 대업을 완수하고, 세계를 선도하는 일류국가가 되어 새로운 시대적 정진을 이루어야 할 중차대한 역사적 분기점에 직면해 있습니다. 이러한 때에 우리 대한민국 국민들에게 가장 시급한 것이 있다면, 그것은 정확한 역사의 인식과 전수입니다.

　역사란, 지난날 오랜 세월을 거쳐 오늘에 이르기까지의 세계나 국가 민족 등이 겪어온 정치적·사회적·문화적 변천의 과정이나 중요한 사실과 사건의 자취를 말합니다. 분명 역사는 과거를 토대로 현재를 거쳐 미래로 부단히 거대한 물결을 이루며 흘러 나아갑니다. 현재의 역사는 과거 모든 역사의 결과물이므로, 과거의 역사 없이는 현재의 모습이 구현될 수 없습니다. 그러므로 과거에 대한 정확한 인식은 현재를 정확히 보게 하고 동시에 정확한 미래의 건설을 가능케 합니다. 세계를 선도해 갈 대한민국의 찬란한 미래를 건설하고자 할 때, 가장 시급한 것은 바로 과거 역사를 바르게 인식하고 그것에 대해 공정(公正: 공평하고 올바름)을 기하는 것입니다.

역사 기록에 있어서 가장 중요한 것은, 과거의 역사적 사실을 실제 있었던 그대로 정확하게 기록하는 것입니다. 자신의 주장을 정당화하기 위해 역사적 사실을 왜곡하거나 날조하여 기록하는 것은 바른 역사관(歷史觀)이 아닙니다. 자기 견해와 입장을 너무 강조한 나머지 역사적 상황을 있는 그대로 기록하지 않고, 주관적으로 치우쳐서 어느 한 부분을 과장하거나 부풀려 기록하고 의도적으로 빼 버리는 것 또한 바른 역사관이 아닙니다. 우리는 역사를 기록할 때 양심을 속여서는 안 되며, 양심에 화인(火印) 맞아서 거짓말하는 자가 되어서도 안 됩니다. 옛 성인들의 말처럼 양심의 악을 깨닫지 못하거나 아예 양심이 없는 사람은 참된 사람이라 할 수 없습니다. 역사는 살아 있는 양심을 가지고 사실 그대로 기록해야 합니다. 대한민국의 후손들이 그 역사를 좌나 우로 치우침이 없이 객관적으로 읽고 또 기록해 나가도록 하는 것은, 너무도 중요한 일입니다.

과거의 역사를 올바르게 기억하는 민족은, 결단코 잘못된 역사를 되풀이하지 않으며 새로운 역사의 창조적인 주역이 되어 전 세계를 밝혀 나갈 수 있습니다. 이러한 사실을 뼈저리게 깨달은 민족이 바로 유대 민족입니다. 이스라엘 '야드 바쉠 홀로코스트 박물관' 전시실 2층 동판에는 "Forgetfulness leads to exile, while remembrance is the secret of redemption."(망각은 포로 상태로 이어지나 기억은 구원의 비밀이다.)라는 문구가, 그리고 기념관 출입구에는 "Forgive, but remember."(용서하라, 그러나 잊지는 말라.)라는 문구가 새겨져 있습니다. 뼈아픈 역사를 기억하지 않으면 다시 비참한 멸망의 상황으로 떨어질 수밖에 없다는, 유대인의 깊은 민족적 참회와 깨달음, 그리고 미래에 대한 각오를 엿볼 수 있습니다.

옛날 이스라엘 민족의 위대한 지도자 모세는, 120세로 운명하기 직전에 가나안 입성을 앞둔 제 2세대들에게 "옛날을 기억하라 역대의 연대를 생각하라 네 아비에게 물으라 그가 네게 설명할 것이요 네 어른들에게 물으라 그들이 네게 이르리로다."라고 준엄하게 명령하였습니다. 이는 과거 역사를 회고함으로써 미래 역사를 전망하라는, 유언과도 같은 메시지입니다. 기억해야 할 '옛날(the days of old)'과 생각해야 하는 '역대의 연대(the years of all generations)'에 대한 언급은, 현존하는 역사에는 분명한 시작과 뿌리가 있음을 알려 줍니다. '기억하라(remember), 생각하라(consider), 물으라(ask)'라는 이 세 가지 명령은, 우리 후손들에게 역사에 대한 교육이 반드시 그리고 중단 없이 계승되어야만 한다는 것을, 강력하게 일깨우고 있습니다. 역사 교육을 통해 우리 후손들이 자신들의 뿌리를 찾고, 아비가 설명해 주고 어른들이 일러 주는 역사적 진실과 심원한 경륜을 배움으로써, 우리 민족은 비로소 나라가 나아갈 올바른 방향을 찾게 될 것입니다. 정직하고 성실한 역사 교육이야말로, 만세에 빛나는 대한민국을 만드는 참된 원동력과 생명줄이며, 향후 나라의 운명을 좌우하는 중차대한 과제인 것입니다.

우리나라의 일제 강점기와 6·25전쟁은, 대한민국 백성이라면 반드시 그 실상을 바로 알아야 하고 영원히 기억해야 할 역사적 이정표입니다. 그런데 일제 강점기의 암울하고 처량했던 식민통치와 수

백만의 목숨이 희생된 6·25전쟁의 참상을 생생하게 기억하고 있는 사람은 이미 80세가 넘었고, 그 후 세대는 대부분 그때의 비극을 알지 못하거나 옛날이야기 정도로 가볍게 여기고 무관심합니다. 지금 우리나라의 현대사는 지나치게 왜곡되어 차마 눈을 뜨고 읽을 수 없을 정도로 편향되고 좌경화되어 버렸습니다. 심하게 편향되고 좌경화된 물결이 홍수처럼 밀려오고 있는데, 이것은 대한민국을 한순간에 무너뜨릴 수도 있는 무서운 것임을 온 국민이 깨어 직시해야 합니다. 역사를 왜곡시켜 놓은 채 이기적이고 단편적인 주장들로 국론이 분열된다면, 모래 위에 지은 집이 풍랑에 쉽게 무너지듯이, 아무리 최고로 발전한 물질문명을 가진 나라라도 순식간에 무너질 수밖에 없는 것입니다.

저는 대한민국 격동기의 현장을 직접 체험한 산 증인 중의 한 사람입니다. 해방 이후 고향 이북에서 공산당에게 공산주의 교육을 받았고, 그 실상 또한 낱낱이 목격했고 실제로 경험했습니다. 월남(越南)전에 이미 레닌(Vladimir Lenin)의 「국가와 혁명」, 「유물론과 경험비판론」, 마르크스(Karl Heinrich Marx)의 「자본론」, 「공산당 선언」 등을 교재로 공산주의 사상 교육을 철저하게 받았었고, 이러한 교육과 체험을 통해 공산주의의 허구성과 치명적인 한계를 누구보다도 정확히 파악하게 되었습니다. 1917년 11월 7일, 레닌의 주도로 볼셰비키 러시아 혁명을 승리로 이끈 공산주의는 1991년 12월 31일 완전 붕괴되어, 약 75년 만에 역사의 무대에서 완전히 사라져 버렸습니다. 이것은 공산주의가 이론은 그럴싸하게 보이지만 실제로는 이론대로 실현되지 않는 허구임을 보여 준 것입니다. 공산주의가 자유와 번영, 행복을 보장해 주는 것이 사실이라면 어떻게 이렇게 허무하게 붕괴될 수 있단 말입니까? 공산주의는 당 간부를 비롯한 특권층만 잘살고 교육적 혜택을 누리는 독재체제요, 공산주의가 들어간 나라마다 무자비한 살상으로 피바다를 이룬 참혹상이 적나라하게 드러났습니다. 이미 역사의 심판을 받았고 온 세계가 내다버린 쓰레기같이 된 이론을 아직도 붙잡고 있는 이들이 많은 것을 보면, 참으로 통탄을 금할 길이 없습니다.

그래서 저는 이 소책자를 통해 현 세대가 전혀 체험하지 못한 을미사변, 을사늑약, 한일합병, 대구10월사건, 제주 4·3사건, 여수 순천 사건 등을 상세하게 밝히고, 무엇보다 공산주의가 개인과 민족에게 미치는 심각한 파괴력과 그에 따른 폐해를 분명하게 보여 주기를 원합니다. 한걸음 더 나아가 우리나라의 가장 암울했던 현대사를 통해, 나라 없는 설움이 어떤 것인지, 또 나라를 빼앗긴 비참함이 어느 정도인지를 모두에게 일깨워 주고 싶습니다. 저로서는 최선을 다해 현장을 방문하여 눈으로 확인하면서 마지막까지 증언자들을 만나 많은 도움을 받고, 그들의 증언을 정성껏 녹취하고 재차 확인하였습니다. 나름대로 공을 들였으나 아직 미흡하고 불완전하기만 합니다. 하지만 더 늦기 전에 역사적 진실을 후대에 왜곡 없이 전달해야 한다는 소박한 뜻으로 책을 출판하게 되었습니다. 그 동안 섬기는 교회에서 국가의 국경일이나 절기, 목요일마다 꾸준히 해 온 구국(救國) 강연 원고들과 우리나라 근현대사에 대하여 45년간 꾸준히 연구하며 정리해왔던 조각들을 한 곳에 모아 조그만 결실을 보게 된 것입니다.

저는 이북에서 공산주의의 허구성을 깨닫고 1947년 월남하였습니다. 그리고 춥고 배고프던 차에 1948년 통위부 후방사령부 국방경비대에 입대하여, 당시 군대의 상황을 누구보다 피부로 체험할 수 있었습니다. 저는 국방경비대에서 먼저 입대한 군인들이나 하사관들에게 기회가 있을 때마다 북한의 실상과 공산주의의 허구성을 설명하곤 하였습니다. 그때의 국방경비대 사령관은 송호성 준장이었는데, 그는 여수 순천 사건 20여 일 전인 1948년 9월 말에 저를 선도하겠다고 불렀습니다. 그는 두 시간 가까이 북한 공산주의에 대해서 자세히 물어보고 대화하는 가운데 저를 위하는 척하면서 "지금은 공기가 좋지 못하니 당분간 말조심하라"라고 말한 적이 있었습니다. 그때 저는 송호성 사령관의 태도를 보면서 이상하다고 생각했었습니다. 그런데 놀라운 것은 그가 6·25때 인민군에 의해 서울이 점령당하자, 남하하지 않고 인민군 여단장이 되어 국군에게 총부리를 겨누었다는 사실입니다. 그는 1950년 7월 4일 대남방송을 통하여, 국군병사들과 장교와 삼천만 동포들에게 자기를 본받아 인민군과 빨치산이 되어 "총부리를 돌려 인민의 원수 미제와 매국노 이승만 괴뢰도당을 타도하라"라고 부르짖기까지 했습니다. 또한 1948년 12월 보안법이 발표된 후 갑자기 부대의 많은 군인들이 탈영하였으며 그 대다수가 지휘관들이었습니다. 알고 보니 남로당에 가입하였던 빨갱이들이었습니다.

이러한 상황 속에서 6·25가 발발했고, 저는 인민군과의 치열한 전투를 계속하면서 밀리고 밀려 남하하게 되었습니다. 곳곳마다 공산당의 만행으로 처참하게 학살당해 나뒹구는 시체들은 차마 눈뜨고 볼 수 없을 정도로 참혹하였습니다. 전쟁이 얼마나 무서우며 공산당이 얼마나 잔악한지를 깨달을 수 있었으며, 다시는 이 땅에 전쟁이 일어나서는 안 되고 이 지구상에서 공산주의는 없어져야만 한다는 것을 온 몸으로 체험하게 되었습니다. 저는 남하하던 중 지리산 전투에서 인민군의 총격으로 다리에 부상을 당하였습니다. 지금까지 계속되는 저리고 아픈 총상의 통증은, 일평생 저에게 나라가 얼마나 귀중한지를 일깨워 주고 있습니다.

저는 이미 오래 전에 목회 일선(一線)에서 은퇴하고 어느덧 85세가 다 되어 인생의 황혼기를 살고 있습니다. 그러나 지금이라도 나라가 또 부른다면 다시 전장에 나가리라 하는 마음의 충정은 변함이 없습니다. 나라를 사랑하고 자기 민족을 사랑하는 것이, 국민의 가장 기본적인 의무이고 참된 구국(救國)입니다. 조국을 위해 목숨 바쳐 일하는 군인, 경찰, 공무원들, 노동자들, 남이 알아주지 않는 자리에서 대한민국의 안위를 노심초사하는 이름 없는 진실한 애국자들이 많이 있기에, 우리나라 대한민국은 든든하고 후손들의 미래는 희망찹니다.

  나라 없는 개인은 존재하지 않으며, 역사 없는 나라도 존재하지 않습니다. 대한민국의 역사는 곧 우리 각 사람의 역사이기도 합니다. 제 나라의 역사를 모른다면 누구도 자기 정체성을 올바로 세울 수 없고, 그 개인의 앞날은 물론 나라의 밝은 미래를 기대할 수 없습니다. 역사에 대한 정확하고 올바른 인식이 곧 애국심의 참된 발현이며, 앞으로도 대한민국이 세계를 선도하는 가장 부강한 나라가 되는 첩경(捷徑)입니다. 저는 자라나는 세대에게 대한민국 국민으로서 마땅히 알아야 할 역사를 사실대로 전해 주어야만 한다는 사명감으로 이 책을 집필하였습니다. 부디 온 국민이 올바른 역사관을 가지고 나라 사랑의 뜨거운 애국심으로 불타올라, 대한민국을 세계에서 가장 존경받는 위대한 나라로 만들어가는 찬란한 횃불들로 쓰임 받게 되기를 간절히 소망합니다.

2011년 11월 5일

박윤식

들어가면서

　제주도는 우리나라 육지(목포)에서 약 140㎞ 떨어져 있으며, 동서로 73㎞, 남북으로 32㎞, 섬 전체 넓이는 약 1,850㎢이며, 남한 전체의 약 2%에 해당합니다. 전 세계적으로 찾아보기 드문 천연 자연경관을 자랑하는 관광명소로, 우리나라의 자랑거리요 천혜의 선물이요 아름다운 낙원입니다. 제주 태생 도민들은 대체로 선량하여 때묻지 않은 순박함을 지니고 있었습니다. 순박한 제주도민들은 4·3사건 때 어떤 사상이나 이념을 가지고 좌와 우로 가른 것이 아니었고, 피치 못할 시대적 정황 속에서 어떻게든 목숨을 부지하려고 밤이면 산사람들에게 본의 아니게 협조와 복종을 해야 했고, 낮이면 대한민국 백성으로 돌아와야 하는 이중고(二重苦)에 허덕였습니다. 당시 산사람들을 따라 산으로 올라간 주민들은 '곧 인민공화국이 세워지니까 2-3개월만 고생하면 된다'는 말을 철석같이 믿었는데, 산에서 죽는 사람이 계속 늘어나고 상황이 악화되자, 여기서 죽느니 차라리 가족들 앞에서 죽겠다며, 집으로 돌아가는 자가 많았다고 합니다(1999.9.12. MBC 방영 「이제는 말할 수 있다」 제1회 제주4.3사건).

　6년 6개월 간 밤낮으로 숨죽이고 살아야 하는 극한 고통 속에서 제주도 유사 이래 가장 많은 도민들이 다치고 죽어 갔으며, 오래도록 고통 속에 신음하였고, 제주도의 아름다운 산천은 무참히 짓밟혀 아물기 힘든 큰 상처를 입었습니다. 그야말로 참혹했던 비극의 역사였습니다. 제주도민들 가슴에 응어리진 그 천추만대의 한(恨)을 누가 씻어 주며 무엇으로 그 보상을 다 할는지... 생각할수록 원통하고 가슴 아픈 일입니다. 4·3사건의 쓰라림을 몸소 체험한 제주도민을 직접 찾아가 만나 보니, 모두가 4·3사건이 왜곡되고 진실이 은폐되어 있는 현실을 개탄하고 있었습니다. 그러나 우리 후손들이 올바른 역사의식을 갖도록 하기 위해 증언이나 서명을 부탁하면, 처음에는 거북하게 생각하고 거절하는 이들이 많았습니다. 63년이나 지났는데도 4·3사건의 그 진상이 아직도 속 시원히 풀리지 않은 까닭에, 제주도민들은 여전히 보이지 않는 어떤 위압감에 눌려 아물지 않은 상처와 눈물과 한(恨)을 안고 있는 듯하여, 실로 쓰린 마음을 금할 길이 없었습니다.

아무리 어둡고 슬픈 역사라 할지라도, 진실 밝히기를 꺼려하여 침묵으로 외면하거나 회피하면서 흘러가는 세월에 막연한 기대를 걸고 있다면 큰 잘못입니다. 심각한 왜곡과 편향으로 잘못 인식된 역사를, 더 늦기 전에 곧게 펴는 진상규명이 제대로 이루어져야만 합니다. 사건을 체험한 세대가 모두 세상을 떠나기 전에, 진실이 영영 묻히기 전에 역사를 사실대로 밝히는 것이 가장 시급하고 막중한 일입니다. 그렇지 않으면 훗날 아무것도 체험하지 못한 우리 후손들은, 왜곡된 역사의 대가를 우리가 겪은 그 이상으로 가혹하게 치를 수도 있는 것입니다. 진상규명의 최우선 작업은, 이 사건이 언제 어디서 누구에 의해서 무엇 때문에 어떻게 일어난 것인지를 밝히고, 그 역사적 사실만은 정직하게 기억해야 하는 것입니다. 그것만으로도 나라의 앞길을 가로막는 지난날의 어둡고 부정적이고 답답했던 마음들이 하나 둘 밝아지고 긍정적이고 통쾌한 마음으로 변화될 것이며, 그로 인해 우리 후손들은 마음이 하나 되어 나라의 밝은 미래를 펼쳐 나갈 수 있을 것입니다.

국내의 여러 단체에서 제주 4·3사건을 연구한 책들이 쏟아지고 있으나, 너무 좌편향적인데다 민중항쟁이라고 말하는 이가 많습니다. 신상준 박사(대구대 총장 역임)가 만 9년 동안 제주 4·3사건을 연구한 끝에 발간한 「제주도 4·3사건 I ~ V」(제주문화, 2010)이라는 저서와 제주산업정보대에 재직했던 고문승 교수가 펴낸 「제주 사람들의 설움」(신아출판사, 1991)과 같이 올바른 시각으로 역사를 되짚어 주는 서적은 손에 꼽을 정도로 적습니다. 대한민국 역사상 가장 긴 고통이었던 제주 4·3사건, 그에 대한 폭넓고 전문적인 연구에 이 책이 작은 도움이 되었으면 하는 바램입니다.

오늘날 대한민국이 눈부신 발전을 이루고 있는 것은, 그야말로 자유민주주의 수호를 위해 흘린 고귀한 피의 터전이 있었기 때문인데, 그 중에도 제주도민이 흘린 피의 희생은 매우 큰 것입니다. 실로 제주도민의 고귀한 희생은, 6·25전쟁에서 나라를 지킬 수 있었던 한 줄기 소망의 빛이었고, 자유민주주의 건설의 위대한 토양이 되었으며, 오늘날 부강한 대한민국 발전의 밑거름이 되었습니다.

제주 4·3사건을 진압하다가 전사한 9연대장 박진경 대령을 비롯해, 이 사건을 진압하면서 순직한 군인 186명, 경찰 153명, 우익 인사 1,673명, 중상모략으로 억울하게 죽어간 헤아릴 수 없이 많은 제주도민들... 그들의 영혼을 생각하면서, 반드시 그들을 위로해 주시고 그 희생이 결코 헛되지 않도록 그 자손 대대에 모두 보상하여 주시기를 머리 숙여 기도합니다. 이제 그분들의 애국혼을 여기 새기어, 부디 제 마음속의 무거운 빚을 조금이나마 갚고 나라사랑에 이바지할 수 있기만을 소원합니다.

역사적 사실은 결코 시대 흐름에 따라 변하는 것이 아닙니다. 그 해석에 있어 여러 의견이 나올 수는 있으나 실체적 진실까지 왜곡되어서는 안 될 것입니다. 시간이 지났다고 해서 강자(승자)편에서 역사적 진실 자체를 왜곡해서는 절대로 안 됩니다. 역사는 더해서도 안 되고 빼서도 안 되며 정확한 사실 그대로 밝혀져야 합니다. 그 순간에 역사는 현재 속에서 놀라운 생명력을 발휘하며, 현재를 곧게 비추어 주는 선명한 거울이 되며, 미래를 향해 올바른 방향을 힘차게 외치는 나팔수가 되는 것입니다. 그러나 왜곡 날조된 역사는 필연코 우리와 후손들을 나약하게 하고 병들게 하여 나라의 장래를 암담하게 만듭니다. 과거 역사를 사실대로 진단하지 못한다면 앞을 못 보는 장님이나 다를 바가 없습니다.

남과 북으로 분단된 국토, 내부적으로 보이지 않는 이념적 갈등이 끊이지 않는 것이 현재 우리나라의 현실입니다. 그러므로 더더욱 거짓 없는 역사의 보존을 위해, 사실을 사실대로 왜곡 없이 기록하는 일과 젊은 세대들을 위한 올바른 역사 교육이 강력히 요청되는 것입니다. 국사를 정직하게 사실대로 거짓 없이 기록하고 이야기할 때, 비로소 국민들에게 감동을 주어 애국심을 심어 줄 수 있습니다.

국가(國家)란 민족의 커다란 집입니다. 나라 국(國)에 집 가(家), 국가는 실로 민족 대식구가 모여 사는 영원하고 광대한 집입니다. 이 나라에 사는 백성들은 저마다 대한민국의 한 가족 한 식구인 것입니다. 그래서 '나라'라고 하는 것은 상황과 필요에 따라 입었다 벗었다 하는 옷가지 같은 것이 아니고, 절대로 떼어내 버릴 수 없는 내 살과 같은 것입니다. 그런 의미에서 백성과 국가는 일체라고 말할 수 있습니다. 부디 이 책을 읽는 대한민국 백성 모두가 뜨거운 민족혼으로 조국의 앞날을 늘 생각하고 염려하며, 나아가 일사각오(一死覺悟) 애국애족의 일념으로 나라를 지키는 진실된 애국자 되시기를 간절히 소원합니다.

차 례

- 저자 서문 3
- 들어가면서 10

[별지 1] 1948년 4·3사건 당시 제주도
[별지 2] 조선공산당이 찍은 위조지폐, 을100원권(6회에 걸쳐 1,200만 원)

1. 우리나라 초기 공산주의의 배경 17

   (1) 1919년 3·1독립운동 이후 전개된 공산화의 물결
   (2) 1925년 조선공산당과 고려공산청년회 조직
   (3) 6·10만세운동 후 조선공산당 사건
   (4) 공산주의의 지하활동

2. 해방 이후 공산주의의 확산 25

   (1) 해방과 동시에 38선으로 분단된 조국
   (2) 해방 직후, 박헌영의 등장과 조선인민공화국
   (3) 조선공산당의 조선정판사 위조지폐 사건
   (4) 위조지폐 사건 후 박헌영의 월북(1946년 9-10월)
   (5) 북로당(김일성의 북조선 분국)과 남로당(박헌영의 서울 중앙당)
   (6) 1946년 9월 총파업(23일부터 약 1주일간)
   (7) 위조지폐사건 이후 잇따른 암살사건

3. 1946년, 대구10월사건 61

   (1) 대구10월사건의 전개
   (2) 경북 도내 군청과 경찰서의 피해
[별지 3] 대구10월사건 경북 22개 군청과 경찰서 습격(1946.10.1.-11.11.)
   (3) 경관들의 치료를 거부한 대구의사회
   (4) 경북·경남·전남 지역 등 전국으로 확산
   (5) 대구10월사건의 배후
   (6) 대구10월사건의 결과

4. 1948년, 제주 4·3사건 89

   (1) 한반도의 최남단, 제주도의 공산당 조직
   (2) 1947년, 제주 3·1발포사건
[별지 4] 1947년 3·1발포 사건 당시 제주북초등학교 주변
   (3) 5·10단독선거 반대를 위한 1948년 2·7사건
   (4) 4·3사건의 결정 시기
   (5) 4·3사건의 시작
   (6) 5·10단독선거 반대
   (7) 5·10단독선거 결과 제헌국회와 대한민국 정부 수립

5. 김익렬(9연대장)과 김달삼(인민유격대 사령관)의 평화협상 149

  (1) 제주도 모슬포 주둔 9연대에 진압 작전 요청
  (2) 인민유격대 사령관 김달삼과의 평화협상
  (3) 제주 9연대장 김익렬 중령의 해임(1948년 5월 6일)

6. 4·3사건 발생 이후 제주 남로당의 음모 163

  (1) 제주 9연대 41명의 탈영
  (2) 연대장 박진경 대령 피살
  (3) 최경록 연대장을 암살하려는 문상길의 음모
  (4) 포로수용소장이 된 오일균 소령의 음모
  (5) 한의사를 통해 총과 실탄을 빼돌린 김창봉 대위
  (6) 해주인민대표자대회에 참석차 월북한 김달삼

7. 제주 인민유격대 제 2대 사령관 이덕구의 선전포고 179

  (1) 인민유격대 제 2대 사령관 이덕구(1948.8.-1949.6.7.)
  (2) 1948년 9-10월, 인민유격대의 학살과 만행
  (3) 1948년 10월 11일, 제주도 경비사령부 설치
  (4) 1948년 10월 17일, 무허가통행금지 포고령
  (5) 1948년 10월 24일, 대한민국을 상대로 한 이덕구의 선전포고
  (6) 인민유격대와 내통한 제 9연대 내 비밀조직 발각(10월 28일)
  (7) 1948년 11월 2일, 인민유격대의 제주 9연대 6중대 공격
  (8) 제주도경찰국 내의 인민유격대 내통 비밀조직의 발각
      (11월 7일 제주도 적화음모사건)
  (9) 1948년 11월 17일 계엄 선포
  (10) 인민유격대의 국군 공격과 진압군의 공격(중산간 마을 피해)
  (11) 제 9연대를 대전 제 2연대와 임무교대(1948년 12월 29일)
  (12) 제주도지구 전투사령부 신설(1949년 3월)
  (13) 이덕구의 최후(1949년 6월 7일)
  (14) 이덕구를 이은 인민유격대 사령관들

8. 결론 - 제주 4·3사건의 결과와 진상 213

▨ 글을 맺으면서 226
▨ 찾아보기 230

1. 우리나라 초기 공산주의의 배경

The background of early Korean Communism

해방 이후 5년간의 극심한 혼란기를 중심으로, 그 전(前)으로는 일제 강점기 36년의 암울한 시기였고 그 후로는 이북의 불법 남침에 의해 온 국토가 초토화되었던 6·25동란이 자리잡고 있습니다. 혼란기 5년여 동안 나라의 존재 기반을 통째로 뒤흔들었던 대표적인 사건으로는, 1946년 대구10월사건, 1948년 제주 4·3사건, 1948년 10월 19일 여수 순천 사건이 있습니다.

이러한 혼란스러운 사건들과 6·25동란의 근본 원인은, 해방 이후 나라가 경제적으로 궁핍하고 사회적으로 혼란한 틈을 타서 이 땅에 급속도로 파급되었던 공산주의 세력의 영향 때문이었습니다.

(1) 1919년 3·1독립운동 이후 전개된 공산화의 물결

1919년 거족적인 3·1독립운동으로 국권 회복을 기대했으나 일제의 칼날에 무참히 짓밟혔고, 그 결과로 오히려 일제의 탄압이 더욱 가혹해지자 3·1운동 후 민족의 허탈감은 극도에 달했습니다. 이때 백성들의 마음을 강하게 유혹한 것이 바로 공산주의 사상이었습니다.

1917년 11월 당시 러시아에서 레닌의 주도하에 일어난 피의 혁명 곧 볼셰비키 당에 의한 폭력 혁명이 성공한 이후, 전 세계적으로 공산화의 물결이 급속히 확산되었으며, 러시아 공산당은 국제 공산주의 운동에서 지도적 지위에 서게 되었습니다. 그리고 모스크바에서 코민테른(제 3국제공산당)이 설립(1919.3.2.)된 후에는 각국 공산당이 모스크바를 중심으로 한 중앙집권적 통제 하에 들어가게 되었습니다.

우리나라의 경우, 1918년 1월 22일 러시아의 이르쿠츠크에서 한인 김철훈 등이 주동이 되어 '이르쿠츠크 공산당 한인지부'를 조직하였고, 6월 26일에는 이동휘(애국투사) 등이 주동이 되어 하바로프스크에서 한인사회당을 창립하였는데, 이것이 한국 공산주의 운동의 효시라고 볼 수 있습니다. 애당초 이러한 공산주의 운동의 최초 동기는, 공산주의 본래의 목적 달성을 위한 것이 아니라 항일 독립운동의 한 방편으로서 출발한 것이었습니다. 당시 일부 독립운동가들이 러시아에 의존하려 한 것은, 지리적인 여건이 미국이나 유럽에 비해 유리하였고, 특히 레닌의 공산혁명정권이 '세계 식민지 민족 해방운동'에 동조하면서 강대국의 약소국 병합정책을 반대하고 있었기 때문입니다.[1]

당시 공산당은 소비에트 정부의 후원 아래 공산화를 목적으로 식민지 민족해방운동을 적극적으로 지원해 주었습니다. 그 영향을 받은 우리나라 공산주의자들은 "토지도 나누어 주고, 있는 자 없는 자 차별 없이 다같이 잘 살고 평등하게 사는 좋은 세상이 온다."라는 말로 백성들을 유혹하였고, 동시에 "미국은 우리를 돕지 않는다. 소련의 도움으로 독립할 수 있다."라고 선전하였습니다. 초기 독립운동가들 중에 공산주의가 무엇인지 잘 알지 못하고 나라의 독립을 위해 짐짓 공산당 조직에 몸담은 사람이 많았던 것은, 바로 이와 같은 배경 때문입니다.[2] 즉 독립운동의 한 방편으로 공산주의를 선택했던 것이므로, 이런 배경 하에 공산주의는 애국지사들뿐만 아니라 일반 백성에게도 파급되기 시작했습니다. 이 일을 선두에서 지휘했던 자가 바로 박헌영(朴憲永)입니다.

(2) 1925년 조선공산당과 고려공산청년회 조직

1919년 8월말 이동휘는 중국 상해로 가서 대한민국 임시정부의 국무총리로 선임되었고, 일부 독립운동가들을 규합하여 공산주의

---

1) 「대(對)비정규전사(1945-1950)」(국방부전사편찬위원회, 1988), 1-2.
2) 박갑동, 「박헌영」(인간사, 1983), 17.

모임을 형성, 이를 점차적으로 발전시켜 1921년 1월에는 '한인사회당'을 '고려공산당'으로 개편하였습니다. 이때 박헌영은 고려공산당 청년동맹의 책임비서가 되어 국내에 공산당 세력을 넓혀 나갔습니다. 서울에서는 1921년 '서울 청년회', 1924년 '화요회, 북풍회'와 같은 좌파 조직이 등장하기 시작했습니다.

이렇게 소규모로 활동하던 공산당 조직이 3·1독립운동이 있은지 6년 만인 1925년 4월 17일, 우리나라에서는 처음으로 박헌영, 김재봉, 윤병덕(화요회, 1924.4.17), 김약수(북풍회, 1924.12.25) 등 20여 명이 「조선공산당」을 창당하기에 이릅니다. 이들은 일본 경찰의 눈을 피해 을지로 1가 중국집 아서원 2층에서 이 일을 비밀리에 진행하였습니다.

그리고 바로 다음날 1925년 4월 18일, 박헌영의 집에서 젊은 공산주의자들이 모여 「고려공산청년회」를 조직, 박헌영이 실권자가 되었습니다(당시 25세).[3]

박헌영은 경성고등보통학교를 다녔는데, 1919년 졸업을 며칠 앞두고 3·1운동이 일어나 졸업식도 못한 채 학교를 마쳤습니다. 1920년 일본 유학을 마치고 중국에 있을 때 김만겸을 만나 공산주의 사상교육을 받고, 상해 고려공산당 청년동맹을 조직하여 책임비서가 되었습니다. 1922년 3월 25일 박헌영은 공산당을 확대 조직하려고 국내에 잠입하였다가 신의주에서 경찰에 체포되어 1년 6개월간 복역 후에 출옥하였고, 1924년 1월 20일 서울에 도착하여 공산주의 활동을 전개했습니다.

---

3) 「박헌영」, 50-56.

(3) 6·10만세운동 이후 조선공산당 사건

조선공산당과 고려공산청년회가 결성된 지 약 7개월 만인 1925년 11월 22일, 국경도시 신의주에서 우연히도 조선공산당원의 일본 경찰 폭행사건이 터졌고, 결국 그 밑바닥에 조선공산당이라는 엄청난 비밀결사가 숨어 있다는 것이 적발되었습니다. 조선총독부에서는 '전국 공산주의자 일제 검거령'을 내려 37명이 수배를 받았고(박헌영도 서대문 형무소에 수감), 다시 6·10만세 운동[4]의 주도 세력이었던 많은 조선공산당원들이 조선총독부의 조사를 받으면서 조선공산당은 1927년부터 그 세력 확장에 큰 어려움을 겪게 되었습니다.

한편, 일제의 대대적인 검거령으로 신의주에서 넘겨진 박헌영 등 21명을 합쳐 1, 2차 공산당 사건 관련자로 모두 135명이 체포되어, 그 중 101명이 예심을 거쳐 공판을 받았습니다(조선공산당 사건).

1926년 6·10만세 사건과 관련되어 잠시 서대문 형무소에 수감되었던 박헌영은, 미치광이 행세를 하여 풀려났습니다. 이와 관련해 박갑동 著「박헌영」73쪽에는 다음과 같은 일화가 기록되어 있습니다.

「박헌영의 병세를 알아본즉 밥만은 제대로 잘 먹으나 '정신이 좀 돈 것 같다'고 간수들이 말했다는 것이다. 나중에 밝혀진 일이지만 그때 박헌영이 정신이상자처럼 행세를 한 것은 순전히 감방을 빠져나가려고 일부러 엄살을 부린 것이다.

1927년 11월 중순께 옥중에서 박헌영의 발광상태는 극도에 달했다. 그는 감방에서 두 번이나 목을 매어 죽을 듯이 바둥댔기 때문에 간수들도

---

[4] 1926년 6·10만세 운동은, 조선의 마지막 황제 순종의 승하(4월 25일, 52세)를 계기로, 러시아 혁명의 영향을 받은 조선공산당의 주도하에 일어난 독립운동이다. 순종의 승하는 나라를 빼앗긴 백성의 슬픔을 한층 더해, 돈화문 앞에는 3천리 근역(槿域) 백성의 통곡이 그치지 않았다.

겁을 내었다.

그래서 수갑을 채워 두자 이번엔 수갑을 차고도 이리저리 방을 헤매며 어찌나 몸부림을 쳤는지 온몸에 멍이 들었다.

박헌영이 발광을 시작한 지 두 달째가 되었다. 하도 광기가 심해 독방에 두었으나 갈수록 태산이었다. 대변을 보고는 손에 쥐어 벽에 바르고 간수가 밥을 갖다 주면 밥은 그대로 두고 변을 먹기까지 하였다.

감방에서 차츰 박헌영의 미친끼가 소문났다. 감옥의(醫)조차도 자기로서는 도저히 고칠 수 없다는 말을 하기에 이르렀다. 고옥(古屋) 등 변호사들은 책부원(責付願)을 내고 15일 박헌영의 보석을 또다시 신청, 22일 재판장의 허가를 받았다. 그의 치밀한 능청이 드디어 계획대로 적중한 것이다.

지금으로서는 상상도 할 수 없는 노릇이지만 그 당시만 해도 어수룩했던지, 아무튼 박헌영의 광인행세가 성공한 셈이 됐다. 그가 감옥문을 나서는 날 감옥문 밖에서는 고향인 예산에서 올라온 그의 어머니와 처 주세죽(朱世竹), 그리고 관계 변호인 친구들이 그를 맞았다. 만 2년 만에 햇빛을 보는 그의 심정이야말로 무척 감회에 벅찼었겠지만 그는 여전히 반기는 노모와 부인조차 모르는 척 사람만 보면 무서워 달아나려고만 했다.

그는 곧 서대문동의 김탁원(金鐸遠) 병원에 입원했는데 유명한 정신병 의사인 김 씨조차도 '병이 원체 악성인 데다가 신체가 극도로 쇠약해 낫는다 해도 시일이 상당히 걸리겠다.'고 말할 정도였으니 박헌영의 정신병자 노릇은 완전무결했던 모양이다.」

(4) 공산주의의 지하활동

1927년 석방된 박헌영은 소련으로 달아나 소련 국제 레닌 학교에 입학, 이후에도 여러 차례 공산주의 운동들을 사주하고 지원하다가 1934년에 다시 체포되어 1939년까지 6년간 복역하고 나와 김삼룡과 함께 '경성콤그룹'[5]을 지도하면서 전국적인 공산당 지하 조직을 갖추어 갔습니다.

경성콤그룹의 멤버들은 조선공산당 총무부장겸 재정부장이었던 이관술이 대전에서 엿장수를 하면서 돌아다녔듯이 장사꾼 혹은 노동자 등으로 변장을 하고, 산발적으로 흩어져 있는 독서 서클이나 노동자 조직을 통해 창씨개명, 징용, 공출을 반대하는 것을 선동하며 공산당 활동을 쉬지 않았습니다.

그런데 1940년 12월부터는 공산당 지하 조직이 계속 폭로되기 시작하여 1942년 12월쯤엔 대부분이 경찰에 잡히는 신세가 되어, 결국 **경성콤그룹** 조직은 해체되었습니다. 박헌영은 이런 검거의 소용돌이 속에서 빠져나와 일본 경찰이 생각지도 못한 전남 광주로 피신하였습니다. 해방 때까지 3년간 광주시 백운동 215번지 광주 '**연와 벽돌 공장**'에서 김성삼이라는 가명으로, 한낱 벽돌을 굽고 나르는 인부 행세를 하며 지속적으로 공산주의 지하활동을 하였습니다.

---

5) 경성 코뮤니스트 그룹, 1939년 조선공산당 재건을 위해 조직된 지하비밀조직

2. 해방 이후 공산주의의 확산

The spread of communism in Korea after independence

(1) 해방과 동시에 38선으로 분단된 조국

　3·1독립운동이 있은 지 26년 만인 1945년 8월 15일, 일본이 패망하고 연합군이 승리하면서 우리나라는 감격적인 해방을 맞게 됩니다. 가난의 설움, 힘 없는 설움, 나라의 주권 잃은 설움 속에 36년간 참기 어려운 박해를 받아 오던 우리 민족이, 드디어 자유와 해방을 맞이한 것입니다. 꿈 같은 소식에 태극기를 손에 들고 아는 사람 모르는 사람 가릴 새 없이 서로 얼싸안고 나라를 되찾은 감격에 눈물을 흘리면서 연거푸 "만세! 만세!"를 외쳤습니다. 일장기에다가 태극과 팔괘를 적당히 덧칠하여 급히 만든 태극기를 흔드는 자도 있었습니다. 일제에게 짓눌려 마음껏 웃어 보지도 못하고 목청껏 울어 보지도 못한 우리들, 일그러졌던 얼굴 주름 사이로 감격의 눈물이 시내같이 흘렀고, 남녀노소의 통쾌한 만세 소리는 삼천리를 진동시켰습니다. 이것이 꿈인지 생시인지 너무 좋아서 잠을 잘 수 없었고, 너무도 크고 벅찬 하늘의 선물에 온 국민은 어찌할 바를 몰라 했습니다. 약삭빠른 일본인들과 고등계 형사는 순식간에 자취를 감추어 버렸고, 본래 이 땅의 주인들이 36년 만에 거리와 골목을 가득 메웠습니다. 세상이 바뀐 것을 실감이라도 하는 듯 대한의 산천초목도 다함께 덩실덩실 춤을 추고, 그 기쁨의 함성은 지축을 흔들 정도였으니, 참으로 영원히 잊지 못할 그날! 감격의 날이었습니다.

　그러나 1945년 8월 15일 우리 민족이 일제로부터 해방된 것은 사실이지만, 주권을 가진 완전한 국가로 독립한 것은 아니었습니다. 해방을 위해 독립투사들이 투쟁하였지만, 실은 우리나라의 해방은 2차 대전 때 일본의 패망과 연합군의 승리로 인해 부산물로 거저 얻은 것이요, 자력이 아닌 타력에 의해 주어진 것이라 할 수 있습니다. 그래서 우리나라의 사상가 함석헌 선생은, 8·15해방을 가리켜 '하늘이 준 떡'이라고 했습니다. 굶주린 자가 떡을 기다리듯이 대한민국 백성이 해방을 기다리던 그 열망을 하나님께서 채워 주셨다는 말입니다. 실로 해방은 우리 민족에게 있어서 자주와 자립과 번영의 새 날을 기약하는 민족재기의 새로운 출발점으로서, 미래에 대한 부푼 꿈을 안고 도약할 수 있는 계기가 되었습니다.

1945년 6월 21일, 미군은 약 50만 명을 동원하여 12,000명이 전사하고 군함 100여 척을 잃은 끝에 일본의 오키나와를 점령하였습니다.

1945년 7월 16일, 제 2차 세계대전 중에 핵폭탄 실험에 성공한 미국은 1945년 8월 6일 오전 8시 15분(출근 시간), 일본의 군수기지였던 히로시마에 원자폭탄을 투하하였습니다. 히로시마는 순식간에 초토화되어 아예 그 형체가 사라졌고, 한꺼번에 약 14만 명이 사망하여 시신은커녕 유골도 찾을 수 없었습니다. 부상자는 8만 명이었습니다.[6] 이에 500만 명이 죽어도 절대로 항복하지 않겠다던 일본은, 미국 측이 3일 후인 8월 9일 오전 11시 2분, 나가사키에 다시 원자폭탄을 투하하여 약 7만 4천 명이 죽고 7만 5천 명의 부상자가 발생하자, 8월 10일 항복 의사를 표시하였습니다.[7] 그리고 8월 15일 정오 히로히토 천황(裕仁, Hirohito: 1901-1989년, 제 124대 일왕)이 라디오를 통해 '미국에 무조건 항복한다'고 전 세계인들이 듣는 가운데 발표하였습니다.

---

[6] 히로시마와 나가사키의 원폭 피해로 말미암은 사망자는 당일뿐 아니라 그 이후로도 심각하여 히로시마의 경우 2011년 8월까지 사망 총 275,230명, 나가사키의 경우는 2011년 8월까지 사망 총 155,546명이다(출처-広島市 健康福祉局 原爆被害対策部, 長崎市 原爆被爆対策部)
[7] 「6·25전쟁사 1 - 전쟁의 배경과 원인」 (국방부 군사편찬연구소, 2004), 11.

이후 일제는 카이로 회담(1943년 11월 27일)[8])과 얄타 비밀협정(1945년 2월 10일)[9]), 그리고 포츠담 회담(1945년 7월 26일)[10])에서 선언한 내용대로, 우리나라의 독립을 인정하고 우리나라에서 철수하게 되었습니다.

　그런데 우리나라는 감격 어린 해방을 맞음과 동시에 불행히도 국가의 미래가 뜻밖의 방향으로 엮이어 나가게 되었으니, 그것은 국토의 분단이었습니다.

　미국이 일본에 핵폭탄을 터뜨리자 소련은 일본이 곧 항복하리라고 예상하고, 미국에게 요청받은 날짜보다 이틀을 앞당겨 8월 9일 단 하루 만에 만주에 있는 일본군을 점령하고 곧이어 한반도를 향해 진격하였습니다. 8월 13일에는 나진과 청진을 점령하고 24일에는 평양까지 점령하였습니다. 소련은 미국보다 먼저 한반도에 진주하였습니다.

　이에 미국은 딘 러스크(David Dean Rusk) 대령(케네디 대통령 재임 시 국무장관)과 찰스 본스틸(Charles Hartwell Bonesteel III) 대령(후에 주한 8군 사령관) 등이 38선을 그어, 38선 이북은 소련이 일본의 항복을 받고, 38선 이남은 미국이 항복을 받기로 결정하였습니다. 8

---

8) 카이로 회담(Cairo Conference)에서 미국, 영국, 중국 수뇌들이 한국에 대해 특별조항을 넣어 '현재 한국민이 노예상태 아래 놓여 있음을 유의하여 앞으로 한국을 자유독립국가로 할 결의를 가진다'라고 명시함으로써, 한국은 처음으로 독립을 국제적으로 보장받았다.

9) 얄타 비밀협정은 미국, 영국, 소련 3개국 수뇌들이 소련 남부의 크림반도(Krym Peninsula)에 있는 얄타(Yalta)에서 맺은 비밀협정으로, 소련의 대일전쟁 참가 등이 협정되었다.

10) 포츠담 회담(Potsdam Conference)에서 미국, 영국, 중국 3개국 수뇌들은 카이로 선언의 모든 조항이 이행되어야 한다고 선언함으로, 카이로 회담에서 결정한 한국의 독립보장을 재확인하였다. 후에 소련 스탈린도 회담에 참가하여 선언문에 서명하였다.

월 15일 이 건의안을 소련에 전달하였는데, 별다른 언급 없이 묵시적으로 동의하였습니다.[11] 이는 트루먼 대통령 회고록에서도 밝히고 있습니다.[12]

미군은 남한에 있는 일본군의 항복을 받기 위하여 9월 8일 상륙하였으며, 1945년 9월 9일 일본군은 중앙청에서 항복문서에 서명을 하고 한반도에서 일본군은 철수하였습니다. 북한은 소련군이 점령하고 남한은 미군이 점령한 때부터, 우리나라는 언제 다시 합친다는 기약도 없이 광복과 함께 38선으로 분단된 나라가 되어 버렸습니다. 한반도에 일본군이 없었다면 소련군과 미군이 오지도 않았을 것인데, 일제의 압제는 결국 국토분단으로 이어지고 말았습니다.

일본의 스즈키 수상은 1945년 7월 28일 포츠담선언을 수락하여 항복하려고 하였으나 본토의 과격파 장교들 때문에 못하고, 원자폭탄이 투하된 후인 8월 15일에야 항복을 하였습니다. 만일 스즈키 수상의 계획대로 7월 28일 항복하였다면, 소련군이 만주와 한반도에 진격할 수 없었고 그들에게 발언권도 없으므로 한반도는 분단되지 않았을 뿐만 아니라, 원폭으로 일본인이 그토록 많이 희생되지도 않았을 것입니다. 미군은 1941년 12월 8일부터 1945년 8월 15일까지 4년 동안 싸워 일본을 패망시켰는데, 소련은 겨우 8일간의 참전으로 한반도의 중간인 38도선 북쪽을 점령하여 한반도를 분단시켰습니다. 그러므로 38선 분단의 원인은 첫째로 일본이 한국을 강점한 결과이고, 둘째로 해방 당시 스스로의 힘으로 일본군을 몰아내지 못했던 상해 임시정부의 무력함 때문이며, 셋째로 소련군이 먼저 북한을

---

11) 「6·25전쟁사 1 - 전쟁의 배경과 원인」, 14-15.
12) 고문승, 「박헌영과 4·3사건」 (신아출판사, 1989), 68.

점령한 데 있다고 할 수 있습니다.

(2) 해방 직후, 박헌영의 등장과 조선인민공화국

8·15 해방으로 온 국민이 감격은 했지만, 갑작스럽게 맞이한 해방이었으므로 우리나라의 지도층은 이날을 맞을 준비를 거의 하지 못하고 있었습니다. 1919년 3·1운동을 계기로 상해에 대한민국 임시정부가 세워졌으나, 얼마 안 가 내부적으로 분열되어 각자 독자적 독립운동을 전개하고 있었고, 일제에게 검거되었거나 친일파 가운데서 전향한 자가 많아, 해방 당시에는 여운형의 건국동맹 외에는 이렇다 할 통일조직이 없었습니다.

분열된 독립운동 조직을 크게 나누면 다음과 같습니다.[13]

미국파: 이승만, 이기붕, 허정
중도파(임시정부): 김구, 김규식, 이범석, 이시영
장안파: 김두봉, 최창익, 무정, 허정숙
소련파: 김일성, 최용건, 남일, 김책, 김광협
국내 민족파: 조만식, 송진우, 김성수, 안재홍, 장택상
국내 진보파: 여운형, 홍명희, 조태암

[국내 공산계]
서울(장안)파: 이영, 정백, 최익한, 이승엽
화요회(재건파): 박헌영, 이관술, 김삼룡, 이주하
ML(막스 레닌)파: 이정윤, 신용우, 박용선
기타: 박열(1인 1파적 투사)

---

13) 佐佐木春隆, 「한국전비사(상) 건군과 시련」, 강창구 편역 (병학사, 1977), 53-54.

이로 인해 우리나라는 일제 식민통치 때보다 더 무서운 혼란과 무질서에 휩싸였고, 대한민국의 운명은 공산주의가 뿌리내리느냐, 자유민주주의가 뿌리내리느냐 하는 중대한 기로에 서게 되었습니다. 이때 나라의 주도 세력을 잡은 것은 공산주의였습니다.

해방이 되자 지하에 숨어 있던 공산주의자, 감옥에서 석방된 공산주의자, 해외로부터 돌아온 좌익 세력은, 마치 경칩을 맞은 풀벌레처럼 활개치기 시작했습니다.

해방 다음날 8월 16일, 서울 종로 네거리 등 시내 곳곳에는 뜻밖의 벽보가 나붙기 시작했습니다.

"근로 대중의 위대한 지도자 박헌영 선생은 어서 나와 우리를 지도해 달라!", "박헌영 동지여, 어서 출현하라! 우리는 박 동지를 기다린다", "박헌영 등장을 갈망한다", "박헌영 만세"라는 벽보가 서울 장안 구석구석에 나붙었습니다. 이에 박헌영은 8월 19일, 김성삼이라는 가명을 벗어버리고 전남 광주에서 상경, 서울에서 공산당 재건 공작에 착수하게 됩니다. 결국 그 벽보는 공산당을 조직하기 위한 사전 준비로, 박헌영의 동지들에게는 그의 상경을 알리는 신호였으며 일반 국민에게는 박헌영의 이미지 메이킹을 위한 연극이었던 것입니다.[14] 이렇게 박헌영의 등장과 함께 조선공산당은 활기를 띠기 시작했습니다.

박헌영은 8월 20일, 그가 머무르고 있던 명륜동 김해균의 집에 콤그룹과 화요회의 중심인물을 모아 '**조선공산당 재건준비위원회**'를 결성하고, 이 자리에서 자기가 작성한 「**현 정세와 우리의 임무**」라는 테제[15]를 정식으로 제기하여, 잠정적인 정치 노선으로 통과시켰

---

14) 「박헌영」, 79-86.
15) 테제(These, 독일어): 정치적·사회적 운동의 기본 방침이 되는 강령, 테마와 핵심내용을 간추린 행동 지침서의 통칭

습니다. 이것이 이른바 '8월 테제'로, 이는 조선공산당 재건준비위원회의 활동지침서입니다. '8월 테제'는 전반적으로 민족 분열과 계급 대립을 극대화시킨다는 내용으로, 36년간 일제의 폭정과 식민지 통치로부터 겨우 벗어나 극도로 혼란했던 우리 민족의 앞길을 가로막는 위험한 지침서였습니다.

박헌영이 '조선공산당 재건준비위원회'라는 명칭을 사용한 것은, 1925년 4월에 창건되어 1928년에 해체되었던 조선공산당을 재조직하겠다는 의도였고, 자기가 이끌어갈 당의 정통성을 주장하기 위한 것이었습니다.[16]

한편 해방 이튿날인 1945년 8월 16일, 조선건국동맹의 위원장이었던 여운형을 중심으로 한 '건국준비위원회'(建國準備委員會. 약칭: 건준)가 세워졌습니다(부위원장: 안재홍). 건준은 광복 직후의 혼란한 상황에서 좌파적 성향의 지도자들로 구성되었으며, 해방 이후 145개 지방 조직까지 마친 당시 가장 큰 정치단체였습니다.

그 설립 배경을 보면, 해방되기 직전 8월 초 태평양전쟁의 대세가 이미 기울었음을 감지한 일제가 일본인들의 생명과 재산을 보호하고 안정적으로 귀환시킬 대책이 시급할 때였습니다. 이때, 조선총독부의 마지막 총독 **아베 노부유키**(阿部信行)는 한국의 민족 지도자 중에서 협상대상자를 찾던 중, 8월 15일 새벽 **여운형과 송진우, 안재홍** 등과 개별적인 교섭을 벌이게 됩니다. 송진우는 이를 거절하였으나, 여운형은 건국을 위한 절호의 기회로 생각하고 일제의 조선총독부에게 그 권한을 대한민국에 전폭 이양하도록 요구하는 5개 조항의 조건을 제시하였고, 일제는 이를 수락하였습니다.

---

16) 김남식, 「남로당 연구 I」(1984, 돌베개), 21.

해방 이후 처음 조직된 정치단체였던 건준은, 극도로 혼란한 과도기의 국내질서를 바로잡는 데 민족의 총역량을 집중하였습니다. 이는 1945년 8월 28일 발표된 건국준비위원회 선언문과 강령에도 잘 나타나 있습니다.

"...본 준비위원회는... 새 국가 건설의 준비기관인 동시에 모든 진보적 민주주의적 제 세력을 집결하기 위하여 각층 각계에 완전히 개방된 통일기관이요 결코 혼잡된 협동기관은 아니다. ... 새 정권이 수립되기까지의 일시적 과도기에 있어서 본 위원회는 조선의 치안을 자주적으로 유지하며 한걸음 더 나아가 조선의 완전한 독립국가 조직을 실현하기 위하여 새 정권을 수립하는 한 개의 잠정적 임무를 다하려는 의도에서 아래와 같은 강령을 내세운다.

— 우리는 완전한 독립국가의 건설을 기(期)함
— 우리는 전 민족의 정치적·경제적·사회적·기본요구를 실현할 수 있는 민주주의적 정권의 수립을 기(期)함
— 우리는 일시적 과도기에 있어서 국내 질서를 자주적으로 유지하며 대중생활의 확보를 기(期)함

그러나 중간좌파 성격의 위원장 여운형은, 점점 공산주의자들에게 그 정권을 빼앗기는 상태로 전락하게 됩니다. 박헌영 중심의 조선공산당이, 여운형을 중심으로 조직된 건준에 참가하여 이를 변질시켜 정권을 찬탈하려 한 것입니다. 한편 여운형이 서대문 형무소에 수감되어 있던 3만 명의 좌익 범죄자들을 석방시키는 등 건준이 지나치게 좌익세력으로 치우치게 되자, 민족주의계 인사들이 이에 반발하여 탈퇴하였습니다. 결국 아무런 기반이 없게 된 여운형은 건준을 보다 강화하기 위해 박헌영과 더욱 가까이 뭉치기 시작했고, 이

에 따라 8월 22일 제 1차 개편과 9월 3일 제 2차 개편에서는 대부분의 간부가 공산주의자들로 구성되고 말았습니다.

또 9월 4일 집행위원회 개편을 단행하고, 9월 6일에는 경기여고(지금의 창덕여고 자리) 강당에서 600여 명[17]으로 구성된 전국인민대표자회의를 소집하게 됩니다. 이 회의에서 '조선인민공화국 임시조직법안'이 통과된 뒤 조선인민공화국(약칭:인공)을 급조하여 창건하였습니다.[18]

이때는 재건파 조선공산당이 정식 출범하기 전이었는데도 박헌영이 서둘러 추진했던 이유는, 미군이 진주(進駐)하기 전에 잠정적인 임시정부를 미리 수립하여 기정사실화해 두자는 속셈이었습니다.[19] 인공의 중앙위원은 52명 중 38명(72%)이, 그 후보위원은 20명 중 15명(75%)이 공산당원이었습니다.[20]

이후로 건준은 그 존재 의의가 없어져 9월 7일 완전히 해체되고 말았습니다. '미군이 진주(9월 8일)하기 전에 조선공산당을 정부로서 합법화시키기 위해 건국준비위원회(건준)를 조선공산당으로 흡수한다'는 박헌영의 건준 변질 전략이 그대로 실현된 것입니다. 여운형[21]은 그 열정과 명성을 박헌영에게 이용만 당했고, 결국 남한

---

17) 이 대회에 참가한 대의원 수에 대해 「매일신보」, 「조선해방 1년사」 등에서는 1천여 명 이상으로, 「남로당총비판」에서는 200-300명으로 차이 있게 발표되고 있다[김남식, 「남로당연구 I」, 46.].
18) 「해방전후사의 재인식 2」, 72-73.
19) 남시욱, 「한국 진보세력 연구」 (청미디어, 2009), 27.
20) 「남로당 연구 I」, 49.
21) 몽양 여운형(1886.5.25.-1947.7.19): 경기도 양평군 양서면 신원리에서 여정현과 경주 이씨의 넷째 아들로 태어났으며, 조부가 꿈에 '태양이 떠오르는 꿈을 꾸고 낳았다' 하여 그의 호를 몽양(夢陽)이라 했다고 한다. 그는 1919년 3·1운동 직후 4월 대한민국 임시정부를 수립 선포하였고, 조선중앙일보사 사장을 지냈으며, 1944년부터 건국동맹을 결성, 해방 직후에는 건국준비위원회를 조직하여 활동하였다. 그는 3당 합당

내 공산주의 세력이 자리잡게 하는 산파 역할만 한 셈이었습니다.

마침내 9월 11일, 조선공산당 재건준비위원회를 발전적으로 해체하고 「조선공산당」(약칭:조공)이 재건되었습니다. 조공의 총비서는 박헌영이었고, 당 조직 준비 과정에서 핵심적인 역할을 한 사람은 박헌영 직계인 김형선, 이현상, 김삼룡, 이관술 등이었습니다.

서울 시민들이 조선공산당 재건을 알게 된 것은 9월 12일 있었던 대규모 시가행진 때문이었는데, 이 시가 행진은 당 재건보다 앞서 조직된 조선인민공화국 수립의 경축을 겸한 행사였습니다. 시위대는 '조선공산당 재건 만세' 등의 플래카드를 들고 가랑비가 내리는 가운데, 종로-을지로-광화문-중앙청을 휘돌아 오후 4시쯤 해산했습니다.[22]

이러한 배경 속에 박헌영은 해방 이후 가장 큰 실권을 행사하기 시작했고, 1945년 10월 7일에는 **인민위원회**로 간판을 바꾸어 달았습니다. 당시 분위기는 남한이 마치 '**조선인민공화국**'이 된 것 같았습니다. 이들은 노동자, 농민, 도시 일반 근로자들의 정치적, 경제적, 사회적 이익을 옹호하고 서민생활을 급진적으로 개선하기 위해 투쟁한다고 선동함으로써, 국민의 호응을 받았습니

이 있은 뒤 1946년 12월 4일 정계 은퇴를 선언하게 되는데, 그로부터 약 7개월 후에 암살당했다.

여운형(61세)이 1947년 7월 19일 오후 1시 10분 친척 집에 가서 점심식사를 마치고자 동차를 타고 시내로 들어오던 중 혜화동 우체국 앞 로터리 커브를 도는 순간, 북의 지령을 받은 한지근(19세)의 권총 세 발에 쓰러졌다. 해방 이후 건준을 통해 절대적 영향력을 행사하던 그가 점점 민족진영으로부터 따돌림을 당하는가 하면, 3당 합당 때는 박헌영 조선공산당의 허수아비가 되어 이용만 당하였고, 결국 북의 지령으로 안타깝게도 암살당하고 말았다. 한편, 암살범 한지근은 사형 선고를 받고 후에 무기로 감형되었고, 개성소년원에 수감되었다가 6·25 때 인민군에 의해 사살되었다.

22) 「남로당 연구Ⅰ」, 34-35.

다.23) 미군정이 실시했던 설문 조사 결과, 당시 우리나라 국민들 78%가 공산주의 사상을 선호하고 있었던 것으로 나타났습니다.

이후 박헌영은 이승만을 만나 면담하고 인공 주석 취임을 간곡히 부탁했으나 이승만이 이를 거부했고, 마지막으로 11월 16일에도 이를 요청하였으나 이승만은 태도를 바꾸지 않았는데, 이후 박헌영은 사사건건 이승만을 비난하기 시작했습니다. 12월 20일, 이승만은 '공산당에 대한 나의 입장'이라는 성명을 발표했는데 '온 세계를 파괴하는 자도 공산당이요, 조선을 파괴하는 자도 공산주의자'라고 하면서 박헌영의 조공과 완전한 관계단절을 선언했습니다. 박헌영은 사흘 뒤 이승만을 '민족반역자 및 친일파의 수령'이라고 비난하는 성명을 조공 중앙위 대표 명의로 발표했습니다.24)

1945년 12월 28일 모스크바에서 열린 미·영·소 3개국 외상회의25)가 한국에 대한 신탁통치안을 가결하였습니다. 미국은 한국을 즉시 독립시키자고 제의하였으나 소련은 한국을 3개국이 신탁통치해야 한다고 고집하였습니다. 한국 국민에게 이 소식은 청천벽력과 같은 것이었습니다. 신탁통치에 대하여 좌우익 모두 결사반대하고 나섰습니다. 그런데, 소련의 지령을 받은 박헌영은 1946년 1월 2일 돌연 태도를 바꾸어 찬탁성명을 발표하였습니다.26)

---

23) 「대(對)비정규전사(1945-1960)」, 7.
24) 「한국 진보세력 연구」, 40-41.
25) 이 회의에서 '①임시 조선민주주의 정부를 수립한다. ②미·소공동위원회를 설치하여 한반도에 정당 사회단체와협의한다. ③미국·소련·영국·중국 4개국이 5년 동안 신탁통치에 관한 협상을 한다.'라고 결의하였다.
26) 「대(對)비정규전사(1945-1960)」, 12.

박헌영은 미군정청에게 조선공산당의 입장을 납득시키려고, 1946년 1월 11일 하지 사령관을 찾아가 신탁통치반대 집회를 중지시켜 줄 것을 요구하였지만 거부당했습니다. 결국 박헌영은 우파 지도자 이승만과 미군정과의 협력관계를 맺는 데 모두 실패했고, 이후 그 정책을 전환하여 우익을 약화시킬 목적으로 **1946년 2월 15일, 민주주의민족전선(약칭:민전)**을 결성하였습니다. 이들은 더 나아가 정부수립에 필요한 제반 시책을 연구하는 기관으로 농업문제 연구위원회를 비롯 8개 각 분야별 전문위원회까지 구성하였습니다.[27]

이 후로 남한에서는 피비린내 나는 좌우의 이념대립이 시작되었습니다. 마침내 박헌영의 조선공산당은 1946년 7월, "지금까지 우리가 미군정에 협력하여 왔으며 미군정을 비판함에 있어서는 미군정을 직접 치지 않고... 간접적으로 미군정을 비판하였으나 앞으로는 우리가 이런 태도를 버리고 미군정을 노골적으로 치자... 지금까지 미군정과 그 비호 하의 반동[28]들의 테러에 대하여 그저 맞고만 있었으나 지금부터는 맞고만 있을 것이 아니라 정당방위의 역공세로 나가자. 테러는 테러로, 피는 피로써 갚자."는 폭력전술을 채택하면서 이를 '신전술'이라고 불렀습니다.[29]

(3) 조선공산당의 조선정판사 위조지폐 사건

1945년 8월 15일 해방 이후 남북 분단의 상황에서 '친일파 민족반역자 모리배 타도'를 외치며 '미 제국주의 배격'의 기치를 치켜들고 현실에 어두운 민중을 선동하여, 38선 이남 전역을 단숨에 적화하려던 조선공산당(당수 박헌영)이, 재기 불능의 큰 타격을 입게 된 사

---

27) 「대(對)비정규전사(1945-1960)」, 9.
28) 반동(反動):남로당 노선에 반대하는 사람 지칭하는 말
29) 「남로당 연구Ⅰ」, 235-237.

건이 바로 1946년 4월 초에 있었던 '**조선정판사(朝鮮精版社) 위조지폐 사건**'입니다. 위조지폐(僞造紙幣)는 진짜 지폐를 모방하여 진짜와 같게 가짜 지폐를 제조하는 것으로, 사진·인쇄 또는 손으로 그리는 방법 등이 있습니다. 우리나라 근현대사에서 가장 큰 위조지폐사건은, 광복 직후인 1946년 조선공산당의 **조선정판사(朝鮮精版社)** 사건입니다.

해방 이후 조선공산당은 극심한 재정난을 겪으면서 당 활동자금 마련을 궁리하던 끝에 정판사에서 몰래 지폐를 발행하려는 계획을 세우고 위조지폐 발행에 대한 지령을 내렸던 것입니다.

서울시 중구 소공동에 소재한 '**정판사**'(근택인쇄소)는 정밀인쇄를 전문으로 하는 인쇄소로, 일제의 총독부가 조선은행권을 인쇄하던 조폐공장이었습니다. 해방 이후 재정난에 시달리던 조선공산당은 이 사실을 알고 당 자금 선전운동비를 만들기 위해 여러 가지로 궁리하던 끝에, 당시 시설이 가장 좋았던 근택인쇄소와 그 인쇄소가 있는 근택빌딩을 수속절차를 밟아 미군정 당국으로부터 정식으로 허가를 받았습니다. 그들은 그곳 이름을 **조선정판사(朝鮮精版社)**라고 고쳐 불렀고, 그곳에서 조선공산당 기관지인 '**해방일보**'를 인쇄하였습니다.[30] 당시 근택인쇄소는 **을100원권**[31]을 인쇄하다가 중단된 상태였는데, 인쇄원판(징크판), 인쇄잉크 등 은행권 제조에 필요한 자재의 관리 상태가 매우 허술하였습니

---

30) 윤임술 편,「한국신문백년지」(한국언론연구원, 1983), 박갑동,「박헌영」, 121.
31) 일제시대부터 6·25전쟁까지 조선은행에서 발행한 100원권 지폐 종류는 금(金)권, 개(改)권, 갑(甲)권, 을(乙)권, 병(丙)권, 정(丁)권, 무(戊)권 일곱 가지였다. 을100원권은 해방 이후 급격한 통화의 팽창으로 태평양 전쟁의 와중에 급조되어 1945년 9월 1일 발행된 은행권으로, 기호 1번과 2번까지 인쇄된 것을 말한다(본 서의 별지 2. 참조). 다음은 조병수 著,「한국의 은행권」(오성 K&C, 2010), 94. 을100원권 정보이다.

다. 이렇게 관리가 소홀한 틈을 타 당시 그 회사의 인쇄공으로 있었던 김창선(金昌善)이란 자가 을100원권 인쇄판(징크판) 일부를 절취하여 숨겨 두었다가 공산당의 지령하에 위조지폐를 제조하였습니다.[32] 이것은 1분에, 100원권 20매를 내는 전지 32매를 인쇄하는 **정밀인쇄기**로 인쇄되었습니다(동아일보 1946년 5월 30일자).

조선공산당 재정부장 **이관술(46세)** 과 당 중앙집행위원이자 해방일보사 사장 **권오직(45세)**[33] 의 지령을 받아, 기술과장과 평판과장을

구분			내용
발행(발행중지)			1945. 9. 1(1946. 2. 7)
유통정지			1953.1.16
크기(mm)			162×93 (갑권과 같음)
용지(은화)			고급 모조지 80근지(없음)
도안	앞면		우측: 수노인상, 좌측: 조선은행 휘장
	뒷면		조선은행 및 액면문자, 벚꽃가지
인쇄 및 색채	앞면	윤곽 및 문자	평판: 흑색
		1지문, 2지문	평판: 흑색
		인장, 기호	활판: 적색
	뒷면	윤곽 및 문자	평판: 회흑색
제조			조선서적인쇄주식회사, 지카자와(近澤)인쇄소

32) 조병수, 「우리나라 은행권의 변천사, 한국의 은행권」(오성 K&C, 2010), 94-95.
33) 해방일보사 사장 권오직(1906년 경북 안동 출생)은, 고려공산청년회 제 2대 책임비서를 지낸 권오설의 동생으로, 1925년 4월 고려공산청년회에 가입하였다. 그는 정판사 위조지폐 사건을 계기로 미군정의 체포령이 내려지자 월북하였고, 1948년 8월 해주에서 열린 제 1기 최고인민회의 대의원이 되었으며, 1950년 2월부터 1952년 1월까지 헝가리 주재 조선민주주의인민공화국 공사로 있었다. 1952년 3월 중화인민공화국 주재 대사로 갔으나, 1953년 8월 불려 들어와 대사 자리와 조선로동당 중앙위원회 후보위원 자리를 박탈당했다. 휴전 후 8월 6일, 김일성에 의한 남로당 5만 명의 숙청의 회오리가 그에게도 불어닥친 것이다(경향신문 1953년 8월 14일자). 반당·반국가 파괴분자라는 죄명으로 평북 삭주에 있는 협동농장으로 쫓겨났고, 남로당 간부들과 깊은 산골에서 총살됐다는 소문이 나돌았으나 확인되지는 않았다(중앙일보 1993.1.11-

맡은 김창선(36세), 기술공 정명환(30세), 서무과장 송언필(46세), 재무과장 박필상(40세), 창고계 주임 박상근(43세) 등이 1945년 10월 20일 하오 6시경, 서울시 소공동 74번지 근택빌딩 내의 조선정판사 사장실에서 비밀리에 모여 위조지폐 발행을 결의하였습니다.

그리고 1945년 말부터 1946년 초까지, 공장종업원들이 퇴근한 뒤에 심야와 새벽 시간대를 이용하여 모두 여섯 차례에 걸쳐 위조지폐 1,200만 원을 인쇄하였습니다.[34] 동아일보 1946년 5월 17일자에는 인쇄한 날짜와 시간 및 액수가, 제 5차 인쇄까지 소개되기도 하였습니다.

원판 9개로 찍은 모든 지폐는 전부 백원권이었습니다. 백원권 지폐는 당시 조선은행에서 발행한 가장 큰 단위의 돈이었습니다(천원권 미발행).[35] 1,200만 원은 당시 신문 기자 월급(600원)으로 약

10.12 연재, 강상호, "내가 치른 북한 숙청"). 월북하여 최고인민회의 대의원에 선출되는 등 한때 권력의 중심에 있었던 그를, 북한은 그의 이름조차 말살하고 말았다(동아일보 2003년 12월 22일자). 공산주의를 맹신하던 그를 전혀 어울리지 않는 미 제국주의의 앞잡이, 스파이, 종파 분자로 몰아, 그는 반국가 반혁명분자로 낙인 찍힌 채 자기 일생을 바친 공산주의의 손에 비참한 최후를 맞았던 것이다.

34) 징크판은 일정 한도를 찍고는 폐기해 버리는 것이 정상적이나, 그때 남은 징크판은 다시 사용치 못하도록 모래로 판을 으깨어 선명치 않게만 만들었다. 이에 관한 전문 기술자 김창선은 그것을 다시 선명하게 수정했고, 그것으로 진폐를 인쇄할 수 있었다 (당시 민주일보 기자 이혜복 씨 증언).

35) 1945년 종전이 가까워지면서 조선은행권 발행이 급격히 증가되어, 조선은행에서는 1945년 9월 고액권 발행을 본격적으로 검토하다가 비상시를 대비하여 1,000원권을 인쇄하여 비축하였다(700만 장, 70억). 그러나 심리적 인플레이션 발생을 경계하여, 공식적으로 발행하지는 않았다. 한편 한국전쟁 때 북한군은 남한을 공격하여 한국은행(조선은행에서 개칭)을 점령하고, 그곳에 보관되어 있던 '48A' 번호의 백 원권 미(未) 발행권과 원판, 이에 더하여 미(未) 발행 천 원권을 강탈해 갔다. 북한은 강탈한 그 지폐로 군수물자의 현지조달 등의 용도에 대량으로 사용하였으며, 그 여파로 대한민국엔 인플레이션이 발생하였다.
(일본 화폐박물관貨幣博物館 カレンシア, http://currencia.net/index.html)

1,700년치의 엄청난 액수입니다(당시 쌀 1가마에 380원).[36] 이렇게 발행된 지폐는 조선공산당 재정 담당 이관술이 맡아 당 활동비로 사용하면서 즉시 시중에 유포되었습니다. 그 여파로 남한은 인플레이션이 발생하여 극심한 경제 혼란에 빠지고 말았습니다.

출처 불명의 위조지폐가 나돌아 경제를 혼란에 빠뜨리자 경찰은 수사에 착수했습니다. 이때 김창선이 징크판 1개를 서울옵셋인쇄소(offset printing)[37] **윤석현**(尹奭鉉)에게 보관시킨 것을 탐지했고, 구체적인 범인체포에 나섰습니다. 경찰 조사 결과, 생활고에 허덕이던 공장장 김창선이 징크판 1개를 훔쳐다가 2,500원에 팔았던 사실이 드러났습니다. 이에 1946년 5월 4일과 5일 중부경찰서(당시 본정本町경찰서)에서 **이재원** 등 일당 7명을 체포하고, 이어 그들의 자백에 의해 5월 7일 공산당원 14명을 체포하였습니다. 공산당 측에서는 5월 17일, 성명을 발표하여 구속된 정판사 직원 14명을 공산당원이 아니라고 변명하였습니다.

조선공산당 측은 '허위 날조된 사건'이라고 주장하면서 갖가지 반증을 내세우려 안간힘을 썼으나, 여러 모로 드러난 증거를 뒤집지 못하고 최종판결에서 유죄를 선고받았습니다.

중앙경찰청에서는 이들로부터 조선공산당 일당이 위조지폐를 찍으면서 사용한 도구를 전부 압수하였는데, 압수된 증거품은 다음과 같았습니다(동아일보 1946년 5월 17일자).

「백원권 원판 9매, 소각 아연판 잔해(300문), 옵셋트인쇄용 원판 3매(대형), 잉크 3종, 잉크헤라 2조, 인쇄기 4대, 재단기 2대, 공산당원증 2매, 대의원증 1매, 용지 2연(모조지), 페파 2매, 회계장부 5책」

---

36) 「우리나라 은행권의 변천사, 한국의 은행권」, 95.
37) 평판 인쇄의 하나로 인쇄 잉크를 인쇄판에 전사한 다음 다시 종이에 인쇄하는 방식.

정판사 사건에 대한 공판은 1946년 7월 29일부터 10월 31일까지 무려 33회나 열렸습니다. 양원일 재판장, 최영환, 김정희 두 판사 배석, 두 검사 김홍섭, 조재천 입회, 무려 9명의 변호인 김용암, 조평재, 윤학기, 강혁선, 한영욱, 백석황, 강중인, 오승근, 외에 공산당의 특별변호인 허헌(후에 월북해 김일성대학 총장 지냄)까지 내세웠으나 허헌만은 법정에 나타나지 않았습니다.

공판 첫날, 법정을 둘러싼 수천 명(주로 공산당원)과 경비경관(서대문서원 60명) 사이에 실랑이가 벌어져, 결국 9시 반쯤 적기가(赤旗歌)[38]를 부르며, "공산당 만세!", "재판소를 부숴라!", "판검사를 때려죽여라!"라는 고함과 돌팔매질로 법정 밖은 아수라장이 되었습니다. MP(미군헌병)까지 동원, 총성이 울리더니 3명의 사상자를 냈고, 극렬분자 47명이 체포된 끝에 사태는 진정되었습니다. 법정 안에도 마찬가지였습니다.

야유와 고함으로 방청석이 뒤끓는 가운데 법정에 들어선 조병옥 경무부장이 "저놈 잡아라!"라고 호령했지만, 질서를 지켜야 할 정리(廷吏)는 겁에 질려 제자리에서 쩔쩔매었습니다.

결국 공판은 제 시간에 열리지 못했고, 그날 오후 1시에야 겨우 개정, 조재천 검사가 기소장 낭독에 들어갔습니다. 그때 변호인 측이 "수갑을 풀고, 무장경관도 퇴장시키라."라고 요구하자, 양원일 재판장은 "오늘의 상황은 그만한 조처가 필요하다."라고 하며 이를 거부했습니다. 그러자 변호인단은 "편파적 재판이 될 염려가 있다."라고 하면서 전원 퇴장해, 재판은 무기 연기되었습니다.

2차 공판(8월 22일) 7월 29일 첫 공판 이후 중단되었던 정판사 사건 재판이 8월 22일에 재개되었습니다. 이때 뉴욕타임스(NYT),

---

38)　The Red Flag, 공산주의 노래

UP(United Press), AP(Associated Press) 등 외국 특파원들까지 지켜보는 가운데, 이 사건은 온 세계에 알려지게 됐습니다.

2차 공판 때는 사상 유례없는 피고인 회의가 열리기도 했습니다. 피고인 측이 피고인 회의를 허락해 주지 않으면 "입을 다물겠다."라고 맞서, 1시간 이상 재판부, 피고인, 변호인단 사이에 실랑이가 계속되었습니다. 결국 피고인 회의를 허락하되 재판장이 의장이 되어 회의를 진행하기로 합의, 30분 동안 전례 없는 피고인 회의가 열렸던 것입니다. 피고인들은 미리 준비한 '조선공산당 법정 공동투쟁단' 이름으로 ① 이관술을 증인으로 채택한다 ② 피고인은 공동보조를 취한다 ③ 첫 공판 때의 소란으로 구속, 형을 받은 50여 명에 대한 감사 묵상과 결의문을 발표한다 ④ 이 사건을 재조사할 것을 성명한다고 결의하였습니다.

이어 심리에 들어가려 하자 피고인들은 결의문을 내세워 이에 불응했고, 김창선이 갑자기 웃옷을 벗어젖히고 '천무심(天無心)', '일제 잔재', '악질경관 고문'이라고 혈서(血書)로 쓴 셔츠를 방청객들에게 보여 주려고 돌아섰는데, 이런 식으로 피고인 측은 '이 사건은 고문으로 날조됐다.'는 인상을 주기 위해 안간힘을 썼습니다. 좌익신문들은 정판사 사건이 고문으로 날조되었다며, 마치 경찰이 무리한 강압 수사를 하여 사건 규모를 부풀린 것처럼 보도하였습니다.

함구무언하는 피고인들의 인정심문만 끝낸 후 조재천 검사는 "고문사실이 없음"과 "기소이유"를 설명하고, 이어 다른 피고인은 모두 내보낸 후에 김창선만 남겨 '단독심리'에 들어갔습니다.

김창선은 "위폐를 찍었다는 날(2월 1일) 밤 아현동 척사대회(윷놀이)에 참석, 자리에 없었다."(위폐인쇄는 밤 7시부터)라고 발뺌했으나, 함께 윷놀이했던 구찬서(具燦書) 증인은 "김창선은 그날 6시 반쯤 놀이판에서 나갔다."라고 진술(아현동서 소공동 정판사까지는 걸어서 30분 거리)했습니다. 같은 날 밤, 정판사 사장은 "김천(金泉, 丸金여관에 투숙)에 가서 현장에 없었다."라고 알리바이(alibi: 범죄사건 발생 시 현장 부재 증명)를 내세웠으나, 조사 결과 "당시 휴업상태였다."라는 여관 주인(김경춘 金京春)의 증언으로, 재판부는 정판사 사장의 진술은 '신빙성이 없다'고 판단했습니다.

한편 재판부는 위폐를 찍던 날(2월 10일) 현장을 목격했던 정판사원 안순규(安舜奎)의 '현장 목격기'를 공개하기도 하였습니다. 그 후 안 증인은 공산당측 협박으로 '목격내용'을 부인, 위증죄로 재판을 받았습니다(8월 23일 제 3차 공판).

제 4차 공판(8월 27일) 때, 김창선이 피고인 전원합석심리를 요구하면서 함구전술로 나오자, 양원일 판사가 직접 형무소를 방문(8월 29일)하여 피고인들을 설득하면서 재판에 협조하도록 권고하는 전례 없는 일까지 있었습니다.

제 6차 공판(8월 30일) 때, 송언필(정판사 서무과장) 피고인이 다시 '피고인 회의'를 요구하여 비공개로 법정에서 재판장과 피고인 간에 협의를 진행, ①전체 피고인 합석 아래 재판을 진행한다 ②자유롭고 명랑하게 진술한다 ③공판은 누구도 방해 못한다 ④공판을 방해할 경우 단독·분리 심리한다는 조건에 합의, 피고인들은 입을 열기 시작하였습니다.

제 8차 공판(9월 3일) 때, 김상선(金商宣, 정판사 직공) 피고인은 "지금이라도 그때의 인쇄기와 잉크, 징크판만 있으면 지폐를 찍어낼 수 있는가?"라는 물음에 "될 것"이라고 시인하면서도 "사용방법은 모른다"라고 발뺌하였습니다. "1천 2백만 원 위폐인쇄 사실(기소내용)을 아느냐?"라는 질문에 "안다"라고 대답, "내용을 알고 기소 내용에 도장을 찍었느냐?"라고 묻자 "그렇다"하고 일부를 시인하였습니다.

제 11차 공판(9월 9일) 때, 송언필은 "김창선은 스파이다, 우리를 법정에 내세운 책임자다. 그러나 우리 동무임엔 틀림없으니 동정한다."라고 말하였고, 정판사 사장은 "무죄로 석방 못 할 것이면 사형에 처해 달라"라고 하며 눈물짓기도 하였습니다.

제 12차 공판(9월 13일) 때, 재판부가 "조선공산당의 경리장부는 미군CIC에 압수된 것과 경찰에 압수된 것 두 가지(이중장부)로 그 내용이 다르며, '3·15민중대회', '3·1기념대회', '메이데이 행사' 등에 쓴 막대한 비용의 출처가 분명치 않다."라고 문제점을 지적했으나, 피고인 측은 이에 대한 명확한 답변을 못했습니다.

제 14차 공판(9월 17일) 때는 고문으로 "시력이 손상됐다."라고 하는 송언필, "상처를 입었다."라고 하는 김창선, 박상조, 신광범 등에 대한 검진(납북된 백인제 박사, 공병우 안과 박사[39])을 실시했으나, 최종 결과(10월 3일)는 '고문 흔적이 없다'고 밝혀졌습니다.

제 17차 공판(9월 24일) 때는 조선은행에서 적발한 100원권 위폐 33매가 '정판사에서 찍은 것과 같다'는 조선은행 발권과장(오정환)의 증언도 있었습니다.

---
39) 당시 안과 의사로 유명한 박사였으며, '공병우 안과'를 운영하였다.

조선공산당측은 사건을 담당한 판사 및 조재천(曺在千)·김홍섭(金洪燮) 두 담당검사들을 협박했으며, 방청석은 물론 판검사석과 서기석을 점령하고 테러단까지 동원하여 공판정을 아수라장으로 만들었습니다. 특히, 제 1차 공판 때에는 새벽부터 정동 일대에서 수백 명의 공산당원들이 '항쟁가'를 부르며 소란을 피워 기마대를 비롯한 수백 명의 경관이 출동하였습니다.

그러나, 최종판결은 조선공산당의 '유죄'로 확정되었습니다. 1946년 10월 31일, 결심 공판에서 조재천 검사는 피고들에게 다음과 같이 실형을 구형하였습니다(동아일보 1946년 11월 29일자). 조선공산당은 재판부의 결정을 끝까지 거부하며, 자신들의 위신을 떨어뜨리기 위하여 정치적 모략 등의 책동이 있었다고 발뺌을 하였습니다. 1심이 선고되자 피고인 전원이 대성통곡하고, 적기가를 부르며 소란을 피웠습니다.

장장 33차에 걸쳐 133건의 증거품과 1만여 쪽의 사건 기록 등, 8·15 이후 공판사상 유례없이 힘들었던 정판사 위조지폐사건은, 그 해 11월 28일 오전, 법정에서 구형한 대로 최고 무기 징역에서, 최저 징역 10년이라는 중형이 선고되고 1심이 종결됐습니다.

무기 징역: 이관술, 송언필, 김창선
15년 징역: 신광범, 박상근, 정명환
10년 징역: 김상선, 김우용, 홍계훈

적어도 근로 대중을 위한다는 공산당의 간부와 당원들이 당 본부 안에 있는 인쇄소를 이용하여 대량의 위조지폐를 찍어내어 백성들을 도탄에 빠지게 했으니, 조선공산당의 위조지폐 사건이 갓 태어난 신생 국가에 미친 영향은 막대하였습니다. 1946년 5월 17일자 동아일보는 「16일 서울 지방법원검사국에서는 다음과 같이 말한다. "위조지폐사건은 벌써 여러 번 발생하여… 이런 사건은 한 국가의 경제를 교란 혼돈시킬 뿐만 아니라 조국 재건의 중대한 사명에 큰 장애가 되는 때문이다."」라고 보도하였습니다.

"위조지폐범은 모두 공산당원이고, 조선공산당 중앙당이 개입하였다."라고 하는 사실이 발표되자, 당시 공산주의에 호감을 가지고 있던 대다수의 사람들이 큰 충격을 받고, 조선공산당에게 등을 돌리고 멀리하게 되었습니다.

8·15해방 직후 우리나라에서는 극심한 경제적 빈곤과 사회적 불안을 틈타, 그 유래를 찾아볼 수 없을 정도로 많은 위조지폐가 유통권 전 종에 걸쳐 나타나서, 통화질서를 크게 어지럽히고 있었습니다.[40] 그러나 그 인쇄량이 대개 몇 십만 원에서 백여만 원이었습니다. 그런데 1,200만 원이라면 여타 위폐 사건과 차원이 다른, 대규모의 조직적인 범죄로서 당 활동 자금을 마련하는 동시에 남한 경제를 교란시켜 혁명 여건을 조성하려는 일거양득의 정치효과를 노린 것이었습니다. 민중을 위한다고 자처하는 공산당이 대량의 위조지폐를 찍어내어 경제적 혼란을 부추기는 중대한 범죄를 자행한 것은, 민중을 기만하는 행위가 아닐 수 없었습니다. 조선공산당 위조지폐 사건은, 대한민국 전 백성에게 '**당의 목적을 위해서는 수단과 방법을 가리지 않는 것이 공산당**'이라는 인상을, 뿌리 깊게 심어준 결정적 사건이었습니다.

그 당시에는 조선공산당원들도 독립운동에 열심하는 애국자로 인식되고 있었지만, 이 사건을 계기로 공산당의 실체가 결정적으로

---

[40] 「우리나라 은행권의 변천사, 한국의 은행권」, 92.

밝혀진 셈입니다. 당시 조선공산당에서는 해방일보 같은 좌익신문을 통해 이 사건을 허위 날조된 사건이라고 주장하였지만, 미군정은 위조지폐사건을 계기로 1946년 5월 16일 조선정판사를 폐쇄하는 동시에 조선공산당 기관지인 '해방일보'를 폐간시켰습니다.[41] 이처럼 위조지폐사건은, 조국의 재건을 저해하고 지연시키는 조선공산당의 반정부·반국민적 수치를 여실히 폭로하고 말았습니다.

5월 16일 위조지폐사건에 대하여 서울지방법원 검사국은 다음과 같이 발표했습니다(동아일보 1946년 5월 16일자).

"위조지폐 사건은 벌써 여러 번 발생하여 이미 법령으로서 처단한 것도 있지만 앞으로 송국되는 사건에 대하여도 검사당국으로서는 중형주의로 처단할 방침이다. 이런 사건은 한개 국민의 경제를 교란 혼돈시킬 뿐만 아니라 조국재건의 중대한 사명에 큰 장애가 되는 때문이다."

해방 직후 조선공산당이 주도한 위조지폐사건을 계기로 남한 경제는 극도의 혼란에 휩싸였습니다. 한편 조선공산당은 그 악랄한 정체가 폭로되어 재기 불능의 치명적 타격을 입었으며, 이때부터 그들은 지하로 잠입하여 파괴공작을 벌였습니다.

※ 위 내용은 당시 민주일보 기자 이혜복 씨가 [월간 경제풍월 2000년 3월호]에 기고한 '정판사 위폐사건'의 내용과 그의 자서전 「종군기자 사회부장 빛나던 이름, 이혜복」(사단법인 대한언론인회, 2012), 그리고 이혜복 씨의 구두 증언, 당시 동아일보 신문 기사, KBS1 한국현대사증언 TV자서전

---

41) 해방일보 폐간: 해방일보(1945년 9월 19일 창간)의 사장은 권오직, 편집장은 조일명이었다. 해방일보의 합법성은 완전 소멸되었으나 주로 공산당원과 그 산하 조직원들에게는 빠짐없이 배포되었고, 광복 후의 공산계열이 남조선노동당으로 명칭이 바뀌자 '노력인민'이 새로 나올 때까지 지하신문으로 발간되었다.

(2013년 7월 14일 제 126회 방영)을 중심으로 정리하였다. 조선공산당 위폐 사건의 공판이 시작될 당시 이혜복 씨는 '나름대로 진실여부를 가려 보겠다'는 결심으로 1946년 7월 29일 첫 공판 때부터 그 해 10월 31일 1심 판결이 내릴 때까지 장장 33회, 어떤 때는 아침부터 밤 9시까지 계속된 재판진행 상황을 한 번도 빼지 않고 지켜보았다고 한다. 공판이 진행될수록 피고인들에게 불리한 증거만 나오자 좌익 기자들은 공판장에 잘 나타나지 않아 혼자 기자석을 지킬 때가 많았으며, 그래서 사건의 결정적 단서를 제공한 김창선(지폐원판을 팔아먹은 공산당원)은 그에게 '선생님 수고하십니다'라고 인사를 건넬 정도였다고 한다(이혜복 氏 자서전 「이혜복」 235-236쪽).

(4) 위조지폐 사건 후 박헌영의 월북(1946년 9-10월)

정판사 위조지폐 사건은 당시 급속도로 번져 가던 조선공산당의 발목을 휘어잡고 말았습니다. 한편, 이 사건은 당시 **제 1차 미·소 공동위원회**가 무기휴회로 들어간 상태(1946년 5월 8일)에서, 미군정이 좌익에 대하여 본격적으로 탄압을 시작하게 된 직접적 계기가 되었습니다. 1946년 9월 6일, 박헌영을 비롯한 조선공산당 간부 **이강국**, 이주하가 체포령을 발부받게 됩니다. 같은 날 미군정청은 3대 좌익 신문인 **조선인민보, 중앙신문, 현대일보**를 폐간하고 신문사의 간부들을 체포했습니다. 이때 박헌영은 이북으로 탈출할 계획을 세우고 지하로 잠입했다가 북한으로 들어갔습니다.

특히 박헌영의 월북 시기에 관해서는 여러 엇갈린 견해들이 있습니다.
하나는, "미군정의 체포령이 떨어지기 전날인 1946년 9월 5일 오전 8시, 관 속에 들어가 장례차로 위장하여 의정부 포천 위쪽 양문리 근처 38선에서 이동수 외 5명 청년들의 경호를 받으면서 이북 해주로 탈출했다."는 견해입니다.[42]

---

42) 이선교, 「6·25한국전쟁 막을 수 있었다-상」 (빛된삶, 2007), 41.

박갑동 씨는 그의 저서 「박헌영」 167-168쪽에서 「박헌영은 1946년 9월 6일 체포령 전에 극적으로 서울에서 극비리에 탈출했다.」 그리고 그의 탈출 행각에 대해서, 「박헌영은 이날 한 평 반 남짓한 영구차 속, 자기 키보다 조금 큰 검은 관 속에 반듯이 누워 시체를 가장해서 월북했다는 것이다. 38선 접경에 이를 때까지 혹시나 경찰의 검문을 염려해서 가족으로 분장한 남녀당원 몇몇이 흡사 경기도 일원의 어느 선산에 매장이나 하러가는 듯한 장례차림을 꾸민 것이다… 이 행렬에 뽑힌 5명의 호위원은 공산당 내에서 엄선된 일당백의 행동대원들이었다.」라고 자세히 기록하였습니다.

전 북한고위관리 서용규 씨는 박헌영의 월북에 대해 또 다른 견해를 보이고 있습니다.[43]

「박헌영은 1946년 10월 11일 김일성과의 6차 회동차 평양에 도착했습니다. 강원도 홍천과 철원을 잇는 루트를 통해 월북했기 때문에 평소보다 시간이 많이 걸렸습니다. … 박헌영을 맞으러 평양을 출발했던 일행들과 박(朴)이 만난 곳은 평강(平康)이었고 그곳에서 차로 원산까지 와서 하루 쉬고 다음날 대동강 상류의 다리가 있는 강동군까지 그를 맞이하러 나갔습니다…」

여기서는 박헌영의 월북을 돕기 위해 평양에서 사람을 보내온 사실을 구체적인 접선 장소까지 밝히며 증언하였습니다.

또 다른 견해로는, 스티코프 비망록[44]의 기록입니다.

「1946년 10월 6일 박헌영이 남한을 탈출해 북한에 도착했다. 박

---

[43] 중앙일보 특별취재반, 「비록(秘錄) 조선민주주의인민공화국」(중앙일보사, 1992), 256.

[44] '스티코프 비망록': 북한정권 수립기에 북한에 대해 최고실권자였던 소련의 스티코프가 그날그날 있었던 구상과 생각들을 꼼꼼히 일기 형식으로 적어 놓은 중요 사료이다.

헌영은 9월 29일부터 산악을 헤매며 방황했는데 그를 관에 넣어 옮겼다. 박헌영이 휴식을 취하도록 지시했다(10월 7일).」

이 기록에서는 스티코프가 9월 총파업이나 대구10월사건 등에 거액의 활동 자금 및 활동 지침을 주었을 뿐 아니라, 박헌영의 월북 방법까지 구체적으로 지시했다는 사실을 밝히고 있습니다.

월북한 박헌영은 평양에 그 거처가 마련되어 있었으나, 남로당을 지휘하기에 용이한 북위 38도선 부근 황해도 해주에 머물면서, 남한에 있는 조선공산당원들과 프락치를 조종, 요인 암살 및 대대적인 시위 등을 계속해서 일으켰습니다.

(5) 북로당(김일성의 북조선 분국)과 남로당(박헌영의 서울 중앙당)

1945년 8월 말, 38도를 경계선으로 한 분할점령이 확실시되자 소련군 사령부는 북한 지역을 소비에트화하려는 목적을 수행하기 위해 박차를 가했습니다. 당시 공산당 중앙은 미군 주둔 지역이었던 서울에 있었기 때문에, 이북 지역도 서울의 조선공산당의 지도 아래 당세를 확장하고 있었습니다. 따라서 소군정은 북한을 점령하고 있으면서도, 이미 조직되어 있던 서울의 조선공산당을 인정하고 관계를 유지하면서 공산당을 지도할 수밖에 없었습니다(당시 서울 총영사관 부총영사:샤브신). 이 때문에 불편했던 소군정은, 1국 1당 원칙을 내세우면서도 38선으로 분할된 특수한 환경을 빌미로 북쪽에 조선공산당 분국을 결성케 하여 사실상 2개의 당을 만들게 됩니다. 이는 소군정과 김일성이 장차 남한의 남로당까지 흡수하여 자신들이 중앙당 역할을 하려는 속셈이었습니다.

이러한 소군정의 입장은 1945년 10월 10-13일 평양에서 열린 '조선공산당 북부조선 책임자와 열성자 회의'에서 발표한 29개 항의「정치노선과 조직강화에 관한 결정서」에 잘 나타나 있습니다. 그 중 제

14항에는 "조선공산당은 비록 어리고 약하나 과거 20여 년간 일본 제국주의와 모든 개량주의와 또 당내의 분파적 기회주의, 타협주의와의 투쟁의 산물이다. 대회는 중앙에 충실히 복종할 것을 맹세한다."라고 하여, 이때만 해도 박헌영 중심의 서울 조선공산당을 지지하고 있음을 엿볼 수 있습니다. 그리고 제 15항에서 "북부조선 각 도 당부는 북조선의 특수성을 보아 볼셰비키화 활동의 민활과 사업의 확대 강화를 위하여 조선공산당 북조선 분국을 설치할 것을 결정한다"라고 밝혔습니다. 그리고 북조선 분국은 이러한 결정사항에 대하여 10월 23일 서울 중앙당의 박헌영으로부터 승인을 받는 형식까지 취하였습니다.

다음은 박헌영이 수락한 '서울 중앙당 평양분국 승인서'입니다.[45]

> "조선공산당 중앙위원회는 1945년 10월 23일 평양에서 열린 서북 5도당 책임자급(及) 열성자대회에서 조선공산당 북부조선분국 설립에 대한 결정을 옳다고 보고 이를 승인함."
>
> 1945년 10월 23일, 조선공산당중앙위원회
> 총비서 박헌영, 도위원회 전(前)

그러나 소군정은 처음부터 북조선 분국 정도가 아니라 북한에 아예 당 중앙을 조직하려고 했으므로, 1946년 7월에 10여 일간 극비리에 박헌영(46세)과 김일성(34세)을 만난 자리에서 김일성을 북한 정권의 최고지도자로 지명, 북한의 소비에트화 조기 정착을 지시했습니다(중앙일보 1991년 11월 30일자 1면).[46] 1946년 8월 28일부터 30일까지 김일성을 중심으로 북로당의 창립대회가 열렸습니다.

이후 약 3개월이 지나 남한에서도 미군정의 탄압과 3당간의 복잡

---

45) 「남로당 연구Ⅰ」, 53-60.
46) 「비록(秘錄) 조선민주주의인민공화국」, 237.

한 이해관계 때문에 우여곡절 끝에 **1946년 11월 23일** 신민당(백남운), 인민당(여운형), 조선공산당(박헌영) 3당이 합당하여, 박헌영을 중심으로 한 남조선노동당(약칭: 남로당)이 출범하였습니다.[47]

박헌영은 악랄한 파업을 선동하고, 대구10월사건을 일으켰고, 그 틈에 비밀회합 끝에 남로당을 결성, 인원을 선출하였습니다.[48]

위원장	허 헌(許憲)
부위원장	박헌영(朴憲永), 이기석(李基錫)
위 원	이승엽(李承燁), 구재수(具在洙), 김삼룡(金三龍), 김용암(金龍岩), 강문석(姜文錫), 유영준(劉英俊), 이현상(李鉉相), 고찬보(高贊輔), 김오성(金午星), 송을수(宋乙秀), 이재남(李載南), 김상혁(金相赫), 김영재(金永才), 김계림(金桂林), 김광수(金光洙), 정노식(鄭魯湜), 성유경(成有慶), 정 윤(鄭 潤), 김진국(金振國), 현우현(玄又玄), 홍남표(洪南杓), 박문규(朴文圭), 이주하(李舟河), 김태준(金台俊), 허성택(許成澤)
중앙감사위원장	최원택(崔元澤)
중앙감사부위원장	김형선(金炯善), 이석구(李石玖)

허헌이 위원장직을 맡고 **박헌영**은 북한에 있는 몸이라 **부위원장직**을 맡았습니다. 그러나 박헌영 수하의 인물들이 남로당을 장악하고 있었으므로 남로당은 실질적으로 박헌영에 의해 움직여지고 있었습니다. 이후 남로당은 산하 전평노조, 민애청, 민주학생연맹, 여맹(女

---

47) 남로당 출범: 박헌영의 독주에 반대하는 백남운, 강진 등이 서울대병원에 입원 중이던 여운형을 찾아가 10월 16일, 남로당과는 별개로 사회노동당(사로당)을 결성하면서 3당 합당이 두 갈래로 갈라지는 혼선을 빚었으나, 소군정이 3당 합당 문제에 적극 가담한 데다 남로당 정치 노선을 절대지지하여 1947년 2월 해체를 선언하였다.
48) 군본부정보참모, 「공비연혁」 (육군본부정보참모부, 1971), 116.

盟) 등의 조직을 확대 강화하였고, 1947년부터는 미·소공위에 대응하기 위해서 이른바 당원 5배가 운동(당원 한 사람이 다섯 사람 이상의 신입 당원을 포섭해서 입당시키는 것)을 책임제로 지시하였습니다.[49]

이렇게 남측은 '**남로당**', 북측은 '**북로당**'으로, 남과 북에 두 개의 공산당이 창당되었습니다. 북조선 분국이 창건된 초기에는, 소군정과 김일성 계열은 서울의 남로당과 형식상 동등한 지위를 가졌으나, 서울 중앙당 즉 남로당이 조선공산당 중앙위원회의 전통을 계승하고 있다고 생각하였습니다.[50] 그러나 소군정이 김일성을 북로당 책임비서로 세움으로써, 공산당 권력의 주도권은 이제 서울(박헌영)에서 평양(김일성)으로 이동했다는 것이 공식화된 것입니다.

한편, 박헌영은 월북할 당시만 해도 평양에서 그에게 사택과 사무실을 제공하고(나중에 대남 연락을 관장하는 중앙연락소가 됨), 또 해주에도 해주 연락소를 별도로 만들어서 대남업무를 담당하게 하였습니다. 그 외에도 박헌영의 활동을 돕기 위해, 출판사와 양양과 연주 등지의 남북교역 창구인 상사, 재정조달용 광산 및 기업소가 따로 제공되었습니다.[51]

박헌영이 최종 월북한 이후 남한에서는 좌익 진영이 정치적 공백으로 흔들리기 시작했고, 또 북한에서는 북로당이 유일집권당으로 등장하게 되었습니다. 그리하여 북한에서는 1947년 2월 **북조선 임시인민위원회** 명칭에서 '임시'자를 빼버렸고, 이어 1948년 2월 6일 '**북조선 인민위원회**'를 '**북조선 민주주의 인민공화국**'으로 바꾸고 새로운 헌법을 채택하였습니다. 그들은 "이 헌법은 전 조선이 통일될 때까지 북조선에서 실시한다."라고 공포하여, 사실상 김일성이

---

49) 「공비연혁」, 117.
50) 「박헌영」, 189.
51) 「비록(秘錄) 조선민주주의인민공화국」, 264.

북한을 완전히 장악한 것과 다름없었습니다. 헌법을 공포하고 화폐를 발행하는 일은 공식적인 정부가 탄생되었음을 알리는 사건이므로, 사실상 북한쪽에서 남한보다 먼저 단독정부를 수립했다는 것을 알 수 있습니다. 한편, 이북에 머물면서도 이남에 지령을 내려 큰 시위와 총파업 등을 통해 남한 사회를 집어삼킬 듯 자기 세력을 과시하던 박헌영의 신전술은 종국에는 미군정의 탄압을 받아 스스로 올무에 갇히는 역효과를 초래했고, 그가 월북한 이후 공백이 길어짐에 따라 그를 추종하던 이남의 남로당원들은 영문도 모른 채 점점 결집력을 잃고 당 내부 자체의 힘도 잃어 갔습니다. 공산당 지도부의 권력 장악 싸움 끝에 내버려진 그들은, 박헌영의 최종 월북으로 그 세(勢)가 크게 기울었던 것입니다.

(6) 1946년 9월 총파업(23일부터 약 1주일간)

1946년 5월 8일 제 1차 미·소 공동위원회가 무기 휴회된 이후, 좌우익이 자신들의 정치노선에 따른 정부수립을 위해 사활을 건 대결 국면을 펼치는 가운데, 이미 조선공산당은 파업, 테러, 기타 각종 반정부활동을 전개해 나가고 있었습니다. 정판사 위조지폐 사건으로 궁지에 몰렸던 박헌영은, 이남의 공산당 세력을 더욱 조직화하여 더욱 극렬한 투쟁 활동을 전개하였습니다.[52]

이때 이승만은 1946년 5월 12일 대한독립촉성국민회[53] 주최 독립전취국민대회를 열고 남한 단독정부 수립을 위한 운동을 시작한

---

52) 신상준, 「제주도 4·3사건 I」(도서출판 제주문화, 2010), 346-347.
53) 약칭으로 독립촉성국민회, 독촉국민회, 독촉, 국민회, 대촉국 등으로도 불렸다. 조국의 완전독립을 달성할 때까지 강력하면서도 영구적인 조직체를 만들 목적으로, 기존의 반탁(反託)운동기관인 이승만 중심의 독립촉성중앙협의회(1945.10.23. 자주독립 촉진을 위한 정치단체)와 김구 중심의 신탁통치반대 국민총동원중앙위원회가 통합하여 1946년 2월에 발족하였다.

데다가, 6월 3일에는 정읍에서 "이남만이라도 단독정부를 수립해야 한다."라는 폭탄 발언을 함으로써 양측의 긴장은 점차 고조되었습니다.

한편, 북한에서는 소련의 로마넨코 정치 부사령관에 의해 괴뢰정권이 점차적으로 뿌리를 내리고 공산주의자들의 야욕이 노골화되었습니다. 그로 인해 차츰 자유 남한으로 월남하는 동포들이 많아져서, 1946년 5월 23일 미군정 당국이 '38선 무단월경 금지령'을 내려 남북 왕래가 인위적으로 차단되었습니다.[54]

이렇게 이남 정세가 혼돈 상태에 놓이게 되자, 1946년 6월 말 박헌영은 김일성을 만나기 위해 6월 27일부터 7월 12일까지 보름 동안 평양을 방문했습니다(4차 회동). 이때 박헌영은 이남에서의 활동에 대해 폭력전술 이른바 '신전술'을 처음 언급하게 되는데, 김일성의 반대로 5차 회담으로 미뤄지게 되었습니다.[55]

조선공산당 책임비서 박헌영의 지령 하에 전평은 9월 총파업을 단행하기 위해 9월 중순 어느 날 대구시 금정 소재 전평 경북도 위원회 사무실에서 조선공산당 대구시당 위원장 손기영, 전평 경북도위원회 위원장 윤장혁과 기타 각급 공산조직 단위 책임자들이 모여 재차 파업을 위한 음모를 꾸몄습니다. 그들은 이날 소위 「남조선노동자 총파업 대구시 투쟁위원회」라는 폭력단체를 불법 조직하고, 그 간판을 전평 경북도위원회 사무실에 게시해 놓았습니다. 조직적인 파업을 지휘하기 위해서는 먼저 시민의 호응이 필요했기에, 먼저 공산당 산하에 예속된 노동자들을 집합시켰습니다. 또한 전평 대구시위원회 선전부장 염필수는 이미 11명의 공산주동 간부들과 연일 시

---

54) 송효순, 「붉은 대학살」 (갑자문화사, 1979), 27-28.
55) 「비록(秘錄) 조선민주주의인민공화국」, 234-235.

내 각처를 쏘다니면서 적기가를 부르고 "노동자의 권익을 보호하라, 식량을 더 배급하라, 노동자의 임금을 인상하라."등의 선동 구호를 외치며 노동자들에게 파업할 것을 강권했습니다.[56]

해방 다음해인 1946년(병술년)은 극심한 인플레이션과 물자난으로 서민들의 생활이 말이 아니었는데, 물가가 하루 사이에 2-3배가 뛰는 정도여서 민심은 더욱 흉흉해졌습니다. 이러한 상황은 조선 공산당이 전술을 펼치기에 매우 유리한 사회적 조건이었습니다. 국민들은 생활필수품 부족으로 고통스러웠지만, 더욱 심각한 것은 식량 부족이었습니다. 선량한 국민들도 덩달아서 "속히 식량 배급을 증대하라."는 등의 구호를 서슴지 않고 외쳤습니다. 결국 1946년 9월 말, 사회의 분위기는 시한폭탄의 폭발 직전 상황과 다름없었습니다.

그 결과 공산당의 선동으로 1946년 9월 23일 부산 철도노동자 7,000여 명이 파업 선언을 하면서 9월 총파업이 시작되어, 9월 24일에는 서울을 비롯한 전국산하 철도종업원 4만여 명이 파업에 들어갔습니다. 곧바로 전국 철도 운행은 전면 중단되었습니다. 해방 당시만 해도 고속도로가 전혀 없어, 모든 화물에 대한 철도의 영향력은 절대적이었습니다. 이들은 노조원 처우개선 요구를 당국이 들어주지 않는다는 것을 파업 이유로 내세웠으나, 실제는 북한 주둔 소련군의 지령에 의한 파업이었던 것입니다.

이에 박헌영은 조선공산당 산하 조선노동조합 전국평의회(약칭: 전평)[57]에 지령을 내려, 철도노조 총파업본부를 영등포 공장에 설치하고 전국철도노조에 다시 파업지령을 내렸습니다.[58] 철도파업을

---

56) 「붉은 대학살」, 50-52.
57) 1945년 11월 5일 결성한 조선공산당 산하의 노동운동단체
58) 「대(對)비정규전사(1945-1960)」, 17-18.

시작으로 전신·전화·전기·운수·섬유·금속·화학·출판·신문 등 40여 개의 노조 단체 노동자 25만 1천여 명이 가담함으로써, 해방 후 최대 규모로 발전했습니다.[59] 파업은 1주일간 계속되었으며, 서울에서만 295개 공장이 파업에 들어갔고 3만여 명의 노동자와 1만 6천 명의 학생이 가담하였습니다. 이 파업에 대해 미군정 러치(Archer L. Lerch) 장관은 불법이라 선언하였고, 이어 30일 오후 5시부터 수도경찰청 경찰관 3,500명이 동원되어 철도노조 총파업본부를 급습, 농성 중이던 1,800명을 검거함으로써 일단락지었습니다. 이날 대량 검거로 경찰관과 철도 노동자 사이에 충돌이 생겨 10여 명이 부상을 당하고, 그 중 두 명이 현장에서 죽는 사태까지 일어났습니다.

이 파업은 당초부터 소련군정과 조선공산당의 정치적 음모에 의한 것이었으므로, 파업에 의하여 노동자들이 실질적으로 얻은 이득(식량문제 해결, 처우개선 등)은 아무것도 없었습니다. 수사기관에서 조사한 바에 의하면 이것은 사전에 계획된 적색분자들의 조직된 행동이었습니다. 파업이 공산도배들의 흉계인 것을 새까맣게 모르는 국민들은 남녀노소 할 것 없이, 심지어 각급 학생들까지 합세 내지 협조하는 방향으로 나갔으니, 더욱 놀라지 않을 수 없었습니다. 당국은 이 사태가 공산당의 선동 때문에 빚어진 것이라고 성명을 발표하였고, 10월 3일자 대동신문에서는 9월 총파업의 배후 조종자가 조선공산당이라고 발표하였지만, 그대로 받아들이지 않는 사람도 많았습니다.

결국 직접적인 이익과는 전혀 상관없이 파업에 선동된 전국 각 산업별 노동자들은 공산당의 음모에 이용만 당한 꼴이 되었고, 이후 공산당은 이 9월 총파업을 전초전으로 대대적인 폭동 계획을 실천에 옮겨[60] 전국 각지에서 크고 작은 각종 파업들이 잇따랐습니다.

---

59) 「남로당 연구 I」, 237-238.
60) 「박헌영」, 151.

(7) 위조지폐 사건 이후 잇따른 암살 사건[61]

첫째, 이승만 저격사건입니다.

1946년 9월 12일 돈암장을 출발한 이승만의 자동차가 창덕궁 앞 길에 다다랐을 때, 부근 골목에 잠복하고 있던 괴한 2명이 권총으로 이승만을 저격하였으나 미수에 그친 사건이 발생하였습니다. 검거된 범인은 평남 강동군 출신의 공산당원 김광명(22세)과 김영수였습니다. 이들은 이승만 암살 목적으로 8월 초 서울에 잠입하였습니다.

둘째, 조병옥 경무부장 피격사건입니다.

1946년 10월 16일, 서울 중구 다동 소재 미장 그릴에서 점심식사를 마치고 나오는 미 군정청 경무부장 조병옥을 향하여 잠복 괴한이 수류탄을 던진 사건이 발생하였습니다. 범인 유주열은 조선공산당 산하단체인 민주청년 동맹원이었습니다.

셋째, 장택상 경무총감 피격사건입니다.

1946년 11월 13일 수도관구 경찰청장 겸 제 1경무총감 장택상이 서울 중구 장교동 자택을 떠나 출근하던 중 을지로 2가 한양 양복점 앞 노상에 이르렀을 때 괴한 2명이 자동차에 수류탄을 던진 사건이 발생하였습니다. 현장에서 체포된 범인 김용암(21세)은 조선공산당 산하 민청요원임이 밝혀졌습니다. 이 외에도 조선공산당과 남파된 공산당원에 의해 부산경찰서장(권위상, 33세)이 순직한 사건을 비롯하여 각종 폭력사건이 빈번히 발생하였습니다. 위조지폐사건 이후 사회적 불안이 극도로 짙어 가고 있었습니다.

---

61) 「대비정규전사(1945-1950)」 (국방부전사편찬위원회, 1988), 15.

3. 1946년, 대구 10월사건

Daegu October 1st Riots, 1946

대구10월사건은, 박헌영이 1946년 9월 24일 조선노동조합전국평의회(약칭: 전평) 조직을 총동원한 철도파업과 9월 전국 노동자 총파업에 연이어 일으킨 사건으로, 위조지폐 사건 후 박헌영이 이북 해주로 올라가 폭력 전술(신전술)로 노선을 변경한 후 일어난 전국적 규모의 큰 사건이었습니다. 박헌영은 자신과 동료들에 대한 체포령을 무효화하여 다시 뭉치게 할 속셈으로, 미군정과 합의할 조건을 만들기 위해서 그의 체포령이 있은 지 불과 한 달도 못 되어 큰 사건을 일으킨 것입니다. 한편, 대구10월사건에서 과잉진압으로 억울하게 죽은 사람이 많아 가슴을 아프게 합니다. 이들에게 명예 회복과 함께 보상도 해 주어야 할 것입니다.

박헌영의 세력은, 앞서 일으킨 1946년 7월 10일 서울 을지로 화물자동차 파업과 1946년 9월 전국 4만여 명의 철도노동자 파업으로 나타났습니다. 당시 유일한 대규모 운송수단이었던 기차의 운행을 막은 것은 국가 경제에 막대한 피해를 끼쳤습니다.

9월 14일 서울 철도노동자 3,600명이 파업한 것을 시발점으로 9월 23일 상오 1시를 기해 부산 철도공장 종업원들이 총파업을 선언하였으며 사태는 급기야 대구로 번져 갔습니다.

파업 노동자들이 전평 경북도지부 산하로 집결하고 대구 시내 일반 시민들이 좌익의 선동과 식량사정에 대한 우려와 불만이 겹쳐 동요하자, 이를 기회로 조선공산당 대구시당 위원장이 주동이 된 '남조선노동자총파업 대구시투쟁위원회'는 계획적인 파업지도와 민심 선동에 나섰습니다. 전평 대구지방 선전부장(염필수) 등 11명은 노동자들을 이끌고 대로상에서 공공연하게 적기가를 부르며 식량 증배와 임금인상 등의 구호를 외치면서 격렬한 시위를 벌였습니다.

대구 철도파업 당일인 9월 24일, 전면적인 열차 운행 중단에 따라 대구역에서는 단 한 차례의 기적소리도 들리지 않았으며, 전날 예매한 열차표를 환불해 주고 '금일에는 운행 예정이 없음'이라는 알림글을 붙여 승객들의 발길을 돌리게 했습니다. 총파업으로 상가가 전부 문을 닫는 등 모든 것이 마비되어, 대구 주민들은 심각한 생활의 위협을 느꼈고, 민간복장에 총을 든 좌익분자들의 행패로 치안질서가 무너져, 대구시는 공포의 도시로 변하고 말았습니다. 또한 9월 25일에는 교환원을 포함한 대구우편국 직원 460명이 파업하였는데, 한 지역 단위의 소규모 파업이었음에도 그 영향은 뜻밖에 컸습니다. 대구우편국 파업 소식이 전해지자 그날 오후와 그 이튿날부터 경주우편국 직원(170명)을 비롯하여, 포항(180명), 안동(210명), 상주(180명) 등 경상북도 내의 모든 우체국까지 파업에 들어갔습니다.[62]

26일 오후부터는 시내의 생산 공장 40여 개 노조가 파업에 참여하였고, 대구중공업이 파업에 돌입했습니다. 당시 파업 노동자의 총수는 약 3천 명에 이르렀습니다.[63]

27일에는 파업의 진행 과정과 그 결과를 기록으로 남겨 두어야 할 대구 언론계까지도 파업에 들어갔습니다. 민성일보, 영남일보, 대구시보, 경북신문, 경북인쇄소 등 노조원들이 신문제작을 거부했습니다. 결국 대구10월사건은 9월 30일, 10월 1일, 2일, 3일자 등 4일 동안의 중요한 순간에 사실 보도를 할 수 없게 되었습니다.

9월 27일, 경북 당국이 노조(노평위원장: 윤장혁)측에 협상을 요구했으나 팽팽한 양측 주장만 확인했을 뿐 아무런 합의점에 도달하지 못한 채 9월 28일, 29일, 30일 파업노동자들의 위세는 더욱 고조되었습니다.

---

62) 정영진, 「폭풍의 10월」 (한길사, 1976), 301-302.
63) 「대(對)비정규전사(1945-1960)」, 19.

(1) 대구10월사건의 전개

대구10·1사건이 있기 전부터 우리나라는 쌀값이 60배로 뛰어오르는 등 식량 상황이 매우 어려워, 수많은 국민들이 기아에 허덕이고 있었습니다.

당시 실시된 쌀 배급제는 미군정이 쌀을 모두 모아 균등하게 배급하려는 정책이었습니다. 매점매석(買占賣惜)을 못 하게 하여 어려운 사람이 없도록 하려는 의도로 실시한 것이었으나, 생각보다 쌀을 가지고 있는 사람이 적어 쌀값이 폭등하는 바람에, 민심만 흉흉해지고 반미 운동이 확산되는 부정적인 결과를 초래하고 말았습니다. 남로당은 이런 사회 분위기를 이용하여, 그들의 투쟁이 사상 문제가 아니라 '쌀'이라는 먹고 사는 문제에 대한 순수한 항의인 것처럼 포장함으로써, 수많은 민중을 선동하여 반미 시위를 일으켰고, 그렇게 해서 박헌영의 위조지폐 사건을 덮으려 했습니다.

1946년 10월 1일 화요일 오전, 전평 선동자들은 쌀 배급을 받으러 가자고 시민들을 부추기면서 주로 부녀자 위주로 1,000여 명을 동원, 대구 시청으로 몰려가 "쌀을 달라"라고 외쳤습니다.[64] 이들의 손에는 부대자루나 큰 양푼 등이 들려 있었습니다.

살벌한 분위기 속에서 누군가가 "이럴 것 없이 도청에 가서 결판을 내자."라고 소리쳤고, 그 길로 데모대들은 걸어서 10분 거리인 경북도청 광장으로 몰려가 고함을 질러댔습니다.

그날 10월 1일 오후, 대구역 부근 금정로(현재 태평로) 운수노조 사무실 2층에 조선노동조합대구지역평의회(약칭: 노평) 산하의 시투(市鬪) 사무실이 있어, 사무실 주위에 수천 명의 노동자가 모여 '쌀 배급, 일급제 폐지, 박헌영 선생 체포령을 취소하라!'는 구호를

---

64) 「대(對)비정규전사(1945-1960)」, 19-20.

외치며, 적기가와 해방의 노래 등을 합창하면서 시위를 진행하고 있었습니다. 역광장에는 100여 명의 무장경찰대와 기마경관대가 경계태세를 갖추고 포진해 있어 긴박감이 흘렀습니다.

1946년 10월 1일 오후 6시, 경찰 150여 명이 조용히 경계만 서고 있었는데, 난데없이 노평 사무실 2층에서 누군가가 "경찰 저놈들 죽여라!"하는 고함소리와 함께 경계를 서던 경찰을 이중삼중으로 포위하고 사정없이 돌을 던졌습니다. 출처불명의 돌에 맞은 경찰이 깜짝 놀라 2층의 노동자들을 향하여 순간적으로 무차별 발포를 하기 시작하였고, 경찰의 갑작스런 총격에 서로 도망치느라 아비규환이었습니다. 이때 사격으로 여러 명이 쓰러져 "경찰이 사람들을 죽였다"라는 소문이 삽시간에 대구 전역으로 퍼졌습니다. 실제로 경찰의 사격으로 죽은 사람은 대팔(大八) 연탄 공장에서 근무하던 황말용(혹은 황팔용) 한 사람이었습니다(당시 화학노조 서기였던 이일제의 증언).[65]

이 일로 좌파 간부들은 비상대책회의를 열고 10월 2일 노동자들을 총동원하기로 하였습니다.

10월 2일 오전 8시, 대구경찰서 앞 광장에 모인 수천 명의 시민들은 전날 경찰이 발포한 사건의 책임을 추궁하면서 다시 난동을 일으켰으며, 좌익 계열의 선동으로 흥분한 군중들은 경찰관의 가택을 파괴하는가 하면 경찰관과 그 가족을 학살하는 폭도로 변했습니다.[66]

경찰 가족과 우익 인사와 그 가족들을 살해한 것은 조선공산당,

---

65) 「폭풍의 10월」, 319.
66) 「대(對)비정규전사(1945-1960)」, 20.

각 노조, 농민조합, 인민위원회, 부녀동맹, 민주청년동맹(민청) 등에 속한 극렬분자들이었습니다. 그들은 가장 먼저 삼덕동 민 순경의 집으로 가서 트럭으로 집을 들이받았습니다. 5명의 가족이 집 밖으로 끌려나왔는데, 시위자 중 한 명이 경찰관 부인의 복부를 칼로 찔러 죽이고, 쇠파이프로 세 자녀의 뒤통수를 차례로 후려쳐 피가 하늘로 뻗쳤습니다. 그리고 60대인 경찰관의 모친을 참나무 몽둥이로 내려쳐 죽인 후 우르르 달려들어 짓밟았습니다. 시위자들은 대구 수성천변에서 큰 방직공장을 하는 명륜동 서 모씨의 집으로 가서 안방에 불을 놓아 방화하고 양곡을 모두 약탈했습니다. 그 후 서 씨의 운전사 집에 숨어 있던 그의 가족 7명을 찾아내고는 그들의 머리, 가슴, 얼굴 등을 닥치는 대로 때려 눈알이 튀어나오고, 코가 문드러져 죽게 하였습니다. 서 씨의 부인과 큰딸의 시체는 구식 일제 도요다 승용차의 뒷 범퍼에 새끼줄로 매달아 대구 시내를 한 시간 반 가량이나 끌고 다녔습니다. 두 사람의 목은 새끼줄에 조여 거의 몸과 머리가 분리되기 직전이었습니다.

봉덕동에서는 임 경사가 출근길에 시위자들에게 붙잡혀 자택으로 끌려갔는데, 5살짜리 아들과 부인과 함께 가족 3명을 집안에 처넣고 밖에서 불을 질렀습니다. 10분 후 임 경사가 아들을 안고 집밖으로 나오자 시위자들은 기다렸다는 듯이 몽둥이와 죽창으로 임 경사를 사정없이 때리고 찔렀습니다. 그의 부인은 이미 연기에 질식한 후였습니다. 옆집 사람들은 반동의 친척이라는 억지 누명을 씌워 죽일까 봐 아무 소리도 하지 못하고 가만히 있어야 했습니다.

대구 교외 고모(顧母)라는 곳에서 사과농장을 경영하던 배홍수(당시 61세)씨는 군(郡) 내의 일이라면 발벗고 나서는 지방 유지였습니다. 그런데 농민동맹에서 찾아와, 농민을 착취해 재산을 모았다고 모략하며 배씨의 집을 포위한 후 낫으로 배씨의 면상을 후려쳤습니다. 온 가족이 우르르 달려들자, 시위자들은 곡괭이, 도끼, 자귀[67] 등으로 배씨의 가족 11명을 모두 무참히 학살했습니다. 그리고는 집안에 있는 닭을 잡아 배불리 먹고, 앞으로 있을 더 많은 학살을 위해서인지 돼지의 기름을 낫, 도끼, 곡괭이에 듬뿍 발랐습니다.

시위자들은 시내의 각급 학교를 찾아다니며, 경찰이 무고한 양민을 살해하고 있다고 허위선전을 늘어놓았고, 평소 안면이 있는 좌익 학생들을 통해 중도계 학생들을 선동 현혹하였습니다. 사태를 정확히 파악하지 못하고 있던 학생들은 시위자들의 말을 그대로 받아들였고, 영문을 모르는 학생들은 분격하여 이성을 잃고 안절부절못하였습니다. 대구의대, 대구사범대, 대구농대에는 당시 400여 명의 좌익 학생들이 있었습니다. 그들은 미군정이 대구 시민을 학살할 계획을 세우고 있으니 봉기하라는 성토문을 읽고, 교내를 빠져나와 시가행진에 들어갔습니다. 이들은 공산주의자들의 허위선전인 줄도 모르고 무턱대고 나와 시위자들에게 합류했습니다. 이때 동원된 인원은 대구 시내의 각 중학교까지 합쳐 모두 15,000여 명이었습니다.

※ 이상의 학살 관련 내용은 송효순[68] 著 「붉은 대학살」61-69쪽에서 발췌하였음을 밝혀둡니다.

10월 2일 오전 9시, 대구의대(현 경북의대) 학생회장 최무학[69]과 4

---

67) 나무를 깎아 다듬는 연장
68) **송효순**(1925-2002) : 육사 2기, 육군 준장 예편(1961년), 제 9대 국회의원
69) **최무학**은 해방 직후까지 해부학 교실의 조수로 아르바이트를 하고 있었다. 그가 한 일은, 시체에 방부제를 넣기도 하고 그것을 업어다 포르말린 탱크에 넣기도 하는, 강심장과 중노동이 요구되는 일이었다. 그는 또 혼자 해부학 교실 옆의 조수실에서 기

명의 학생이 콜레라70)로 죽은 시체에 시트를 덮고, '어제 대구역에서 경찰에 의해 죽은 노동자의 시체'라고 공개하면서 거짓말로 학생들을 선동했습니다. 그러나 그들이 메고 나온 시체는 경찰의 발포 사건과는 전혀 무관한, 해부관찰용으로 도립병원에 안치 중이던 시체를 탈취한 것이었습니다. 콜레라로 인한 행려병자71) 등의 시체가 그칠 날 없던 당시, 신원을 알 수 없는 시신을 가져다 이용하는 일은 어려운 문제가 아니었을 것입니다.

한편, 최무학의 동급생이던 김집 전 체육부장관이 60년대 초 미국유학 중 조사한 미군의 한 재판기록에 따르면, 이날 밤 최무학 혼자서 포르말린에 젖은 시체를 밤새 수돗물로 씻어내어 시체데모의 도구로 삼았다고 합니다. 그러나 재판 과정에서 최무학이 단독범행임을 주장한 것으로 보아, 동료들의 혐의를 덜게 하려는 계책에서 나온 위증이 아니었을까 하는 의문도 없지 않습니다.

먼저 흰 가운을 입고 입에 마스크를 한 네 명의 학생이 흰 시트를 덮은 시체를 들것에 들고, 당시 안과 시험을 치르는 중이던 2층의 중앙강당으로 들이닥쳤고, **10월 2일 오전 9시 30분쯤**, 최무학이 대구사범 강의실의 단상에 올라 시체를 가리키며 전날 밤 경찰의 발

식하고 있었다. 뒤에 남로당 군사책이 되는 이재복과도 일찍부터 교분을 맺어 왔는데, 이것은 그의 조카딸과 이재복의 처 길공주가 함께 구속되는 사건으로도 나타난다. 최무학은 1946년 봄 대구의전 3학년으로서 학생자치회의 실질적인 지도자였지만 표면에는 잘 나타나지 않는, 은밀한 배후지휘자였다(「폭풍의 10월」, 268-279)

70) 대구에서는 1946년 5월 첫 콜레라 환자가 발생했으며 6월 들어 콜레라의 전염속도가 빨라지면서 경주에서는 남편과 아내, 아들 등 일가족이 콜레라로 몰사했으며(영남일보 1946년 6월 15일자), 6월 24일에는 100여 명이 넘었고, 28일 250여명, 당시 대구가 전국에서 가장 높은 발병률을 보였다, 1946년 12월 24일에야 콜레라가 잡혔는데, 가장 심했던 대구는 2578명 발병에 1718명의 사망자를 냈다(「폭풍의 10월」, 268-279.).

71) 행려병자(行旅病者): 나그네로 떠돌아다니다가 병이 든 사람

포로 희생된 노동자라며 설명하기 시작했습니다.

"이런 만행을 보고서도 앉아서 공부만 하고 있다면 어떻게 피 끓는 조선의 젊은 지성인이라 할 수 있겠습니까? 굶주린 조선 인민들은 지금 당장에 한 끼의 밥이 필요하지, 미국 놈들이 주는 밀크며 캔디가 무슨 소용이겠습니까? 오늘 우리는 단결된 힘으로 무고한 인민을 살상하는 친일 경찰의 심장부를 찾아가 발포책임을 밝히고 문책해야 합니다."

연설이 끝나자 박수와 함성이 터져 나왔습니다. 그리고 일부 학생들이 "나가자!"하고 팔을 쳐들며 기세를 돋웠습니다. 그것을 신호로, 미리 준비한 듯 흰 마스크에 실습용 흰 가운을 걸친 의료인 차림의 학생 4명이 들것의 네 귀퉁이 손잡이를 쥐었습니다. 그들이 시체를 누인 들것을 들자, 분위기는 마치 순교자의 죽음을 애도하는 엄숙한 종교행사처럼 비치기 시작했습니다.[72]

경찰이 죽인 시체라면서 150여 명의 의대생들이 시체를 앞세우고 구호를 외치면서 800m 떨어진 대구사대 쪽으로 향했습니다. 섬뜩한 시체 데모 행렬과 자극적인 구호는 충격적일 만큼 호소력이 있어서, 지나가는 구경꾼들까지도 순식간에 흥분하며 뒤를 따랐습니다. 이렇게 콜레라로 죽은 시체 1구가, 학생과 시민 수 만여 명을 단숨에 대구경찰서 앞에 모이게 하는 예상 외의 성과를 거둔 것입니다.

오전 10시 30분경, 공산당 산하 각 노조, 농민조합, 인민위원회, 부녀동맹, 민청 등의 시위 주동자 1,100여 명은, 대구의대생을 비롯한 중학생 400명을 추가로 동원하여 대구경찰서에 도착하였습니다.[73] 학생 대표들은 이성옥 대구서장과 담판을 하기 위해 서장실

---

[72] 「폭풍의 10월」, 323-325.

로 갔고, 경계를 서던 50여 명의 경찰은 시위 군중에 포위되어 경찰서 안에서 밖으로 나오지 못하였습니다.

 이렇게 위급한 때에, 이성옥 대구서장, 경북도청의 미군정 경찰부장 플레지어 소령, 권영석 경북경찰청장 등 세 사람의 수뇌부는 서로 손발이 맞지 않았습니다. 먼저 정복과 정모 차림의 권영석 청장이 호소조로 "여러분, 여러분의 대표자를 통해 요구조건을 전달받을 테니 나머지 분들은 해산하십시오. 무슨 일이 있어도 법과 질서를 지켜야만 여러분의 진정한 요구가 수용될 것입니다. 대표들에게 위임하고 곧 해산하면, 여기 함께 온 경북도청의 미군정 경찰부장 플레지어 소령과 의논하여 대표들의 요구조건을 검토하겠습니다."라고 설득하였습니다. 그러나 성난 군중들은 "집어치워라, 사과하라"라고 크게 고함을 지르면서 권 청장의 호소를 무시했습니다.

 이에 플레지어 소령은, 서장실의 이성옥 서장과 주임급 이상의 간부 경찰관들에게 시위대를 무력으로 해산시킬 것을 직접 명령했습니다. 그러나 경찰서 간부들은 이 서장의 눈치를 살필 뿐 꿈쩍도 하지 않았습니다. 속이 탄 플레지어 소령이 다시 명령을 내리자 이 서장은 입을 열어 "해산을 시키려면 무력을 사용해야 하는데 학도들을 상대로 어떻게 총을 쏜단 말입니까? 또 고작 수십 명의 병력으로 수만의 성난 군중을 어떻게 물리칩니까? 나는 그런 명령을 할 수 없습니다."라고 하며 두 번이나 플레지어의 명령을 노골적으로 거부했습니다. 이에 플레지어는 속으로 '대구의 유지들이 친일경찰이라고 이구동성으로 반대하는데도 자기를 요직에 앉힐 때는, 이런 비상시에 솜씨를 보이라고 기대한 것인 줄 모르고...' 이런 말을 뇌까리면서 대구경찰서를 떠났습니다. 플레지어는 전화로 미군 동원을 요청했지만, 당시 대구 주둔 미 제1보병연대의 사령관 러셀 포츠 대령은

---

73) 「대(對)비정규전사(1945-1960)」, 20.

계엄령이 선포된 상황이 아니라면서 그의 호소를 묵살했습니다. 그러나 미군정 지사 헤론 대령이 미군동원을 황급히 요청하여, 병력이 겨우 도착했지만 이미 경찰서가 점령된 후였습니다.[74]

경찰과 학생대표가 긴박한 담판을 한참 벌이는 중, 갑자기 신재석 경위가 흥분하면서 제복 상의와 제모를 벗어 던지고 투쟁 대열에 동참하겠다고 선언하고는 '인민공화국 만세'를 삼창했습니다. 거리의 군중까지 일제히 박수를 치며 열광했고, 경찰서 안에 무장해제를 요구하기 위해 들어왔던 학생대표들과 좌익인사들 몇 사람은 신 경위에게 몰려가 헹가래를 쳐 주기까지 했습니다.

이에 더욱 사기가 오른 공산당 도당 책임자 장적우가 경찰이 먼저 무장해제하면 군중을 책임지고 해산시키겠다고 이성옥 서장에게 압력을 넣었습니다. 오전 11시 30분경, 이성옥 서장은 이 말을 믿고 경찰들에게 모든 총기를 무기고에 넣게 하고 특경대들에게도 무장해제하라고 명령하였습니다. 이 서장의 지시대로 별다른 저항 없이 순식간에 총기는 무기고로 들어갔습니다. 이를 지켜본 좌익 요원 누군가와 대학생 대표 몇몇이 경찰서 현관 앞으로 나가 상기된 얼굴로 외쳤습니다. "민주인사들의 설득으로 경찰이 백기를 들었습니다. 총기를 무기고에 넣는 것을 우리 눈으로 확인했습니다. 이로써 학생 여러분과 애국인민 모두의 뜻이 일단 관철되었습니다. 이제 안심하고 해산하십시오." 그런데 해산하라는 말에 자리를 뜨는 자는 몇 명뿐이었고, 학생들과 시민들은 좀처럼 돌아가려 하지 않았습니다. 무엇보다 들것에 누인 시체가, 군중을 쉽게 물러서도록 허락하지 않았습니다. 진짜 무장을 해제했는지 직접 들어가서 확인해 보겠다는 기세였습니다. 또 그동안 갇혀 있던 정치범들도 석방시켜야 하

---

74) 「폭풍의 10월」, 342-345.

지 않느냐는 주장까지 나오면서 12시경 저들은 경찰서 안으로 진입하여 유리창을 부수고 100여 명의 죄수들을 석방시켰고, 모든 무기를 탈취하고 대구 경찰서를 장악하였습니다. 군중들이 험악한 기세로 몰려오자 경찰복을 벗어 던지고 사복을 입고 필사적으로 도망치는 경찰이 많았습니다.

   시위대원들은, 공산당원들은 물론 좌익 혐의로 잡혀 온 수감자와 온갖 잡범들을 유치장에서 풀어 주고 무기고에서 소총, 대검 등으로 무장하고 급히 시내로 나왔습니다. **인민보안대장 나윤출**은 시위대를 100명씩 묶어 조를 짜서 시내에 배치하였고, 평소 불만을 품었던 인사들을 찾아가 닥치는 대로 해치웠습니다. 10·1사건에 총포가 쓰인 것은 이때부터였습니다. 시위대원들은 경찰과 우익 지도자와 민족진영 인사와 그 가족들을 무자비하게 학살하기 시작하였고, 대구 시내는 순식간에 공포에 휩싸였습니다. 잡범들은 상점과 주점에 들어가 약탈을 하였으며, 온 대구 시내는 완전히 무법천지가 되었습니다. 어느 파출소이건 간에 먼저 시위대원들이 농성을 벌인 후, 총기를 가진 십 수 명의 극렬분자가 총기를 난사하면 시위대들이 우르르 몰려들어 총에 맞지 않고 살아난 경찰관을 즉석에서 타살하였습니다. 죽은 경찰관의 시체를 파출소 앞에 걸어 두거나 상황판에 밀어넣고 사지에 못을 박아 전시하기도 했습니다. 실례로 시위대원들은 북성로 2가의 우석환 경위의 집에 가서 두 딸과 부인을 몽둥이로 머리를 쳐서 현장에서 즉사시키고 그 시체를 대구 경찰서로 가지고 왔습니다. 또한 삼덕동 민 순경의 집으로 수백 명이 몰려가 민 순경의 아내와 세 자녀와 모친을 처참하게 죽였습니다. 실로 눈 깜짝할 사이에 일어난 일이었습니다.[75]

   시내의 파출소가 대부분 파괴되자, 교외에 위치한 경찰지서로 발

---

75)「붉은 대학살」, 60-61.

걸음을 옮겼습니다. 시위자들은 학살한 우익인사와 경찰관들을 밭이나 논, 야산 등에 닥치는 대로 버렸습니다.

10월 2일 오후 3시, 습격당한 경찰지서는 동촌지서 외 6개, 달성경찰서 관하 현풍 지서 외 8개였습니다. 시위대원들은 양민의 시체를 마을 입구에 전시해 놓고, '보라 이 반동을'이라는 붉은 글씨를 남겨 놓았습니다.

10월 2일 오후 6시, 경찰 단독으로 진압이 불가능하자, 주한미군 사령관은 경북 지구에 **비상계엄령**을 선포했습니다. 미군이 합법적으로 출동하여 경찰과 합동으로 비상사태를 진압하기 위함이었습니다.
그러나 조선공산당, 전평, 그리고 그 산하의 각 노조, 인민위원회, 부녀총동맹, 민청, 좌익 학생 등은 이미 미군의 비상계엄망을 교묘히 빠져나가, 지방에서 시위준비를 하고 있었습니다.
시위대원들은 시내에 위치한 환이 화물자동차 회사의 화물차와 대구시청의 시영버스, 기타 개인 자동차에 분승하여 대구 외곽지대로 빠져나갔습니다.

10월 3일 오전 9시, 시위대원들은 성주에 도착해 지방 좌익분자 300여 명을 급히 규합하여 관공서 습격과 양민학살에 들어갔습니다. 먼저 미군이 쳐들어와 양민을 죽인다고 허위사실을 유포하였습니다. 농민들은 공산당원들의 말이 옳은 줄 알고 날뛰기 시작했습니다.

10월 4일 새벽 3시, 시위대원들은 성주 경찰서를 포위한 후, 기습하여 숙직 중이던 22명의 경찰관을 포박했습니다. 시위대원들은 경찰관들을 감금하고 생화장하려고 유치장과 그 주변에 석유를 뿌렸습니다. 그 순간 충남에서 파견된 기동경찰대가 도착해 그들이 도망치는 바람에, 잡혀 있던 경찰관들은 목숨을 건졌습니다.

달아난 시위대원들은 이후 성주경찰서 관내의 수윤, 초전, 대가, 벽진, 금수, 가천 등 6개 지서를 습격하였습니다. 습격은 대개 심야를 택해 행해졌는데, 죽은 우익 인사와 경찰관 시체를 두 번 죽인다고 죽창으로 마구 찌르는 만행을 저지르기도 했습니다. 시위자들의 무차별 학살에 항거하다 현장에서 죽어 간 양민들의 숫자도 헤아릴 수 없이 많았습니다.

시위대원들의 학살 수법을 살펴보면 다음과 같습니다.

첫째, 총으로 쏘아 죽였고
둘째, 죽창과 도검으로 마구 찔러 죽였고
셋째, 집에 가두고 불을 질러 생화장까지 했으며
넷째, 곡괭이·쇠망치·낫·몽둥이 등 농기구를 사용해 타살(打殺), 또는 생매장했으며
다섯째, 양민을 학살하기 전이나 후에 새끼로 목을 옭아 자동차에 매단 후 거리로 끌고 다녔습니다.
여섯째, 나무에 매달아 때려 죽였습니다.
일곱째, 생사람의 몸에 큰 돌을 달아 물에 던져 수장하였습니다.
여덟째, 부녀자들의 옷을 벗겨, 사지를 찢거나 잘라 죽였습니다.
아홉째, 살려 달라고 애원하는 어린이를 총검과 죽창으로 마구 찔렀습니다.
열째, 죽은 사람의 얼굴에 석유를 뿌린 후 불을 질러, 시체를 분간할 수 없게 만들었습니다.

※ 이상의 학살 관련 내용은 송효순 著 「붉은 대학살」 72-82쪽에서 발췌하였음을 밝혀 둡니다.

(2) 경북 도내 군청과 경찰서의 피해

경북 22개 군청과 경찰서가 5만여 명 시위대에 의해 점령되었고, 대구 시내는 전쟁과 방불한 상황이 되었습니다. 미군정 정보보고서에 따르면, 군중이 경찰의 몸을 칼과 도끼로 난자하고 큰 돌을 머리에 떨어뜨려 짓이기기까지 했다고 합니다. 대구10월사건에서 경찰에 대한 시위대의 만행은 다음과 같습니다.

① 칠곡 경찰서

서장 윤상탕(당시 35세) 경감은 당시 경찰직에서 파면당해 있었으나, 죽창·낫·곤봉 등을 가진 광기에 찬 황점암 일행 60-70명이 그를 붙잡아 집 앞 거리에서 처참하게 죽였습니다.

② 화원 지서

지서장 김현대(43세)는 사복으로 갈아입고 용케 피신하였으나 누군가가 손가락질하며 '화원 지서장'이라고 고함치자, 순식간에 10여 명의 청년들이 몰려와 그 자리에서 개 패듯이 때려죽였습니다.

③ 달성 경찰서

달성 경찰서(전 대구남부서 자리)는 당시 대구경찰서의 업무량이 많아 대구시의 변두리지역을 관할하기 위해 신설한 지 한 달밖에 안 된 경찰서였습니다. 대구사대 교정과는 북쪽으로 길 하나 건너였기 때문에 3개 대학 학생들의 규탄대회가 코앞에서 벌어진 것입니다. 이때 경찰관 6명이 사망, 17명이 중경상을 입었고, 가옥 107채가 파괴되었습니다. 미군 순찰대가 달성공원에서 7구의 경찰관 시체를 발견했는데, 발견 당시 두 명은 숨이 붙어 있었으나 사지가 제대로 붙어 있지 않았고 거세를 당한 참혹한 경우까지 있었다고 합니다. 시위대원들은 경찰의 얼굴과 몸뚱이를 칼과 도끼로 난자하고, 손을 등 뒤로 묶어 출혈로 쓰러질 때까지 모가 날카로운 돌을 던졌으며, 큰 돌을 머리에 떨어뜨려 짓이기는 야만적인 행동을 저질렀습니다.[76]

④ 왜관 경찰서

10월 2일 오후 9시 소총과 수류탄, 낫과 창으로 무장한 1천여 명이 집결하기 시작, 3일 새벽 5시 50분쯤 왜관 경찰서를 습격하여 서장 장석한을 살해하기 전에 눈을 파내고 혀를 잘랐으며 나머지 경관 네 명도 그렇게 도끼로 참살하였습니다. 다른 세 명의 경관은 여러 차례 구타를 가했습니다. 시위대원들은 왜관 경찰서장 장석한 경감을 전화선으로 묶어 시내를 한 바퀴 돌게 하였습니다. 끝내 장 경감은 시위대에 의해 몽둥이로 타살된 후 시체는 길거리에 버려졌습니다.[77]

⑤ 영천 경찰서

2천 명(다른 기록에는 1만 명으로 추산)이 죽창, 낫, 도끼를 들고 가서 경찰서를 포위하고 습격했는데, 경찰서에는 이때 다섯 상자의 탄약밖에 없었습니다. 그나마 탄약 창고의 열쇠를 가진 경관은 살해된 상태였습니다. 총격전을 벌여 경찰 15명이 사망하고, 수많은 부상자가 발생했습니다. 그들은 무기를 탈취하고 경찰서와 공공기관 및 주택 100여 채에 불을 질렀습니다. 이 밖에도 46명의 경찰관이 실종되었는데, 그 중에 적어도 40명은 시위대원들에게 납치되었습니다. G-2보고서에 의하면 경찰서가 점령되기 직전 치열한 공방전이 벌

---

76) 「폭풍의 10월」, 358-359.
77) 「붉은 대학살」, 77.

별지 3 **대구10월사건** 경북 22개 군청과 경찰서 습격(1946.10.1-11.11)

영천시 내 11개 지서 습격
- 금호읍
- 자양면(보현)
- 화산면
- 북안면
- 대창면
- 화북면
- 삼창리
- 신녕면
- 임고면
- 청통면
- 고경면

상주경찰서 46.10.3 습격

구미경찰서 46.10.3 오전 9시 습격

왜관경찰서 46.10.2 집결, 46.10.3 새벽 5시 50분 습격

영천경찰서 습격

칠곡경찰서 습격

대구경찰서 습격

화원지서 습격

성주경찰서 습격 46.10.4 새벽 3시

달성경찰서 습격

성주시 내 6개 지서 습격
- 수윤
- 초전
- 대가
- 벽진
- 금수
- 가천

:: 범례 ::
- 🏠 : 경찰서
- ● : 주요 도시
- ▲ : 주요 고지

어진 것으로 짐작됩니다.

시위대원들은 대구에서 100명의 지원경찰이 내려오기까지 만 이틀 동안 영천을 지배했습니다. 영천의 지방 시위대는 다른 지방에 비해 훨씬 악랄했습니다. 금융조합, 면사무소, 공회당, 경로당 등을 닥치는 대로 태우기 시작했습니다. 이때 각 면에 산재해 있던 좌익분자 700여 명이 합세하여 학살 대열에 참가했는데, 모두 이 지방 사정에 밝은 본토박이들이었습니다. 곧이어 신녕, 임고, 청통, 화산, 고경 등 5개 지서가 차례로 완전 소실되었습니다.

이태수 영천 군수를 잡아 새끼줄로 묶은 뒤에 도끼와 죽창, 낫 등으로 난도질하여 죽이고 군청에 불을 질렀습니다. 19명의 면직원과 관리들이 살해당했고 많은 부상자가 발생했습니다. 이때 5만여 명이 시위하였고, 공무원 15명이 죽었으며, 적어도 100여 채의 건물을 포함한 수많은 공공기관과 가옥이 전소되었습니다.

당시 경북 도내에서 가장 심한 참극을 빚은 곳이자 막대한 피해를 입은 영천군의 소요 상황에 대하여 대구시보 기자는 다음과 같이 기록했습니다(대구시보 1946년 10월 13일자).

「3일 오전 1시경 군내에 일제히 봉기한 수만의 폭도들은 "38선은 이제 철폐되었다." "북조선인민위원회의 우리 동포들은 굶주린 우리를 구하기 위하여 남조선으로 들어왔다. 자, 굶주린 동포들은 일어나라!"라고 외치며 읍내를 포위했다. 이들은 경찰서를 습격 방화한 뒤 군수 이태수를 사택에서 끌어내어 잔학한 방법으로 죽인 다음, 몸에 석유를 뿌려 불타는 군 청사 내에 던져 생화장에 처하였다. 폭도들은 방화·학살·약탈과 파괴를 거듭하여 우편국·재판소·등기소·신한공사 출장소 등을 방화, 전소케 했다.

또 부잣집을 습격하고 역시 방화, 가산을 약탈했다. 이때 임고면의 이인석, 정도영 양씨도 피해를 입었고 특히 이인석씨는 네 살 먹은 외동손자까지 참살당하였다. 군내 각 면사무소, 각 경찰지서는 물론 신령면 같은 곳에서는 성당, 교회, 소학교까지 불태워졌고 전도사까지 학살당하였다.

10월 8일 현재 군내 피해상황은 전파가옥 200호, 반파가옥 약 1천 호, 경관을 포함한 관공리(官公吏) 사망자 16명, 중상자 19명, 일반인 사망자 약 24명, 중상자 약 20명, 피해액 약 10억원, 본서와 지서에 보관된 무기 전부가 탈취 당했다고 한다.」

⑥ 구미 경찰서

10월 3일 오전 9시에는 선산군 시위대(선산군 민전 사무국장: 박상희)가 모여 구미 경찰서에 진입, 구미 경찰서 배상철 서장에게 경찰 권한을 인민위원회로 넘기라고 위협하고, 경찰서 안의 경찰들을 모두 유치장에 감금하였습니다.

이때 박정희 전 대통령의 셋째 형 박상희는 진압군에 의해 사살되었습니다.

⑦ 상주 경찰서

10월 3일 시위대원들이 경찰서를 습격해 근무 중이던 5명의 경관을 폭행하고 생매장해 죽였으나, 10월 25일 마산에서 시위 주동자가 체포되었습니다.

⑧ 자양 지서

화산 지서의 한 경찰관이 산으로 도망가는데 시위대원들이 쫓아가서 낫으로 두 눈을 뽑아 죽인 후 그 경찰관의 자택으로 몰려가 불을 지르고, 5명 가족을 그 불 속에 집어넣어 생화장해 죽였습니다.

이어 금호, 북안, 대창, 자양(보현), 화북, 삼창 등 7개 지서가 파괴된 후 탈취 당했는데, 자양지서 경찰관들과 그의 가족들을 살해한 방법은 보는 이로 하여금 몸서리를 치게 했습니다. 시위대는 경찰관과 그 가족들을 사지(四肢)를 찢어 죽였습니다. 한 팔, 한 다리에 3-4명씩 달라붙어, 있는 힘을 다해 찢어 죽인 것입니다. 경찰관의 부인은 완전히 벌거벗긴 채 이런 만행을 당했습니다.[78]

(3) 경관들의 치료를 거부한 대구의사회

당시 대구의사회에서는 경관들의 치료를 거부하는 성명을 발표하여(독립신보 1946년 11월 1일자) 부상당한 경관들이 병원으로 호송되어 와서 도리어 생죽음을 당하는 경우가 허다했습니다.

의료인들이 경관들의 치료를 거부하고 따돌리는 방법으로 시위자들의 투쟁대열에 참가했던 것입니다.

「…병원 앞까지 실려 왔으나 환자가 밀려 미처 치료받지 못한 채 살려 달라고 울부짖던 부상경관들의 모습을 잊을 수 없다. 때마침 동인로터리 쪽에서 트럭 한 대가 도착해 한 때의 부상경관을 하차시켰다. 그러자 구경꾼들 속에서 폭도인 듯한 젊은 사람 대여섯 명이 뛰쳐나와 목총 같은 걸로 부상경관들을 마구 구타하는 것이 아닌가. 부상경관의 머리통을 어찌나 호되게 때렸는지 뻑뻑 소리가 길 건너 교정에서 바라보고 있는 내게까지 들릴 정도였다. 그 구타 기세가 너무나 살기를 띠어 아무도 말릴 엄두를 내지 못했다.」

(당시 의대 3년생이었던 홍선희 경북외과의원장의 목격담)

「도립병원 정문 앞 원형화단 둘레에서 끔찍한 살인극이 벌어지고 있었다. 어디서 호송해 왔는지 빈사상태의 경관들이 늘어져 있었

---
78) 「붉은 대학살」, 85.

는데 그 중 몇 사람이 고통으로 몸부림치거나 죽음 직전의 경련으로 몸을 떨자, "저놈들 아직 덜 죽었다"고 소리치며 둘레의 청년 7-8명이 몽둥이로 확인 타살하는 것이었다. 아무리 원한이 깊다고 해도 반송장이 되어 병원에 실려 온 중환자에게까지 저럴 수가 있을까…」

(「폭풍의 10월」, 362.)

「…어떤 부상한 경찰관이 살려달라고 병원의 계단을 올라가는데 폭도들이 그 사람을 끄집어내리려고 했다. 그 경관은 계단의 모서리를 쥐고 안 내려오려고 하는데 위에서 그 병원의 의사가 떠밀었다. 참으로 비인간적인 일이었다. 아래로 굴러 떨어진 경관의 머리를 폭도들이 돌을 번쩍 들어 내리쳤다. 머리는 박살이 나고 흰 것이 튀어나왔다.」

(이원만, 「나의 政經 50년」)

「…대구에 있는 병원들은 부상당한 경찰들이 폭도들에 의해 끌려나가 살해 당한 후 부상경찰의 수용을 거부하였다고 한다.」

(미 제 24군의 G-2보고서)

「도립병원을 비롯 일부 병원에서 의사와 간호원들이 공동성명을 냈다. "발포를 중지하지 않는 이상 환자의 치료와 진찰을 거부한다"는 것이다. … 실제로 이때는 이미 도립병원 안에 폭도가 끼어 있어 입원한 경찰관을 죽이기도 했다.」

(석정길, 「새벽을 달리는 동지들」)

부상경관에 대한 의료인들의 경고문이나 노골적인 적대감은 뒷날 인술부터 베풀어야 할 의료인들이 인명을 경시했다는 비판을 받았으며, 그 결과 경찰의 만만찮은 보복을 초래했습니다.[79]

---
79) 「폭풍의 10월」, 363.

(4) 경북·경남·전남 지역 등 전국으로 확산

조선공산당의 조종에 의한 시위는 영남 일대로 확대되었고, 다시 각 지방에 지령이 내려져 각지로 파급되었습니다.

조선공산당 시위대들은 50-100여 명씩 조를 짜 조장을 뽑은 후 조장의 지시에 따라 환이자동차 회사에 가서 자동차를 탈취하고, 수십 명씩 승차하여 경북 22개 군청 소재지로 출발하였습니다. 처음 대구에서 폭발적으로 일어난 대구10월사건은 경북 전역으로 번졌고, 그 거센 물결은 다시 경남으로, 그리고 전남으로 순차적으로 번져 나갔습니다.

대구에서의 10월 사건을 계기로 조선공산당은 각 지방당부에 10월 사건에 대한 '**호응 투쟁**'을 전개하라는 지령을 내렸고, 시위는 각 지방으로 파급되어 걷잡을 수 없게 되었습니다. 이에 대해 김남식의 「남로당 연구Ⅰ」243쪽에서는 "대구10월사건은 1946년 10월 1일부터 11월 11일까지의 기간에 경상북도 18개 군을 비롯하여 남한 전역의 73개 시군에 파급되어 갖은 난동, 만행을 저질렀다."라고 하면서, 다음과 같이 전하고 있습니다.

10월 3일 : 서울에서 1만 명 군중이 '정권을 인민위원회에 넘겨라'라는 구호를 외치며 군정청 앞에서 시위.

10월 5일 : 부산, 인천, 군산, 목포, 여수, 마산, 통영 등에서 해원(海員) 1만 5천 명이 이른바 **동정파업**, 인천부두 노동자 3백 명 파업.

10월 8일 : 경남 밀양 모직물 공장 종업원 2백여 명 파업, 부산항에서 선박시위.

10월 20일 : 경기도에 파급되어 개성, 봉동, 임한, 연안, 백천, 대성, 장단, 광주 등지에서 경찰서 지서 습격 등 난동.

10월 22일 : 서울 종로에서 '정권은 인민위원회로!', '쌀을 달라', '박헌영 체포령 취소' 등 삐라를 살포하며 소요.

10월 30일 : 화순 탄광노동자 5천 명 파업, 목포에서 전화 종업원 120명 파업 및 파출소 습격 방화, 1천 5백 명 시위 끝에 목포 경찰서 습격 난동.

10월에 시작된 이 비극적인 사건은 11월에도 계속됐다. 전남 장성군에서 지서 습격·파괴, 보성군에서 득량 지서 습격, 독촉(대한독립촉성국민회) 청년 2명 학살, 면력 지서 습격, 11월 11일 전주형무소 죄수 417명 탈옥, 전남 해남군에서 지서·면사무소 방화 소각으로 이어졌습니다.

(5) 대구 10월사건의 배후

9월 총파업과 대구10월사건은 조선공산당 중앙당부의 지시를 받은 현지의 하급 당부에 의해 철저하게 준비되었던 것입니다. 저들은 심지어 선동에 능숙한 당원을 개별적으로 불러 교육을 시키기도 했습니다. 일부 학자가 잘못 알고 있듯이 9월 총파업과 대구10월사건은 자연발생적인 것이 아니라, 북한의 소군정이 깊숙이 관여한 사건이었습니다. 북한 소군정이 조선공산당 지도부에 자금을 조달했을 뿐 아니라, 당시 남한 정세에까지 소련이 깊이 개입하고 있었다는 것은, 스티코프의 비망록을 통해 명백한 사실로 밝혀졌습니다.

김일성과 박헌영은 4차 회동 때 모스크바로 가서 스탈린을 만났는데, 그때 스탈린은 김일성에게 '소련군정의 협력을 받아 북조선의 소비에트화 정책을 조기에 실현시키도록 투쟁하라'고 지시하면서, 그를 북한정권의 지도자로 지명했습니다. 이후 1946년 8월 28일 북조선노동당(북로당)을 창립하기에 이릅니다.

또한 박헌영에게는 "어려운 여건 속에서 분투하는 그대의 혁명투쟁을 높이 평가한다."라고 격려하였습니다.[80] 박헌영은 그 자리에서 지도자로는 지명받지 못했지만, 차기 대권후보라는 주위의 위로를 받으면서 실망하지 않고 소련의 지시에 복종하였습니다.[81] 스탈린의 격려를 받고 귀국한 박헌영은 폭력 전술을 채택하였고,[82] 9월 총파업과 10월대구사건을 계획, 실행함으로써 해방 이후 남한의 정국을 극심한 혼란으로 몰고 갔습니다.

9월 중순, 전평 상무위원회는 당의 신전술 지령에 입각해 1946년 10월 파업투쟁을 전개하기로 계획하였으나, 조선공산당이 10월 파업투쟁 계획을 한 달이나 앞당겨 9월에 일으켰습니다. 일정을 한 달 앞당긴 결정은 소군정의 지시에 따른 것이었습니다. 스티코프 비망록에는 다음과 같이 기록되어 있습니다.

「1946년 9월 9일 조선공산당 당수 박헌영은 당이 사회단체들을 어떻게 지도해야 하는지를 문의했다.」

이에 대해 스티코프는 「테러와 압제에 반대하는 대중적인 시위를 벌이고 항의집회를 개최하라」고 지시했으며, 그것이 9월 11일, 16일 두 차례에 걸쳐 내려졌다고 기록했습니다.[83]

9월 총파업이 전국적으로 크게 확대되고 많은 희생자를 내면서 남한 정국을 뒤흔들었던 것은, 이와 같은 조선공산당과 소군정의 지시가 있었기 때문이었습니다. 북로당은 9월 총파업이 일어난 지 사흘 뒤인 1946년 9월 27일 중앙상무위원회 제 6차 회의를 개최하였는데, 이때 북로당 중앙상무위원회는 「이번 남조선에서 시행된 미군

---

80) 「비록(秘錄) 조선민주주의인민공화국」, 228-229, 237, 326-329.
81) 김국후,「비록 평양의 소련군정」(한울, 2008), 211.
82) 박일원,「남로당의 조직과 전술」1984. 11, 30-32.「남로당 연구Ⅰ」, 22-24.
83) 「한국 발굴자료로 쓴 현대사」 (중앙일보사, 1996), 240-241.

정의 반동정책을 반대해 9월 23일 부산 철도공장 종업원의 파업을 시작으로 24일에는 남조선 4만 철도 종업원 총파업, 25일에는 전기 전차 출판을 위시해 각 기업 종업원들의 총파업이 전면적으로 전개된 데 대해 다음과 같이 결정한다.」

「북로당은 전 당원들이 총동원해 남조선 노동자의 영웅적 총궐기에 대해 전폭적인 지지와 성원을 보낼 것이며, 적극적으로 정신적 물질적 지원을 아끼지 않는다.」[84]고 밝혔습니다.

이에 북조선직업동맹이 노동자, 사무원, 문화인 대회를 개최할 것과 증산 돌격 등의 운동을 전개하고 전 당원들이 노동시간을 한 시간 연장해, 그 소득액을 남조선 노동자들에게 위문금으로 보낼 것을 결의하였습니다. 이제까지 일부 학자들은 9월 총파업과 10월 폭동이 공산당의 조직적 선동에 의한 것이 아니라고 주장하며 그 명칭도 '10월 항쟁'이라고 해야 한다고 주장해 왔으나, 스티코프의 비망록에 따르면, 소군정은 9월 총파업 때 200만 원을 지원한 데 이어 10월 사건이 계속된 약 3개월 동안 남조선 투쟁기금으로 300만원과 39만원, 그리고 122만 루블을 조선공산당 측에 보냈다는 사실이 확인되었습니다. 조선공산당은 자신들이 일으킨 사건의 상황전개에 따라 소군정과 지속적인 관계를 가지면서 영향력을 행사했다는 사실이 명백하게 밝혀진 셈입니다.[85]

또한 이 사건의 구체적인 배후 인물은, 이북 황해도 해주의 박헌영과 남로당 군사부 총책 이재복이었습니다. 이재복(1903년생)은 이유업의 장남이며, 경북 안동군 사람이었는데, 평양신학교와 교토신학대학을 졸업한 목사였습니다. 그는 영천 읍내의 중앙교회에서 목회활동을 하다가 좌익 계통인 인민당에 입당, 경북도 인민위원회의

---

84) 「비록 평양의 소련군정」, 206-208.
85) 「한국 발굴자료로 쓴 현대사」, 242-243.

보안부장을 거쳐 남로당 군사부 총책이라는 파격적인 위치까지 올라갔습니다. 그가 대구 10월사건의 주동자였습니다.

(6) 대구 10월사건의 결과

대구 10월사건으로 대구 시내에서만 경찰 38명이 사망하였고, 공무원 163명, 민간인 73명이 사망하였고, 부상 1천 명, 행방불명 30명, 시위혐의자 7,400명이었으며 776동의 건물이 파괴되었습니다. 경북 도내에서 경찰 인명피해는 사망 80명, 행방불명 및 납치가 145명, 부상이 96명으로 집계되었습니다.[86] 습격을 받은 관리와 우익인사 등 민간인 사망자수는 24명, 부상 41명, 납치 21명입니다(G-2 보고서).

대구 10월사건은 경찰 4,500명, 김두한(김좌진 장군의 아들)이 이끄는 우익 청년 3,000명, 대전 2연대 1개 중대, 미 2연대 등이 총출동하여 겨우 진압되었습니다.

대구 10월사건의 여파는 몇몇 형무소에까지 미쳐, 좌익죄수들은 전주·광주·공주 등 지방 형무소에서도 집단으로 탈옥하였습니다. 전주감옥에서는 11월 11일 오후 2시 좌익죄수들의 선동으로 죄수 842명 중 417명이 간수들의 무기를 빼앗아 탈옥했고, 곧이어 22일 저녁에는 광주에서 900여 명이 탈옥하려다 경찰과 총격전이 벌어져 죄수 4명이 죽고 10여 명이 중상을 입는 등 사고가 잇따랐습니다. 미 군정하의 형무소는 재소자의 80% 이상이 좌익계열로서, 이들은 마치 형무소가 공산당의 집회소인 양 착각하고 갖은 음모의 소굴로 이용하고 있었습니다. 따라서 형무소는 바로 이들의 표적이

---

86) 「폭풍의 10월」, 409.

었습니다.[87]

　대구 10월사건으로 공산당도 크게 피해를 보았습니다. 연말까지 검거된 당원이 7,000명이 넘었고 그 중 1,500여 명이 구속되는 등 큰 타격을 입고 조직 내에 큰 혼란을 가져왔습니다. 결국 11월 20일에 이르러 중죄인 5명이 사형선고를 받게 되는데, 대구시 인민위 및 공산당 지방 당부의 최문학[88], 이삼택, 이광열, 박학구, 이재희 등이었습니다.[89]

　대구 10월사건은, 해방 이후 1년 만에 우리나라에서 공산주의가 얼마나 급속히 파급되고 있었는지 그리고 그들의 잔인성이 어느 정도인지를 여실히 보여 주었습니다. 밤낮 없는 경찰들의 수색에, 시위 가담자들은 북한으로 탈출하거나 야산대가 되어 산에 숨어 버렸습니다. 그들 중 일부는 국방경비대 대구 6연대에 입대하였습니다. 국방경비대(1946년 1월 15일 창설)는, 신병을 모집할 때 미 군정청의 방침에 따라 신상조사나 사상검토를 하지 않고 신체검사와 구두시험만으로 선발했으므로, 경찰의 수배를 피해 좌익 세력들이 마음껏 입대할 수 있었기 때문입니다. 그 결과, 대구 6연대는 좌익의 소굴이 되어 여수 순천 사건 이후 1948년 11월까지 3차에 걸쳐 반란을 일으키다가 결국은 해체되고 말았습니다.

　전평이 중심이 된 대구 10월사건을 계기로, 삽시간에 서울을 비롯한 남한 전체에 미군정에 반대하는 시위가 퍼져 나갔습니다. 미군과 경찰이 주동자들을 체포하고 수배하자, 이들은 태백산과 소백산으로 숨어들어 우리나라 빨치산의 시작인 야산대(野山隊)를 만들었습

---

[87] 「대(對)비정규전사(1945-1960)」, 21.
[88] 　앞서 언급한 대구의대 학생회장 최무학의 형, 당시 화원의원 원장
[89] 「박헌영」, 156.

니다. 뒤에 이들을 구(舊)빨치산이라 불렀습니다.

'빨치산'은, 러시아어 '파르티잔'(partisan)에서 온 말이며, 프랑스어 '파르티'(parti)에서 유래하였습니다. 원래 당원, 동지, 당파 등을 뜻인데, 대부분의 경우 '비정규 게릴라 부대'를 가리킵니다. 우리나라 현대사에서 빨치산은, 남한의 단독선거에 의한 단독정부수립에 맞서 일으킨 제주 4·3사건과 1948년 10월 19일 여수 순천 사건을 시발점으로 하여 조직화, 본격화된 좌익 게릴라 부대 및 그 당원들을 일컫는 말입니다.

4. 1948년, 제주 4·3 사건

Jeju April 3rd Incident, 1948

제주도는 동서로 73km, 남북으로 32km, 면적이 약 1,850k㎡ 인 타원형의 화산도이며 섬 중앙에는 해발 1,950m의 한라산이 우뚝 솟아 있습니다. 한라산을 정점으로, 동서로는 비교적 완만한 경사를 이루고 있으며 남북으로는 급한 경사를 이루고 있습니다. 도민들은 척박한 땅에서 농사를 짓고 바다에 나가 고기를 잡거나 해산물을 채취하여 생계를 유지하였습니다.

제주도는 군사적, 정치적, 경제적 요충지로서 일본과 중국대륙의 어선, 상선의 기항지요, 특히 세계 전사(戰史)에서 전략상 결정적인 요충지대였습니다. 제 2차 세계대전 말기 일본군은 본토 수호를 위한 군사기지로 제주도에 10만에 달하는 대병력을 주둔시키고 있었습니다. 그래서 곳곳에 그들이 파놓은 참호와 그 외의 군사시설로, 섬 전체가 진지(陣地)화되어 있었다고 해도 과언이 아닙니다. 일본군은 패전 후 1945년 8월 막대한 무기와 탄약을 땅에 파묻거나 바다에 수장한 후에 철수하였습니다.

(1) 한반도의 최남단, 제주도의 공산당 조직

갑작스러운 8.15해방을 기점으로 제주도에는 많은 인구가 물밀듯 밀려들어와 도내 분위기는 이전과 크게 달라지고 있었습니다. 22만 명 정도였던 제주도 인구는 해방이 되면서 27만을 돌파했고, 1948년에는 28만이 넘었습니다.[90] 그런데 1946년에는 콜레라(호열자)가 번져 369명이 사망한데다가 보리 흉작으로 식량난이 겹쳐 도민들의 살림은 말할 수 없이 어려웠습니다.

해방 이후 갑자기 유입된 5만 6천 명 가량의 인구 중에는, 일본 오사카에서 공장 노동자로 일했거나 일본군에 종군했던 군인, 군속,

---

90) 「제주도 4·3사건 Ⅴ」, 165.

징용노무자들이 있었고 중국에서 의용군[91], 팔로군[92]에 있다가 돌아온 좌익계의 과격인물들이 많았습니다. 이들은 지하에서 사회주의 운동을 하던 자들과 합세하여 제주도 전역을 휩쓸다시피 했습니다. 순박하고 선량한 제주도민들은 그들의 선동에 많은 영향을 받았고, 혈연관계 등을 통해 많은 사람들이 자신도 모르게 붉은 사상으로 물들어 갔습니다.

게다가 제주도는 육지 목포로부터 140㎞, 부산으로부터 285㎞ 정도 떨어져 있어 시위 발생 시 그것을 빨리 진압하기 어렵다는 지리적 특수성 때문에, 해방 직후부터 친북 좌파들이 극렬하게 활개치고 있었습니다. 제주도 내에서만 6만여 명이 남로당에 가입하여 활동하고 있었습니다. 재(在)조선 미국 군사(軍史)에 '제주도의 약 6만 내지 7만으로 추정되는 주민이 남조선노동당에 가입했다. 그들은 주로 무식하고 교육을 받지 못한 농부와 어부들인데, 그들은 제 2차 세계대전과 전후의 곤경에 의하여 심하게 혼란에 빠진 결과, 남조선노동당이 그들에게 지속적인 경제적 보장을 제의한 것에 쉽게 설득당하였다'고 기록되어 있습니다.[93]

도지사 박경훈이 인민투쟁위원장이요, 제주읍장이 부위원장, 각 면장이 면 투쟁위원장이었던 것을 보면, 도내 공산주의 세력이 어느 정도였는지 짐작할 수 있습니다.

박갑동[94]은 그의 저서 「박헌영」 198쪽에서 **「남한만의 단독 총선거**

---

91) 국가나 사회의 위급을 구하기 위하여 민간인으로 조직된 군대
92) 항일 전쟁 때 화베이에서 활약한 중국 공산당의 주력군. 1937년 제2차 국공합작 후의 명칭이며, 1947년에 인민해방군으로 바꿔었다.
93) 신상준, 「제주도 4·3사건 上권」, 712.
94) 박갑동은 1919년생으로, 1941년 일본 와세다 대학 정치학과를 졸업, 광복 후에 남로당에 입당해 중앙선전부 기관지부에서 「해방일보」 정치부 기자를 지냈고, 1950년 월북하여 조선민주주의 인민공화국 문화선전성 구라파 부장을 지냈다. 그는 조선공산당과 남로당에서 박헌영과 함께 했고, 월북한 후에는 박헌영과 함께 조선민주주의

에 대한 '적극적 보이코트'[95] 지령에 따라 남로당이 대대적인 무장폭동 장소로 택한 곳이 제주도이다. 남로당이 굳이 본토에서 멀리 떨어진 제주도를 택한 이유는 지리적인 특수성 때문에 해방 직후부터 공산당의 조직 활동이 가장 활발했고 따라서 그들의 선전과 조직활동 등으로 도민의 사상이 자못 붉은 쪽으로 기울어져 있다고 판단되었기 때문이다. 그렇기에 그곳의 경찰은 사면초가의 입장에 몰려 형세가 불리했고, 치안은 위기에 몰려 크고 작은 소동이 빈번하게 일어나고 있었다.」라고 기록하고 있습니다

미군정이 실시된 지 9개월 만인 1946년 8월 1일부로 제주도는 행정구역상 전라남도에서 분리되어 군(郡)에서 도(道)로 승격되었습니다. 도제 실시를 계기로 행정 기구의 조직 강화, 경찰 기구의 확대 개편, 경비대의 창설 등 법적, 제도적 보강과 기구 확대가 있었습니다.

① 제주 9연대 창설

1946년 11월 16일 전국에서 가장 늦게 모슬포에 국방경비대 제 9연대가 창설되어 제주도 방위를 담당하게 되었습니다. 초대 연대장은 **장창국 중위**가 맡았으며, 선임장교로 안영길(육사 1기), 윤춘근(육사 2기), 김복태(육사 2기), 김득룡(육사 2기) 등이 임명되었습니다. 제 9연대는 당시 광주에 주둔하고 있던 제 4연대에서 차출된 50명을 기간

인민공화국을 도왔다. 그러나 박헌영이 김일성에게 이용당하고 결국에는 미 제국주의자의 간첩이라는 죄명으로 사형당하는 것을 보고, 공산주의자들의 비인간적인 잔인성을 확인하게 되어 자유 대한의 품에 안긴 것이다. 그의 저서 서문에는 "나는 공산주의란 인간의 사고로 창조할 수 있는 것 가운데 가장 비정한 정치체제라는 것을 뼈저리게 느껴왔다. 박헌영의 죽음을 통해 볼 때 더욱 그런 생각이 드는 것이다."라고 밝히고 있다.

95) 불매동맹 또는 어떤 개인이나 국가에 대하여 보복의 수단으로 절교, 배척하는 것을 뜻하며, 단순한 반대 즉 불참가 또는 방관만을 의미하는 것이 아니고 모든 수단을 다해 방해 파괴한다는 것으로, 당초부터 남로당이 계획해 온 실력투쟁을 지령하는 신호탄이었다.

요원으로 하여, 모슬포에 도착하자마자 모병에 착수하였습니다. 그러나 기간병들이 사고뭉치 또는 좌익불순분자들이라 모병 과정에서 애로 사항이 많았습니다. 1947년 6월 1일 제 2대 연대장으로 취임한 이**치업** 소령이 제 9연대를 제 2대대까지 편성하였음에도 불구하고 지원자들이 많지 않아, 실제 병력은 1개 대대 병력에 지나지 않았습니다.

당시 9연대 내부에는 많은 남로당 프락치들이 들어와 있었습니다. 「제주도인민유격대 투쟁보고서」[96] "국경(국방경비대)과의 관계" 항(75쪽)에서는 '1946년 본도 3·1투쟁 직후 때마침 본도 주둔 제 9연대가 신설되어 제 1차 모병이 있음으로 이에 대정(大靜) 출신 4동무(고승옥, 문덕오, 정두만, 류경대)를 프락치로서 입대시켰음'이라고 기록하고 있습니다.

② 제주도 경찰 기구의 확대 개편

당시 제주도에는 1개 경찰서밖에 없었는데, 1946년 9월 11일부터 경찰국 성격의 제주감찰청을 발족시켜, 1946년 12월 14일에 제주읍과 서귀포 등 2개소에 경찰서를 설치하였습니다. 해안경비대도 뒤를 이어 조직되어 제주도의 해안을 방어하게 되었습니다. 또한 1947년 2월 23일에 충청남북도의 경찰관을 제주로 파견하였고, 3월 10일에는 제주감찰청을 제주경찰감찰청으로 개칭하였습니다.

그러나 이미 일제 강점기 때부터 좌익 사상을 가진 자가 많았던 제주도에는, 1920년대의 신인회 사건을 비롯하여 1930년대의 **제주**

---

[96] 1948년 3월 15일부터 1948년 7월 24일까지의 제주도 인민유격대의 활동기록이 자세히 기술된 남로당 극비문서이다. 이는 4·3사건의 주동자였던 남로당의 핵심요원이 직접 작성한 문서로, 유일하게 역사적 사실을 객관적으로 밝힐 수 있는 귀중한 자료이다. 이것은 1949년 6월 7일 경찰이 유격대사령관 이덕구를 사살한 현장에서 생포한 그 직속 부하 '양생돌'이 소지하고 있어 입수하게 되었다. 그 후 약 50년 만인 1995년 8월 15일, 제주감찰청에 근무하고 있던 문창송(4·3사건 당시 지서주임)씨가 「한라산은 알고 있다」라는 제목의 책으로 발행하였다.

청맹 사건, 혁우동맹 사건, 야체이카[97] 사건 등 사회주의 비밀 조직을 결성했다가 일제로부터 탄압을 받은 일이 많았는데, 이들은 해방이 되자마자 빨리 뭉치기 시작했습니다.

③ 조선 공산당 세력과 보수 애국 세력

해방 이후 제주도에는 1945년 8월 20일 **건국준비위원회**(약칭: 건준)가 조직되었는데, 이때까지만 해도 이들은 좌우익을 구분하지 않았으므로 사회 안정과 건국 운동에만 전념하려고 하였습니다. 그런데 1945년 9월 6일 건준이 '**조선인민공화국**'을 수립하고, 9월 28일 미군이 제주도에 상륙하여 미군정이 들어서면서부터 사사건건 의견충돌이 일어나던 끝에 결국 1945년 10월 9일 제주극장에서 좌익계 인사들만을 중심으로 건준을 개편[98], 면 단위뿐 아니라 리(마을) 단위까지 조선인민공화국의 제주 지부 '**인민위원회**'를 조직하였습니다. 그리고 김정로 주도 하에 1945년 12월 9일, '**조선공산당 제주도위원회**'(위원장 안세훈[99])가 최초의 정당으로 창립되었습니다. 이에 우익인사들도 대책을 상의하고 제주향교에서 우익인사들로만 구성된 건준을 개편했습니다.

당시 좌익의 지도급 인사로 알려진 안세훈(조천), 조몽구(성읍), 오대진(대정), 이도백(대정) 등은 제주읍을 중심으로 동지들을 규합하며, 청년들의 기호에 맞는 선전과 충동으로 학습한다고 밤낮으로 모

---

97) '세포'라고도 하며, 비밀운동 조직의 기초단위로서 지역, 직장, 기관, 단체에서 사상을 주입하고 세력을 키워가는 당의 기본 조직이자 전투적 단위이다. 대개 5~10명의 소조직으로 당원 교육을 하는 학교라고도 할 수 있는데, 세포회의와 세포대표가 있다.
98) 조남수,「四三眞相」(도서출판 월간 관광제주, 1988), 19.
99) 파업주동자였던 안세훈은 경찰에 침투했던 프락치의 방조로 경찰서장이 발급한 여행증명서를 가지고 제주여중 2년생의 머리를 깎아 동자승(童子僧)으로 가장시키고 자신은 주승 복장을 하여 육지부로 탈출한 후 행방불명되었다[고문승 편저,「제주 사람들의 설움」(신아문화사, 1991), 316.].

이기 시작하더니, 10월 이후부터 급속도로 많은 학생과 청년들의 호응을 받았습니다. 이로 인해 제주읍에서는 건준의 기능이 마비상태가 되었고, 좌익의 선동을 받은 청년 학생들이 기존 질서와 윤리를 무시하고 상하 구별 없이 종횡무진 날뛰었습니다.[100] 그 결과 좌익계에서는 10월 말부터 12월 사이에 많은 정치단체와 소속 단체들을 만들었습니다.[101]

1946년 11월 23일에 남조선노동당(남로당)이 창립되자, 조선공산당 제주도위원회도 '**남로당 제주도위원회**'로 그 명칭을 바꾸었습니다. 이 일의 주동 인물로는 안세훈(조천), 김유환(조천), 김은환(조천), 문도배(세화), 현호경(성산), 조몽구(성읍), 오대진(대정), 김한정(대포), 이신호(대정), 이운방(대정), 김용해(하귀), 김정로(제주읍), 김택수(제주읍), 문재진(제주읍), 부병훈(화북), 송태삼(서귀포), 이도백(서귀포) 등을 꼽을 수 있습니다.[102] 이들은 공산당이란 이름을 내세우지 않고, 인민위원회 혹은 1947년 2월 23일 결성된 '**제주도 민주주의 민족전선**'(약칭: 민전)이라는 이름으로 활동하였습니다.

한편 1947년 1월 12일에 '**민주청년동맹(약칭: 민청)**[103] **제주도위원회**'가 결성되었는데, 6월 5일에는 '**민족통일애국청년회**'(약칭: 민애청)로 명칭을 바꾸었습니다.

각 마을마다 민애청에 가입하지 않으면 사람 취급을 받지 못할 정도였으므로, 사상도 노선도 모른 채 마을 사람 거의가 남로당에 가입하였습니다. 헌병대, 정보기관, 경찰관 등을 제외하고는 온통

---

100) 「四三眞相」, 23.
101) 「四三眞相」, 25.
102) 양조훈 外 제민일보 4·3취재반, 「4·3은 말한다 Ⅰ」(도서출판 전예원, 1994), 198.
103) 민청의 회원 수는 전국적으로 17,671개 지부에 826,940명이나 되었다.

인민위원회의 세상이었습니다.

<박경찬씨(제주시 한림읍 거주)의 증언>

박씨의 할머니(서귀포 신예리 거주)는 모두들 주변에서 남로당에 가입하라고 했지만 처음 몇 번은 그냥 무심코 지나갔습니다. 그런데 어느 날 밤에 사람들을 모아 놓고 가입 안 한 사람들을 한쪽에 세우더니 몰살을 시키는 끔찍한 장면을 다 지켜보시고는 '이거 가입 안 하면 정말 죽겠구나' 싶어 그 자리에서 당 가입 서류에 서명을 하였습니다. 순진한 할머니는 언제든지 위협을 당하면 보여 주기 위해 외출할 때마다 그 서류를 항상 들고 다녔습니다. 그 이후로 어느날 좌익분자 색출을 위한 경찰의 소집령이 있었는데, 이념에 대해 아무런 분별이 없으셨던 할머니가 그저 목숨을 부지할 일념으로 자신의 남로당 가입 서류를 가지고 가서 내보이려 하자, 이때 곁에 있던 이웃 사람이 깜짝 놀라 빨리 그것을 감추라고 손짓하여 주는 바람에 겨우 살아났습니다.

당시 많은 양민이 좌익과 우익에 대한 개념이 없는 상태에서 목숨을 부지하기 위해 그때그때 상황에 따라 두 진영 모두에 가담하는 경우가 많았고, 그것 때문에 희생된 예가 적지 않았습니다.

당시 좌익들의 세력에 비해 민족주의 보수 애국 세력들은 매우 약했습니다. 친일파 타도, 반공을 내세운 자생적 조직인 '한라단'이 있었으나 정치적 역량은 미미했습니다. 제주에서의 우파 단체로는 1946년 3월에 발족된 대한독립촉성연맹 제주도지부(위원장 김충희)와 1947년 2월에 결성된 광복청년회 제주도지부(위원장 김인선)가 있었는데, 이 두 단체는 1947년 10월에 대동청년단(단장 김인선, 약칭:대청)으로 통합되었습니다. 이 밖에도 1948년에 대청과 함께 대한청년단(약칭: 한청)으로 흡수 통합된 **조선민족청년단(약칭: 족청) 제주지부**와 **대한독립촉성국민회** 제주도지부(위원장 박우상) 및 **한독당 제주도당**(위원장 김근저) 등이 있었습니다. 그러나 이러한 우익 단체의 활동은, 좌파에 비해 늦게 출범해서 그런지 당시 마을 단위로까지 조직화되었던 인민위원회에 비하면 그 영향력이 미약했습니다.

그러다가 1947년 3·1발포사건 이후 좌파 진영이 검거 사태를 피해 지하로 숨어들자 우파 진영은 조직을 확대하는 등 활기를 띠기 시작했는데, 1947년 11월에 **서북청년회**(약칭: 서청[104]) 제주도지부(위원장 장동춘), 12월에 **조선민족청년단** 제주도당부(단장 백찬석) 등을 결성하였습니다.

해방 이후 미군정이 있기는 했으나, 해방 직후에 결성된 '제주도 인민위원회'는 1947년의 3·1발포사건이 있기 전까지 사실상 제주도 전역을 지배한 자치행정기구였고, 그 배후에는 남로당이 있었습니다. 남로당은 당시 10배가 운동을 벌여 **당원수가 50,000여 명**에 달했는데, 당시 제주도 인구가 27만 명이었음을 감안할 때 제주도민 상당수가 좌경화되었던 것입니다.

(2) 1947년, 제주 3·1발포사건
① 3·1절 28주년 기념행사와 좌·우익의 충돌

1947년 3월 1일은 1919년 기미독립만세 운동의 제 28주년이 되는 날로, 서울을 비롯한 각지에서는 이날을 기념하기 위한 기념식이 거행되었습니다. 이날에 일어난 모든 좌·우익 충돌 사건은, 남로당 중

---

[104] 서북청년회(西北靑年會): 해방 후 공산당을 반대하여 월남한 38선 이북 출신 청년들로서 서북지방 출신을 주축으로 조직된 청년단체

앙본부의 지령에 의한 것으로 제주도뿐만 아니라 전국 각지에서 일어나 많은 인명 피해를 빚어냈습니다(사망자 16명, 부상자 22명:조선일보 1947년 3월 4일자).

    서울에서는 좌익과 우익이 서로 각기 다른 장소에서 기념 행사를 개최했습니다. 서울 남로당은 민전을 중심으로 남산 공원에서 '3·1 기념 시민대회'라는 이름으로, 우익 진영은 서울운동장에서 '기미독립선언 전국대회'라는 이름으로 집회를 열었습니다. 이렇게 민족적 행사가 좌익 따로 우익 따로 진행된 것은 1946년 3·1절 행사와 8.15 광복 1주년 행사 때도 마찬가지였습니다. 당시 시민 동원 능력은 좌익이 우익보다 훨씬 우세했고 조직적이었습니다. 좌익과 우익 진영은 행사를 마친 후 남대문에서 맞부딪치게 되어 큰 싸움이 벌어졌는데, 그 과정에서 정인수(16세)군과 박수호(26세)군 등 16명의 사망자와 50여 명의 중경상자를 냈으며, 이 외에도 전북 정읍, 전남 순천, 기타 여러 지방에서 충돌하여 많은 인명 피해를 냈습니다. 결국 1947년 3·1절 행사는 찬탁과 반탁, 좌와 우의 격돌장이 되고 말았습니다.

    3·1기념행사과정에서 일어난 민간소요는 규모면에서는 서울의 경우가 가장 컸으나, 사상자의 수나 경찰과의 충돌 면에서는 부산과 제주도에서의 소요가 가장 큰 사건이었습니다. 제주도는 우익이 약하여 좌익과 다툴 힘이 없는 지역이었으므로, 3·1기념식은 제주도 민주주의민족전선의 주최 하에 좌익진영 쪽에서만 거행되었습니다.

② 3·1절 기념투쟁을 위한 남로당중앙당의 지령

    제주도에서 민전이 주최한 1947년 3·1기념식 당일 25,000명이라는 놀랄 만한 인원이 동원되었습니다. 이는 당시 제주 인구의 십분의 일로서, 남로당 제주도당이 민전, 인민위원회, 민청, 부녀동맹, 교

원조직, 직장조직 등을 통해 인원동원에 총력을 다했기 때문입니다. 즉 남로당중앙당의 지령에 의한 조직적인 움직임이었습니다. 당시 남로당제주도당이 내린 지령서와 미군정 당국의 조치가 이를 반증하고 있는데, 간단히 소개하면 다음과 같습니다.

[제 1차 지령서] 1947년 2월 16일 남로당제주도당은 **3·1운동기념 투쟁 방침**을 하달하여 제주도 각급 인민위원회, 조선민주청년동맹(민청), 조선부녀총동맹 등의 좌익단체 대표들로 각 읍·면과 부락 및 직장, 그리고 학교에서 **3·1기념준비위원회**를 조직할 것을 지시하였습니다. 아울러 선전활동을 비롯한 투쟁방침을 제시하였습니다. 당일 복장은 전투식으로 하며, 집회 장소에 인민위원회기를 들고, 구호는 "인민위원회로의 정권 양도, 박헌영 체포령 철회, 인민항쟁관계자 석방, 입법의원 타도, 삼상회의 결정 즉시 실천, 남로당의 깃발 아래로의 인민의 결집" 등으로 할 것을 제시하였습니다. 특히 3·1운동을 10월 인민항쟁과 현 정세에 결부시켜(10월 혁명은 3·1운동의 혁명적 정신과 혁명적 요구를 계승한 위대한 민족적 투쟁이다) 민주주의임시정부(공산주의임시정부) 수립에의 방향으로 전 인민의 진로를 밝힐 것을 지령했습니다.[105]

이와 같은 3·1절기념투쟁 방침을 보면, 국민의례로서 3·1절을 기념하기 위한 데 목적이 있었던 게 아니라는 것을 금방 알 수 있습니다. 저들은 이 기회를 이용하여 남한의 자유주의 내지 자본주의 질서를 파괴하고, 미군정을 전복하기 위한 투쟁방편으로 3·1절 기념행사를 이용하려고 했던 것입니다.

1947년 2월 17일, 김두훈 집에 각계각층을 총망라한 인사가 집합하여 **3·1기념준비위원회**를 결성하고, 1947년 3월 1일 시위를 단행할

---
105) 「제주도 4·3사건 Ⅲ」, 39.

것을 결의하였습니다. 위원장에 안세훈, 부위원장에 현경호, 오창흔 2명을 추대하였으며, 총무부 재무부 재정부 선전선동부를 설치하고 위원 28명을 선정하였습니다(제주신보 47년 2월 18일자).

[제 2차 지령서] 1947년 2월 20일 '남조선노동당제주도위원회의 서한'으로 각 가두 농촌 야체이카에게 3·1운동기념투쟁방법을 하달하였습니다. 이 가운데 주목되는 것은, "시위행렬을 합법적으로 못하는 시(時)에는 **당 독자적으로 감행할 것**이므로 각 세포에서는 당 지도부와 긴밀한 연락을 취하게 하기 위하여 특별대표를 선정하여 저놈들의 주목을 끌지 않게 하라(24일까지 완료)"라고 지령한 것입니다. 게다가 3·1운동기념투쟁의 목표에 있어서는, "우리들은 사대주의를 배격하고, 미군정과 타협하여 우리 민주진영을 분열, 파괴, 약화시키는 기회주의자들에게 속지 말고 인민투쟁의 피투성이 속에서 나온 남조선노동당을 지지하고, 그 지도하에 쉬지 않는 투쟁을 전개함으로써 또 사회노동당을 위시한 일체의 기만적 회색분자들을 소탕하며, **우익이라 칭하는 반동분자들을 철저히 숙청함**으로써만이 우리의 승리를 기대할 수가 있다"라고 지령하였습니다.[106] 제 2차 지령서를 통해, 집회 시위가 허가를 받지 않더라도 반드시 도당 독자적으로 감행할 방침을 분명히 한 것이고, 반동분자들을 북조선과 같이 철저하게 숙청하여 인적 청산을 완성하겠다는 점을 분명히 밝힌 것입니다.

이때는 1948년 4·3사건 1년 1개월 전이며, 3·1발포사건 8일 전입니다. 일부 좌익 측에서는, 제주 4·3사건이 3·1발포사건 때 미군과 경찰이 제주도민을 탄압하고 또 1948년 3월 6일과 14일에 있었던 경찰고문치사 사건 때문에 일어난 민주항쟁이라고 주장하는데, 그

---
106) 「제주도 4·3사건 Ⅲ」, 42-43.

러한 주장은 역사적 사실을 완전히 왜곡한 것입니다. 분명히 제주 3·1운동기념투쟁은 남로당 중앙당에 의해 사전에 계획되고 지령된 것이며 이것이 4·3사건으로 이어진 것입니다.

[제 3차 지령서] 1947년 2월 25일 각 야체이카에게 하달한 선전선동요강을 보면, 남로당중앙당 선전부의 지령에 따라 1947년 2월 10일부터 3월 10일까지를 3·1기념캄파[107] 기간으로 정하였음을 밝히고 있습니다.[108]

첫째, 3·1운동의 원인·진행·의의·교훈 등을 그들 방식대로 해설하여 선전선동하였습니다. 3·1운동의 실패 원인이, 농민을 중심으로 한 근로인민대중의 혁명적 봉기를 일으키지 않고 지주와 대자본가와 종교가 등의 대표자들이 타협적이고 무저항주의적으로 행동한 탓이라고 지적하였습니다. 따라서 조선의 독립은 노동자, 농민의 혁명적 투쟁으로서만 가능하다고 선동했습니다.

둘째, 3·1기념일을 어떻게 맞이할 것인가를 당의 기본노선과 결부시켜 선전선동을 지시하였습니다.

셋째, 선전선동활동의 구체적 방법으로, 대중과 호흡을 같이하고 감정을 격발시켜 전취하기 위하여 대중과 함께 활동할 것을 제시하였습니다.

넷째, 3·1캄파의 구호를 제시하였습니다(15가지).

[제 4차 지령서] 1947년 2월 25일, 조선민주청년동맹 제주읍위원회 선전교양부에서는 '3·1운동기념캄파 전개에 관한 건'을 하달하

---

[107] 러시아어 '캄파니야'(kampaniya)의 준말로, '대중에게 호소하여 어떤 목적을 이루고자 하는 정치적 운동'을 가리킨다.
[108] 「제주도 4·3사건 Ⅲ」, 48-53.

였습니다. 그 내용은 3·1운동과 10월 혁명의 의의와 성질을 분석설명하여 3·1기념일을 대중을 고무하여 끌어들이는 기회로 삼아야 한다는 것입니다. 표어는 '우리들의 지도자 박헌영 선생 체포령 즉시 철회하라! 정권은 인민위원회로 넘기라! 우리의 지도자 박헌영, 허헌 선생, 김일성 장군 만세!' 등이었습니다.[109]

1947년 2월 25일, 제주도 민주주의민족전선의 의장단 안세훈 등은 제주도군정청 미국 경찰고문관 패트리지 대위를 방문하여 3·1절기념행사에 대하여 의견을 교환하였습니다. 제주북국민학교에서 3·1절기념집회를 하겠으니 허가해 달라는 신청서를 제출한 것입니다. 2월 28일 제주도군정청은 안세훈 외 수 명을 재차 불러서 제주감찰청장 강인수, 제 1구(제주)경찰서장 강동효, 미국인 경찰고문관 패트리지 대위 등이 배석한 가운데 당국의 의견을 설명하고, 수석민정관 스타우트 소령이 시위행렬은 절대 금지하고 기념행사는 제주 서비행장(현 제주국제공항)에서 거행하라고 최후 통고하였습니다.[110]

이렇듯 집회시위를 허락하지 않는데도 불구하고, 남로당에서는 새로운 투쟁 명분을 만들어 내고 투쟁 강도를 더욱 높여 미군정을 궁지로 몰아가려고 의도적인 집회와 시위를 계획, 강행하였습니다.

③ 3·1절 28주년 기념 제주도 대회

제주 3·1절 기념투쟁은 제주도 전역 3개 영역에서 진행되었습니다. 첫째는 **제주북국민학교**에서 3·1기념투쟁준비위원회가 주도한 제주읍, 애월면, 조천면 지역의 연합행사였고, 둘째는 **오현중학교**에

---

109) 「제주도 4·3사건 Ⅲ」, 57.
110) 「제주도 4·3사건 Ⅲ」, 35-36.

서 거행된 각 학교 3·1기념준비위원회가 주도한 학생들의 기념행사였으며, 셋째는 한림면, 대정면, 안덕면, 중문면, 서귀면, 남원면, 표선면, 구좌면에서 각기 면 단위로 거행된 기념행사였습니다. 이날 제주도 전역 3·1기념행사에는 대략 10만 명 정도가 모였는데[111] 제주북국민학교에서 거행된 행사가 가장 핵심적이고 규모가 컸습니다.

오전 8시부터 오현중학교에는 학생을 중심으로 모이기 시작하여 약 2,000여 명이 시위를 하였는데, 학생들은 4-5명씩 팔을 끼고 허리를 잡고 대열이 끊어짐이 없이 시위행진을 계속하면서 모여들었습니다. 그들은 3·1절과는 아무 관계가 없는 '모스크바삼상회의 절대지지! 미·소공동위원회 개최 촉구! 미군은 남조선에서 당장 물러나라! 남조선 과도정부 반대!' 등의 표어와 플래카드들을 들고 있었습니다. 부녀동맹원들은 붉은 완장을 두르고, 반(反)미 삐라를 뿌렸습니다. 경찰이 시위를 하지 말라고 설득하였으나 학생들은 "미군 물러가라"라고 맞섰습니다(제주신보 1947년 4월 6일자). 어느새 3,000여 명이 된 학생과 군중대열은 동문통과 서문통과 남문통을 통해 제주북국민학교에 모이기 시작했습니다.[112]

제주북국민학교에 모인 인원은 약 25,000명이었는데, 좌익 단체 소속만 17,000여 명, 일반 군중이 8,000여 명이었습니다.[113] 이날 우익들은 참석하지 않았는데, 좌익들은 3·1발포사건이 일어난 다음날 신엄 마을 청년들이 구엄 마을에 몰려가서 문영백을 비롯해 우익 사람들에게 3·1절 행사에 참석하지 않았다고 테러를 가하였습니

---

111) 「제주도 4·3사건 Ⅲ」, 82.
112) 「제주도 4·3사건 Ⅲ」, 80.
113) 3·1기념행사의 진상보고(포고령위반 혐의자 김완배 압수품 제 23호), 제주도 경찰국,「제주경찰사」, 1990, 684.

다.[114] 결국 문영백 씨의 두 딸(숙자 14세, 정자 10세)은 1948년 4월 3일 무장대의 칼과 죽창에 맞아 숨지고 말았습니다.

제주북국민학교에 25,000여 명이 모였으므로, 그 주변 일대는 들어설 자리가 없을 정도로 인산인해를 이루었습니다.

정문 쪽에서 일부가 "미군정은 물러가라", "친일파를 처단하라" 등의 구호를 외치며 한참 동안 군중을 선동하여 흥분시킨 다음, 남로당지지 청년들이 7-8명씩 조를 짜서 살기등등하게 구호를 외치면서 쏟아져 나갔습니다. 군중심리로 모여든 구경꾼들까지 합세하기 시작하여, 그대로 방치하면 무슨 일이 일어날지 알 수 없는 긴박한 상황이었습니다. 이때 출동한 경찰은 제주 출신 330명, 1947년 2월 23일 충청도에서 지원받은 응원경찰 100명으로 도합 430명이었습니다. 윤장호 著 「호국경찰전사」(제일, 1995) 21쪽에는 "1947년 2월 17일 서울 철도경찰본부와 충남경찰청에서 500명의 경찰관을 선발하여 제주도 경찰청에 파견하였다."라고 기록하였습니다. 육지에서 제주도 경찰청으로 파견된 충남경찰청의 응원경찰은 대구10월사건 등의 경험이 있었기 때문에 더욱 긴장을 하였습니다.[115]

④ 기념행사 이후 조직적인 시위와 발포 사건

경찰의 삼엄한 경비가 이루어진 가운데 11시, 좌파 주도의 3·1절 행사가 금융조합 이사 고창무의 사회로 위원장 안세훈의 개회사사에 의해 시작되었습니다. 안세훈의 연설이 끝나고 각계 대표들이 나와서 연설을 한 후 "양과자를 먹지 말자", "신탁통치를 절대 지지한다", "민족반역자를 처단하라"라고 하면서 경찰을 비방하고 "인민

---

114) 「4·3은 말한다 Ⅱ」, 27-28.
115) 1946년 대구 10월사건 발생 당시, 10월 3일 충남북경찰응원대 700여 명이 대구에 증파되어 시위대들이 점거한 관공서를 탈환, 치안을 회복할 수 있었다. [윤장호, 「호국경찰전사 (제일, 1995), 19.].

공화국 수립 만세"를 삼창하고 오후 2시경에 끝났습니다. 식이 끝나자 25,000여 명의 군중은 지금부터 전 참가자는 읍내시위행진에 함께할 것을 긴급동의하고, 드디어 8명 1조로 스크럼(scrum)을 짜고, 운동장에서 나와 두 갈래로 흩어지면서 시위를 하였습니다. 한 갈래는 관덕정을 거쳐 서문통으로, 다른 한 갈래는 감찰청을 거쳐 동문통으로 향했습니다.

오후 2시 50분쯤, 기마경찰관 임영관 경위가 제주경찰서(제 1구 경찰서)로 가기 위해 사거리 커브를 돌아 발 디딜 틈도 없는 군중 사이를 지날 때, 골목에서 갑자기 튀어나온 대여섯 살 난 어린이가 말의 발에 부딪혀 쓰러졌습니다. 임 경위는 아이가 쓰러진 줄도 모르고 그냥 지나치려 했고, 군중들은 기마병이 사람을 치었다고 고함을 지르며 여러 사람들이 기마경찰관에게 돌을 던졌습니다. 임 경위가 탄 말이 돌에 맞아 뛰기 시작했고[116], 진정시키려 했지만 흥분한 말은 경찰서로 뛰어 들어갔습니다. 군중들이 경찰에게 돌멩이를 던지고 "저놈 잡아라!" 하면서 경찰서로 몰려들었습니다. 보초를 서고 있던 육지경찰과 도청 정문망루에 있던 육지경찰이, 경찰서로 떼를 지어 몰려드는 군중을 향해 무차별 사격을 가하여 6명이 죽고 6명이 부상당했습니다.[117] 총격을 가한 경찰들은 육지에서 대구10월사건을 진압했던 경험이 있어 혹시 그와 같은 일이 벌어지는가 생각했던 것입니다. 갑작스런 총성에 놀란 수많은 군중은 삽시간에 흩

---

116) 당시 현장에 있었던 부산시 금정구에 거주하는 제주시 화북동 출신 김하영(1933년생) 씨는 "시위대원이 플래카드용 장대를 뽑아내어 말의 항문을 찔러대는 바람에 놀란 말이 이리저리 뛰었다. 미처 피하지 못한 어린 소년 1명이 발에 차이는 사고가 나자 이를 지켜본 군중들이 야유와 저놈 잡아라! 라는 함성과 함께 돌멩이를 던지며 쫓아갔다."라고 증언하였다.[김영중,「내가 보는 제주 4·3사건」(삼성인터컴, 2011), 51.]
117) 6명 사망: 안덕수, 오영수, 양무봉, 김태진, 허두용, 박재옥(「제주도4·3사건 Ⅲ」, 76.)

어졌고, "경찰이 사람을 치어 놓고 그냥 가더니 이제는 총질까지 한다"라고 하면서 웅성거렸습니다.

⑤ 도립병원에서의 두 번째 발포 사건

이날 제주경찰서 앞에서의 사망자 6명과 부상자 6명을 도립병원으로 옮길 때, 도립병원에서 두 번째 발포사건이 발생했습니다. 당시 도립 병원 내에는 허화 순경이 교통사고로 입원해 있었고, 그를 두 사람의 육지경찰이 간호를 하고 있었습니다. **관덕정 쪽에서 총성이 울리고 도립병원에 갑자기 피투성이가 된 부상자들이 들이닥쳤습니다. 이를 본 육지 경찰 두 명 중 이문규 순경(충남 공주경찰서 소속)이 공포심에 총을 발포했고, 발포한 총에 맞아 행인 2명(장제우, 정낙종)이 중상을 입었습니다.**

당시 치안상황이 위급하고 걱정되었기 때문에 2월 23일 충청남·북도에서 100명을 차출한 응원경찰이 최초로 제주에 들어오게 되었는데, 육지에서 온 응원경찰들은 대구10월사건을 경험했던 자들이어서 대구에서의 악몽이 되살아나 위협을 크게 느꼈습니다. 그들은 도립병원이 점령이라도 당하는가 하여 발포를 했던 것입니다.

미군정보보고서에는 "그들은 대전에서 훈련을 받았고, 1946년 가을 좌익들에 의해 동료 경찰이 잔혹하게 당했던 사실을 오랫동안 잊지 못하고 있는 사람들이라는 사실을 명심해야 한다."라고 기록하고 있습니다.

한편, 미군 조사단이 사건을 조사하던 중에 경찰의 발포사건이 잘못되었던 점을 지적하자, 강인수 제주도 감찰청장은 1947년 3월 11일 유감을 표시하며 '3·1기념일의 도립병원 앞에서 발포는 경찰의 무례한 행위로서 미안스럽게 여긴다'고 처음으로 경찰의 잘못을 시인하였습니다(제주신보 1947년 3월 14일자).

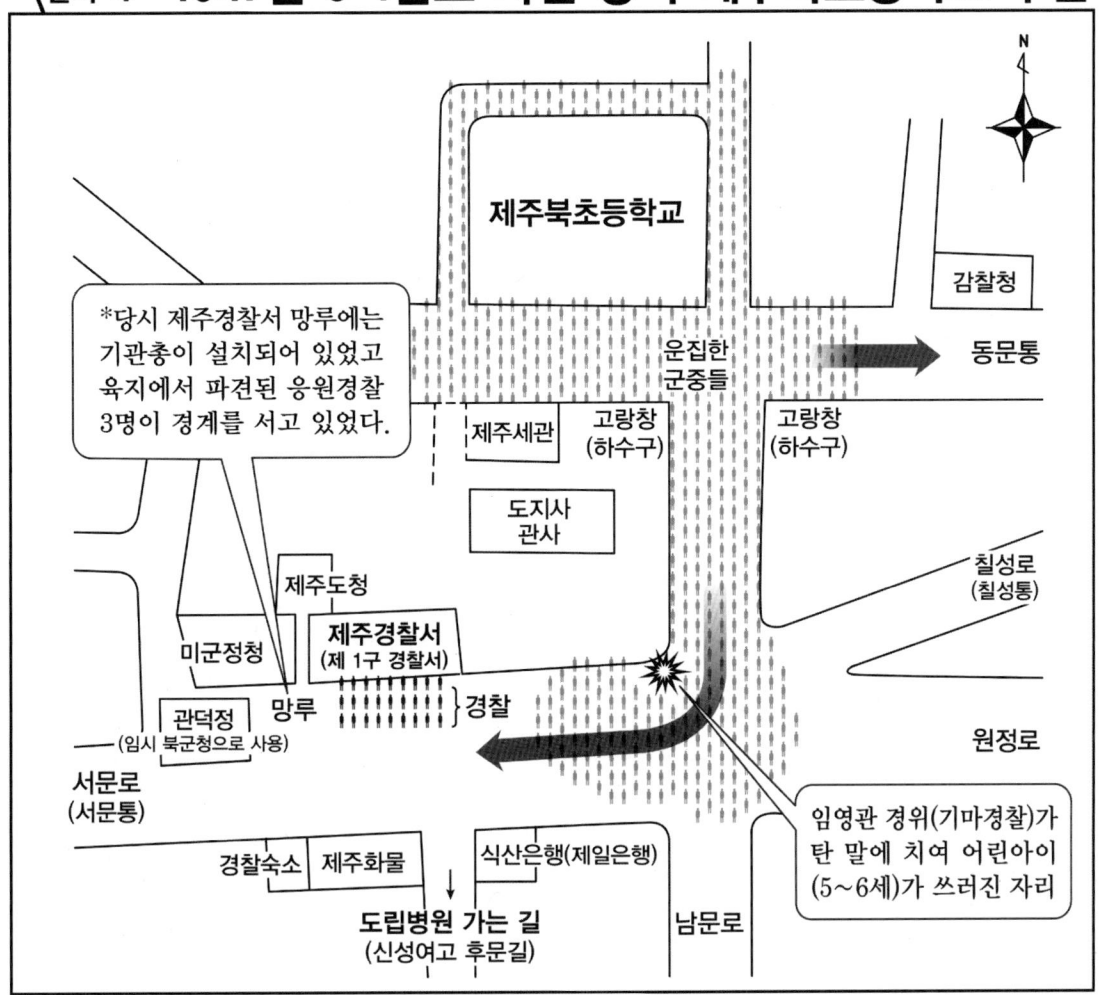

별지 4 1947년 3·1발포 사건 당시 제주북초등학교 주변

3.1 발포 사건:

　1947년 3월 1일, 제주북국민학교 주변에는 약 25,000명에 이르는 군중이 모여 인산인해를 이루었다. 이날 남로당중앙당의 지령에 의해 '제 28주년 제주 3.1절기념투쟁'이 열렸는데, 모인 사람들 중에는 좌익 단체 소속만 17,000여 명이었다. 이때 동원된 경찰은 제주출신 330명, 육지 응원경찰 100명으로 도합 430명이었다. 식이 끝나자 25,000여 명의 군중이 한꺼번에 운동장에서 나와 두 갈래로(서문통, 동문통) 흩어지면서 시위를 하였다. 오후 2시 50분쯤, 기마경찰관 임영관 경위가 제주경찰서(제 1구 경찰서)로 가기 위해 사거리 커브를 돌아 발 디딜 틈도 없는 무리들 사이를 지나칠 때, 골목에서 갑자기 튀어나온 대여섯 살 난 어린이가 말의 발에 부딪혀 쓰러졌다. 당시 현장을 바로 앞에서 목격한, 부산시 금정구에 거주하는 제주시 화북동 출신 김하영(1933년생)씨는 "시위대원이 플래카드용 장대를 뽑아내어 말의 항문을 찔러대는 바람에 놀란 말이 이리저리 뛰었다. 미처 피하지 못한 어린 소년 1명이 발에 채이는 사고가 나자, 이를 지켜본 군중들이 야유와 '저놈 잡아라!'는 함성과 함께 돌멩이를 던지며 쫓아갔다."라고 증언하였다.

임 경위는 아이가 쓰러진 줄도 모르고 그냥 지나치려 했고, 성난 군중들은 기마병이 사람을 치었다고 고함을 지르며 여러 사람이 기마경찰관에게 돌을 던졌다. 임 경위의 말이 놀라 경찰서로 뛰어들어갔고, 제주경찰서의 경찰들은 성난 군중이 오는 것을 보고 총격을 가하였는데, 이날 6명이 죽고 6명이 부상당했다.

[참고문헌] 제주4·3연구소, 「이제사 말햄수다」 (4·3 증언 자료집 II) (도서출판 한울, 1989), 100.

3·1발포 사건은 제주경찰서 앞에서의 경찰의 발포 사건(6명 사망, 6명 부상)과 도립병원에서의 경찰의 발포 사건(2명 부상)을 말합니다. 당시 제주경찰서 앞에서의 발포나 도립병원에서의 발포는 대구 10월사건을 경험한 육지 응원경찰이 순간적인 판단 실수로 벌어진 사건이었습니다. 그런데 남로당은 이때 경찰관이 자위적인 방어로 일으킨 돌발적인 상황을 부풀려서, 마치 상부에서 계획적으로 발포 명령을 내린 것처럼 꾸며 시민들이 경찰에 대한 악감정을 갖도록 선동하였습니다.

남로당 제주도위원회는 이 사건을 이용해 반(反)미군정, 대(對)경찰 투쟁을 대대적으로 준비하였습니다. 이에 남로당 제주도위원회는 산하 단체에 "이번 발포사건에 대한 적대심을 앙양시키는 동시에 민중이 지금 무조건으로 공포심을 가진 것을 해소시키는 것에 전력을 다할 것"을 지시하는 한편, 투쟁 방침으로 "각 외곽 단체 및 양심적 유지로 하여금 피해자와 부상자에게 물질 또는 정신적인 위로를 하도록 부추기고, 강동효 서장 및 악질 경관을 극형에 처하도록 선전하는 동시에 삐라전을 전개할 것"을 지시하였습니다. 이와 때를 같이하여 제주도 전역에는 '경찰이 발포하여 6명이 사망하였다'는 내용의 전단이 살포되었습니다. 이처럼 남로당 좌익 계열은 경찰의 대응을 부풀리면서 민심을 현혹하였습니다.

제주도 인민위원회는 발포한 경찰을 처벌하지 않으면 전도(全道)적으로 총파업에 돌입하겠다고 노골적으로 협박하였습니다. 이에 경찰은 며칠 후 제북교 앞에 있는 모처에서 모의를 하던 파업투쟁 주동 인물 안세훈, 김용해, 오대진, 이도백, 조몽구[118]를 비롯한 지방 대표 28명을 즉각 체포하여 연행하였습니다. 그러나 뚜렷한 증거도 없이 사람을 무더기로 구속하는 것은 인권유린이므로 풀어 줘야 한다는 미군 경찰고문관 패트리지 대위의 주장에 따라 할 수 없이 그들을 석방하고 말았습니다. 이들이 풀려나자 경찰을 제외한 도 군청과 읍, 면 등 행정기관이 술렁거리고 제주농업학교 등 교육기관까지 심상찮은 동요를 보이기 시작했습니다.

⑥ 1947년 3월 10일 제주도 총파업(166개 단체, 41,211명 참가)

제주 남로당은 3월 1일 경찰의 발포사건을 빌미로 1947년 3월 10일부터 총파업을 일으켰는데, 북군청을 제외한 제주도의 모든 관공서뿐 아니라 통신기관, 운송업체, 공장 근로자, 각급 학교, 심지어는 공무원과 회사원, 노동자, 교사, 학생까지 참여한 대규모 파업이었습니다.

총파업은 남로당 제주도당이 배후에서 조직적으로 지원하고 있었습니다. 3월 5일 남로당 제주도당과 제주읍당 상무위원회 간부 수십 명이 제주읍 삼도리 김행백 집에 모여 **3·1사건대책 남로당투쟁위원회**(위원장 김용관, 부위원장 이저행(李著行), 지도부 김용관, 조직부

---

[118] 조몽구는 해주인민대표자회의에 참석한 이후 북한 실상을 보고 실망하여 6·25 때 월남, 부산에 은신하던 중 경찰에 검거되어 복역하였으며, 이후 고향 제주도에서 살다 조용히 생을 마감하였다.

김용해, 선전부 김영홍(金永鴻), 조사부 김영홍)를 조직하고 당의 '대정면 당의 건의'를 토대로 하여 파업지령서의 문안을 작성하여 각 읍·면에 대량으로 배포하였습니다.[119]

이에 대하여 「이제사 말햄수다 4·3증언자료집Ⅰ」 211쪽에는 "도당으로부터 전도 12읍·면에 발송한 총파업에 관한 지령서의 전문에서는 전년 38이남 각지에서 연속 봉기한, 이른바 '10월 인민항쟁'을 '10월 혁명'으로 찬양하고, 금번의 반동경찰에 의한 학살정책에 대항키 위하여 '대정면 건의'에 따라 전도 총파업으로 즉시 돌입할 것을 지시했으며, 다음 본문에서는 총파업의 방침과 각 지역간의 연락 방법 등 세밀한 기술 문제들이 취급되고 있었다."라고 기록하고 있습니다.

제주도 총파업은 166개 단체, 41,211명이 참가하였습니다.[120] 은행, 우체국, 전화국 등이 파업에 가담하여 제주도의 모든 행정이 마비되었습니다. 직능별 파업실태는 다음과 같습니다.

- 제주도청을 비롯한 군·읍·면사무소 등 23개 기관 515명
- 제주농업학교 등 중학교 13개교 교직원·학생 3,999명
- 제주북교 등 초등학교 92개교 35,861명
- 제주우체국 등 우체국 8개소 136명
- 제주여객 등 운수회사 7개 업체 121명
- 식산은행 등 은행 8개소 36명
- 남전 출장소 등 15개 단체 542명

심지어 애월 지서, 한림 면사무소, 대정 지서, 중문 지서 등이 파업에 가담하였습니다. 중문지서의 경우, 6명의 경찰(지서장 양경환 경

---
119) 「제주도 4·3사건 Ⅲ」, 107.
120) 「제주 4·3사건 진상조사보고서」, 116.

사, 한태화, 강석조, 강경진, 강수천, 송공삼 순경)이 발포사건에 항의하여 아예 사직서까지 제출했습니다.

'3·10제주도 총파업'은, 3월 18일 56개 단체가 파업을 해제하고, 학생들도 3월 24일부터 조금씩 등교하기 시작하여 3월 말에는 전원이 직장에 복귀함으로써 마무리되었습니다. 그러나 파업에 가담한 자들의 엄청난 희생이 있었고, 제주도민의 삶에 어려움만 주었을 뿐 총파업을 통해 얻은 것은 아무것도 없었습니다.

한편, 남로당 및 동조세력의 급속 확산을 사전에 파악한 미군정 당국은, 제주도 내의 경찰 330명 경찰력으로는 도저히 치안을 감당할 수 없다고 판단하여 부득이 육지부 경찰력을 불러오게 하였습니다. 3·10총파업 후에는 3월 15일 전라남·북도에서 222명, 3월 18일 경기도에서 99명을 증원 받게 되었습니다.[121]

⑦ 3·1발포 사건 이후 수습방안

순간적인 판단 실수로 자위적 방어를 위해 발포한 사건을 가지고, 제주도민들은 총파업을 하는 등 강력하게 항의 시위를 계속해 나갔습니다. 이에 경찰에서는 이는 남로당의 선동에 의한 것이라고 판단하고 강경진압을 결정하였습니다.

경무부장 조병옥은 강 청장에게 총파업에 가담한 경찰 66명을 즉시 파면하게 했고, "경찰이 파업에 동참하고 지서를 텅텅 비워 둔다는 것은 어떤 이유에서도 용서받을 수 없는 행위"라고 하면서, "분명히 이 사람들의 사상이 불순할 것이니 철저히 조사하라"라고 지시하였습니다.

그리고 조병옥은 3·1발포사건 조사위원회를 조직하여 담화문을 발표하였습니다. 조사위원은 경무부 공안국 부국장 장영복, 북군수

---
[121] 김영중,「내가보는 제주 4·3사건」(삼성인터컴, 2011), 56.

방명효, 검사장 박종훈, 군정재판관 싸라 대위, 제주여중 교장 홍순영 등으로 구성하였습니다. 이들은 합동조사를 하여 조병옥에게 보고하였고, 조병옥은 제주지사 박경훈, 제주도 군정관 스타우드 소령 등 3인에게 이를 검토하여 담화문을 발표하게 하였습니다. 이들은 만장일치의 합의로 담화문을 발표하였습니다(제주신보 1947년 3월 22일자).

> **담화문**
>
> 조선군정청 경무부장, 동 제주도지사, 동 제주도 군정관 3자의 임명에 의한 제주도 제주읍 3·1절 발포사건 진상조사위원회는, 그 사건 관계자 및 증인에 대하여 모든 관계 사실을 조사 심리한 결과 전원 일치 아래와 같이 합의를 보았다.
>
> 1. 제주도 감찰청 관내 제 1구 경찰서에서 발포한 행위는 당시에 존재한 여러 사정으로 보아 치안 유지의 대국에 입각한 정당방위로 인정함.
> 2. 제주도립병원 앞에서 발포한 행위는 당시에 존재한 모든 사정으로 보아 경찰관의 발포는 무사려한 행위로 인정함. 그러므로 발포 책임자인 순경 이문규는 행정 처분에 처함이 타당하다고 인정함.
>
> 1947년 3월 19일

총파업을 선동한 500여 명을 체포하여 199명을 기소하고 61명 기소예정, 178명 계속 구금, 258명 석방하였고, 연행자 중에는 총파업 본부장인 도청 산업국장 임관호, 과장 이관석, 인사과장 송인택, 회계과장 강산염 등 도청 간부 10여 명도 있었습니다(제주신보 1947년 4월 12일자).

미군정에서는 발포사건의 당사자인 이문규 순경을 파면하였고,

파업에 가담한 경찰 66명(경위 1명, 경사 8명, 순경 57명)을 직장 이탈 사태로 모두 파면하였습니다. 그리고 파업에 가담한 자들 가운데 제주출신 경찰은, 사상이 불순하다고 하여 한직으로 밀려났고, 육지경찰이 제주 경찰의 핵심자리를 맡았습니다. 제주 3·1발포사건 이후 미군정은 제주 군정장관(스타우트 소령 해임, 베로스 중령 부임), 제주도지사(박경훈 사임, 유해진 부임), 제주 감찰청장(강인수 해임, 김영배 부임), 제주경찰서장(강동효 해임, 김차봉 부임) 등에게 사태의 책임을 물어 처리함으로써, 1947년 4월 말 제주도 총파업 사건을 수습하게 되었습니다.

육지에서 지원 왔던 응원경찰은 1947년 5월 7일 제주도를 떠났는데, 이에 제주경찰만 가지고는 치안이 어려울 것 같아 반공청년단체인 서북청년단(서청)을 계속 제주도에 상주하도록 했습니다. 새로 부임한 도지사 유해진은 제주도는 좌익이 강한 섬이라고 생각하여 부임하면서 서청단원 7명을 데리고 왔는데, 이들은 밤에도 지사의 관사를 경비하였습니다.

서청단원은 평남청년회, 함북청년회, 함남대한혁명청년회, 황해청년회 등이 통합하여 1946년 대구10월사건 후 11월 30일, 서울에서 조직되었습니다(대표 선우기성).

회원은 약 6,000여 명이었으나 1947년 6월 2,000여 명으로 줄었습니다. 이들의 목표는 "조선의 국제 문제를 방해하는 음모자들을 제거한다."라는 것으로 반공이었고, 공산주의자들에 대해서는 한 치의 양보가 없었습니다. 그들은 모두 북한에서 공산당 때문에 도저히 살 수 없어 월남한 자들로, 공산당이 북한에 두고 온 가족들을 수감하거나 살해 또는 추방하고 재산을 강탈하거나 몽땅 몰수하여, 공산주의자라면 이를 갈고 한을 품은 자들이었습니다. 그러나 좌익척

결에 공이 큰 반면, 8·15해방 직후 제주도 사정을 잘 알지 못하였던 관계로 우익인사를 좌익으로 매도하기도 하였고, 일부 단원들이 상식에 지나친 포악한 행동과 윤리에 벗어난 파렴치한 행동으로 서청의 이미지를 흐려 놓는 오점을 남긴 것은 안타까운 일입니다.

⑧ 1947년 3·1발포 사건과 1948년 4·3사건

좌익 쪽에서는 제주 3·1발포사건을 좌편향적으로 해석하여, 제주 3·1발포사건 후부터 미군과 경찰의 제주도민에 대한 탄압이 극심해졌기 때문에, 그에 대응하려는 목적으로 제주 4·3사건이 일어난 것처럼 주장합니다. 그러나 그것은 명백한 허위 주장입니다. 아래의 사건들이 1947년 3·1발포사건의 연장선에 있는 것처럼 주장하는 것은 완전히 잘못된 것입니다.

- 남로당이 1947년 8월 15일 해방 2주년 행사 때 전국적인 폭동을 준비한다는 정보를 받은 조병옥 경무부장은, 8월 12일부터 좌파 간부 검거에 나서 1,300여 명을 연행하였습니다(독립신보 1947년 8월 13일자). 이는 3·1발포사건과는 아무런 관련이 없습니다.

- 1948년 1월 22일과 26일 두 차례에 걸쳐 제주도 남로당 간부들 221명이 연행되었는데, 그것은 그들이 제주 4·3사건을 일으키려 했기 때문이었습니다. 이는 3·1발포사건과는 전혀 무관합니다.

- 1948년 정월 명절을 앞둔 2월 9일, 안덕 지서 최창정 경사와 오두황 순경이 사계리 순찰을 나갔다가 마을이 조용하고 또 다음날이 명절이기도 하여 고향 생각을 하며 고망술집에서 술을 마시다가 술이 과하여 잠이 들었습니다. 한편 사계리 송죽마을 청년들은 5·10선거 반대 시위를 하려고 준비를 끝냈는데, 경찰관 2명이 이것을 저지하기 위해 고망술집에서 어제 저녁부터 진을 치고 있다는 연락을 받았습니다. 이 연락을 받은 사계리 송죽마을 청년 이양호,

임창범 등은 마을 청년들을 동원하여 오전 9시 경 경찰의 총을 빼앗고 둘을 묶어 폭행하였으며, 마을에 머물게 된 경위와 밀고자들을 대라고 추궁하였습니다. 이때 이화영 경위의 인솔 하에 제주경찰학교 졸업을 앞둔 40명이 2대의 트럭을 타고 훈련 차 이동하던 중 안덕을 지나 중문으로 향하고 있었는데, 급보를 받고 안덕 지서 경찰들과 함께 현장에 출동하였습니다.

주동 청년들은 두 명의 경찰관을 속칭 '권개물' 쪽으로 끌고 가다가 향사에서 300m 떨어진 밭에 팽개치고 달아났습니다. 경찰들은 집집마다 뒤져 연루된 자들을 연행하다가 임창범(28세)의 집에서 100여 명의 이름이 적혀 있는 수첩을 발견하고는, 그 가족들까지 잡아들였습니다. 경찰의 취조가 더욱 날카로워지자 임창범의 어머니는 취조를 견디다 못해 자기 집으로 돌아와 자살하고 말았습니다. 이 일로 마을 유지들은 이러다가 마을이 큰 변을 당할 것이라고 우려하면서 '마을에서 주동자들을 책임지고 데려올 테니 마구잡이로 잡아다 구타하지 말 것'을 경찰에 호소했습니다. 그리고 주동자들을 설득, 마을의 앞날을 위해 주동 청년들이 자진해서 나타날 것을 독촉하여 임창범(28세), 이양호(25세) 등 주동자 7명이 자수함으로써 수사가 마무리되었습니다. 이 사건 역시 3·1발포사건과는 아무런 관련이 없습니다.

- 1948년 3월 6일 제주중학교 2학년 김용철(21세), 3월 14일 대정면 영락리 양은하(27세), 3월 말 박행구(22세) 등 5·10선거 반대자 세 사람이 경찰의 고문에 못 이겨 죽는 일이 발생했습니다. 모슬포지서에서는 양은하를 고문치사한 경찰관 2명을 체포하였고, 조천 지서와 모슬포 지서에서 고문에 가담한 경찰관 11명을 체포하여 군정 재판에 기소하여 조천 지서 경찰관 3명은 징역 5년, 2명은 징역 3년, 모슬포 지서 경찰관 5명은 징역 5년, 1명은 징역 3년의 선고

를 내려 과잉수사에 대한 책임을 물었습니다(조선일보 1948년 5월 9일자). 3·1사건도 경찰의 자기 방어적인 입장에서 발생한 사건이었고, 그 후에 일어난 경찰의 고문 사건들은 전혀 별개의 사건들이었습니다. 그러므로 1947년 3·1발포사건과 1948년 4·3사건은 그야말로 전혀 상관이 없는 사건인 것입니다. 더구나 이 사건은 4·3사건 결정(1948년 2월) 이후 3월에 발생한 것이므로 4·3사건과 아무런 관련이 없습니다.

(3) 5·10단독선거 반대를 위한 1948년 2·7사건

1945년 12월 28일 "대한민국에 임시정부를 세워 5년간 미국, 소련, 영국, 중국 4국에서 신탁통치를 한다."라는 내용이 발표되자, 이 신탁 통치안에 대하여 우익은 결사반대(반탁), 좌익은 적극지지(찬탁)로 그 대립이 너무 심하여, 4개국 신탁통치안은 결국 무산되고 맙니다. 박헌영은 처음에 반탁 전단을 시내에 살포할 정도로 반탁 운동을 적극적으로 전개하였으나 해가 바뀌면서 갑자기 찬탁으로 돌변했습니다. 그 이유는, 소군정으로부터 "소련의 정책이니 찬탁을 따르라"라고 하는 명령식 설득을 받았기 때문이었습니다. 찬탁 이유를, 전단에서는 다음과 같이 밝혔습니다. "모스크바 3상회의의 결정을 신중히 검토한 결과 우리는 다음의 태도를 표명한다. ... 문제의 5년 기한은 그 책임이 3상회의에 있는 것이 아니라 우리 민족 자체의 결함(장구한 일제 지배의 해독과 민족적 분열) 등에 있다고 우리는 반성하지 않으면 안 된다."

이후 남로당은 "3상회의의 결정이 비록 즉시 절대독립 허용을 국제적으로 승인하지 못하였다 하더라도... 조선의 자주독립 요구와 배치되지 않는다"라는 담화문을 발표하였습니다(1946년 1월 3일).

미·소 공동위원회는 양측의 의견 대립으로 1946년 5월 8일부로 제 1차 회의가 무기휴회되고, 1947년 7월 15일 제 2차 미·소 공동위원회가 결렬되고 신탁통치 안건이 좌우의 극한 투쟁으로 무산되었습니다. 이에 미국은 1947년 9월, 한국 문제를 유엔에 상정하였는데, 그 내용은 남북한 통일 선거를 실시하여 통일 합법정부를 세우고 합법정부가 수립되면 외국군은 90일 이내에 철수한다는 내용이었습니다. 1947년 10월 28일 유엔은 한반도에 통일정부를 수립하기 위하여 '선(先) 정부수립, 후(後) 외국군대 철수'를 투표한 결과 41:0으로 가결되어 1948년 3월 31일 이전에 남북한이 인구 비례에 따라 비밀 투표에 의한 보통선거를 함께 실시하고 선거가 끝난 뒤 90일 내에 외국군대는 철수하기로 결의하였습니다. 이에 대해 이승만을 위시한 민족대표자들은 만약 소련이 반대하면 추후에 북한을 참여케 한다는 것을 조건으로 남한만이라도 총선을 실시, 먼저 단독정부를 수립하고 과도국회를 조직하여 조속히 외국군 정부 하에서 벗어나야 함을 주장했습니다(경향신문 1947년 11월 20일자, 동아일보 1947년 11월 27일자). 그러나 남로당은 총선거의 급속실시 주장을 단정음모라고 맹비난하며 계속 반대하였습니다.

1948년 1월 8일 유엔 선거감시단이 서울에 도착, 활동을 개시하면서 북한에 가서도 활동을 하려 하자, 소련과 북한의 김일성과 박헌영은 유엔 결의를 무시하며 유엔 선거감시단의 입북을 결사반대하였습니다. 안타깝게도 소련과 북한 공산당의 반대로 한반도가 통일될 수 있는 절호의 기회가 다시 상실되고 말았던 것입니다. 1948년 2월 5일 군정장관 리치가 미군철수설을 부인하는 성명을 발표한 이틀 뒤인 2월 7일, 남로당은 단선 단정을 반대하는 2·7사건을 일으켰습니다. 그 후 미국은 1948년 2월 26일 한반도에서 선거가 가능한 지역만이라도 선거를 실시하도록 다시 유엔에 상정하였고, 유엔은 31:2(기권 11)로 가결하였습니다. 그래서 1948년 5월 10일 남한에서만 총선거를 실시하게 된 것입니다(198명의 제헌의원 선출). 5·10 단독선거는 대한민국을 건국하게 된 우리나라 역사상 최초의 선거였습니다.[122]

대한민국 건국을 위해서 북한을 배제한 남한만의 단독선거일이 5월 10일로 확정되자, 한반도 전체를 공산화하여 **조선민주주의인민공화국**을 수립하려고 했던 박헌영은 합법적인 남한의 단독정부 수립을 필사적으로 막아야 하는 급박한 처지에 놓였습니다. 5월 10일에 남한만의 단독선거가 성공적으로 실시되어 합법적인 정부가 수립될 경우, 북한과 남로당의 혁명 계획은 완전히 실패로 끝날 수밖에 없기 때문입니다. 5·10선거 반대 운동 그 속에는 박헌영의 지령에 의해 한반도를 공산화하여 '**조선민주주의인민공화국**'을 수립하겠다는 최종 목적이 숨어 있었던 것입니다.

박헌영은 한반도 전체 통일선거와 북한을 제외한 남한 단독선거를 모두 반대하였습니다. 이는 한반도 전체를 공산화하여 '조선민주주의인민공화국'[123]을 수립하려는 음모 때문이었습니다. 유엔의 개

---

[122] 이 선거로 국회가 5월 31일 개원되어 제헌 작업에 착수한 후, 7월 17일 헌법이 제정, 공포되고, 7월 20일 이승만이 초대 대통령으로 선출되었다. 8월 12일 미국 정부는 "대한민국이 1947년 11월 14일의 유엔 총회 결의에 따른 한국 정부로 간주될 자격이 있다고 인정한다."라고 선언하고 존 무초(John J. Muccio)를 한국 대사로 임명하였다. 그리고 8월 15일 대한민국 정부수립이 선포되었다.

북한도 독자적으로 정부수립을 위한 조치를 해 나갔다. 북한은 1947년 11월 18일 임시헌법 기초를 위한 위원회를 설치하고, 1948년 4월 29일 북조선 인민회의 특별회의에서 헌법초안을 채택하였다. 9월 3일 첫 회의를 소집한 최고인민회의가 헌법을 비준하고, 1948년 9월 9일, '조선민주주의인민공화국' 창립을 선언하였다. 대한민국이 건국된 지 25일 만의 일이었다. 김일성은 수상으로 임명되었고, 10월 12일 소련은 북한 정부를 승인하고 며칠 뒤에 스티코프 장군을 북한대사로 임명하였다.(이인호·김영호·강규형, 「대한민국 건국의 재인식」, 116-117.)

입으로 입지가 어려워진 박헌영은 합법적인 남한의 단독정부수립을 막기 위해 필사적으로 무력 투쟁을 전개하였습니다. 1947년 말부터 소련이 거부하면 남한만이라도 단독 선거를 실시하겠다는 분위기가 일자, 그가 지령한 첫 번째 무력투쟁이 1948년 2·7사건이었습니다.

1948년 2월 7일, 남로당이 당원 30만 명을 동원하여 일으킨 사건은 전쟁을 방불케 했습니다.

남로당은 이때 9개항의 투쟁슬로건을 내걸었는데, 그 내용은 다음과 같습니다.

1. 조선의 분할침략계획을 실시하는 유엔한국위원단을 반대한다.
2. 남조선 단독정부 수립을 반대한다.
3. 양군 동시 철퇴로 조선통일민주주의 정부 수립을 우리 조선인에 맡겨라.
4. 국제제국주의 앞잡이 이승만, 김성수 등 친일파를 타도하라.
5. 노동자, 사무원을 보호하는 노동법과 사회보험제를 즉시 실시하라.
6. 노동임금을 배로 올려라.
7. 정권을 인민위원회로 넘겨라.
8. 지주의 토지를 몰수하여 농민에게 무상으로 나누어 주라.
9. 조선민주주의인민공화국 만세

그들은 이상의 구호를 외치면서 파업을 진행하였습니다.[124] 이는 김일성이 주장하는 ①유엔의 조선위원단 반대 ②양군 즉시 철퇴 ③단독선거 반대 등의 내용과 똑같습니다.

곳곳에서 다리가 폭파되고 기관차까지 파괴되었으며 전선이 끊어지고 전신주가 파괴되었습니다. 여기에 운수, 전신, 전화의 파업

---

[123] 정식 명칭은 '조선민주주의인민공화국'(Democratic People's Republic of Korea: DPRK)이며, 국제사회에서는 보통 '북한'(North Korea)으로 표기한다.
[124] 대검찰청 공안부, 「좌익사건실록 제1권」 (1965), 372.

이 곁들여져 교통, 체신이 혼란에 빠졌고, 남한의 행정기관들이 그 기능을 제대로 하지 못하였습니다. 혼란을 틈타 부산항만의 선박노동자들도 해상파업에 들어갔고, 탄광의 광부들도 파업을 벌였습니다. 서울과 각 지방에서는 '민주학생연맹'의 지휘 아래 일부 학생들이 동맹휴학에 들어갔습니다. 목포와 인천 및 강릉 같은 곳에서는 관상대와 측후소(기상대)의 일부 종사원들이 파업에 가담해 기상관측마저도 한때 큰 장애를 겪었습니다. 뿐만 아니라 농민들과 노동자들이 경찰서와 지서를 습격하는 일까지 벌어졌습니다.

제주도는 다른 지역만큼은 아니지만, 2월 7일 새벽을 기해 도내의 경찰서들을 습격해 살상과 방화를 일으켰습니다. 서광(西廣) 지경에서는 순찰 중인 경찰관 한 명을 생매장하는 만행을 저질렀습니다.

시위대들은 이때부터 소위 '인민해방군'으로 개편하여 일본소총과 수류탄, 일본도(日本刀), 죽창 등으로 무장하였습니다.

그들은 안덕면 지서를 습격하고 지서장을 살해하였습니다. 경찰이 추격하여 발본하려 하였으나 어느새 험산유곡에 익숙해져 1,300여 개의 동굴을 이용하면서 한라산 전역에 전투기지를 구축하고 4·3사건까지 이어나갔습니다.[125]

2·7사건이 2월 7일부터 2월 20일까지 약 2주간 지속되어 전국적으로 집계된 통계에 의하면 파업 30건, 맹휴 25건, 충돌 55건, 시위 103건, 봉화 204건, 검거인원 8,479명 등으로 피해가 상당했습니다.[126]

2·7사건의 피해 집계는 다음과 같습니다.

- **사망**: 경찰 15명, 선거공무원 15명, 후보의원 2명,

---

125) 「四三眞相」, 48.
126) 김남식, 「남로당 연구Ⅰ」, 306.

공무원 11명, 양민 107명 등 총 230명
- **부상**: 경찰 23명, 공무원 12명, 우익 인사 63명, 시위자 35명
- 경찰피습 26건, 무기약탈 12건, 동맹휴교 60건, 파업 14건, 검거 인원 8,479명, 참가 인원 30만 명

시위에 참가하고 검거되지 않은 자들은 이후 38선을 넘든가, 경비대에 입대하든가, 산에 들어가 빨치산 야산대를 이루게 됩니다.

한편 제주도는 2·7사건 당일에는 타지역에 비해 조용한 편이었으나, 그 후 여러 지역에서 시위가 일어났습니다. 미 24군단 정보보고서에는 "2월 9, 10, 11일 밤, 제주 지역에는 공산주의자들이 주동한 17건의 폭동과 시위가 발생하였다. 이 폭동을 유형별로 보면 6개의 경찰지서 습격, 삐라 살포, 칼과 곤봉으로 무장한 폭도들의 시위 등이었다. 주목할 점은 많은 시위대원들이 소련국가를 불렀다는 사실이다. 보고된 사망자는 없으나 경찰 2명이 심하게 구타당했다. 경찰은 3일 동안 약 290명을 체포했다."라고 기록하고 있습니다.[127]

(4) 4·3사건의 결정 시기

2·7사건은 전평과 남로당의 지령에 의해 자행된 전국적 규모의 소요 사건으로서, 남로당 입장에서 볼 때 특별한 성과는 없었다 할지라도 파괴와 습격으로 제주도민에게 공포 분위기를 조성하고 제주도의 경찰력을 시험해 보았다는 점에서 성공적이었기 때문에 제주도 좌익 계열은 자신을 얻었습니다.[128]

큰 사건일수록 그것을 계획하고 실행하기까지는 반드시 신중을 기한 토론과 장기간의 준비가 필요합니다. 그렇다면 제주 4·3사건

---

127) 「제주 4·3사건 진상조사보고서」, 148.
128) 「四三眞相」, 49.

은 제주도의 공산화는 물론 대한민국 정부를 전복시킬 목적으로 유사 이래 가장 오랜 기간 지속된 큰 사건이었던 만큼, 4·3사건 당일 훨씬 이전부터 작전 계획과 이를 위한 구체적인 회의, 훈련 준비 등의 절차가 수없이 많았던 것입니다.

1948년 6월 20일 미 제 24군단 정보참모부 헝거(R. Hunger) 상사가 남로당원들을 조사해서 얻은 증거 자료에 의하면, '인민해방군은 1948년 1월 이전 한림지역의 오름 중턱에 설치된 일본군 군사시설에서 생활하기 시작하였고, 1948년 2월 초에 300여 명이 애월면 샛별오름에서 대규모 군사훈련을 실시하고 있다는 경찰보고가 있었다.'고 했습니다.

거사를 위한 훈련 등의 준비가 산속에서 착착 진행되고 있었고, 이제 최종적으로 '시기의 결정 문제'는 더욱 신중을 기하였을 것입니다. 최종 날짜를 결정한 때에 관해서는 아직까지 정확히 알 수는 없으나, 다음과 같은 추정이 가능합니다.

2·7사건 이전인 1월 22일, 경찰이 남로당(북제주군) 조천지부에서 개최된 남로당원들의 불법회의장을 급습했을 때, '2월 중순에서 3월 5일까지 제주도에서 폭동을 일으켜 경찰간부와 고위 공무원을 암살하고 경찰 무기를 탈취하라'는 내용의 문건이 나왔습니다. 경찰은 1948년 1월 22일과 26일, 두 차례에 걸쳐 남로당 제주도당 핵심당원 221명을 강제로 연행하였습니다. 그러나 시위를 모의하는 모임을 가졌다고 해서 구속할 수는 없었으므로, 결국 제 1차로 63명을 풀어 주고, 1948년 3월 초순 전원 석방하였습니다.[129]

역시 미군정 보고서에도 '제주도 공산주의자들은 2월 중순부터 3월 5일 사이에 시위를 일으키도록 명령 받았다. 1948년 1월 22일 남로당 북제주군 조천지부에서 열렸던 공산주의자들의 불법회의장을

---

129) 「제주경찰사」, 297.

급습한 경찰이 노획해서 번역한 문건에 따르면 공산주의자들은 「2월 중순부터 3월 5일 사이에」 제주도에서 시위를 일으킬 것을 요구했다. 또한 「경찰간부와 고위 공무원을 암살하고, 경찰 무기를 탈취하라.」는 지침이 발표되었다(C-3). 또 2월 12일에 경찰과 방첩부대는 남조선노동당 본부를 기습했는데, 거기서 1948년 2월 15일에 시작해서 1948년 3월 5일까지 분쟁을 계속하라고 지시한 내용이 담긴 다량의 전단과 문서를 발견하였다(B-2).'고 기록하고 있습니다.[130]

남로당 제주도당은 당의 진로를 결정하기 위한 대책회의를 **2월 초부터 한 보름** 동안 구좌면과 조천면 지역에서 장소를 옮겨 가면서 몇 차례 하였는데, 최종적으로 소위 **신촌회의**(북제주군 조천면 신촌리)에서 각 면, 리의 책임자들이 모여 **주야로 3일간** 토론을 하게 됩니다. 끝내 합의가 이뤄지지 않자 2월 20일경 투표로 투쟁을 결의하고 경찰과 무장투쟁하기로 결정하였습니다.[131]

그리고 2월 25일에는 군사부를 신설하는 등 구국투쟁위원회 체제로 당을 개편하고, 2월 28일 전남 오르그(조직 지도자)가 제주도를 방문하였다가 3월 15일 제주 4·3사건 작전을 세우게 됩니다.

이상을 정리하면, 제주 4·3사건을 최종 결정한 날짜는 정확히 알 수 없으나, 신촌회의 직후에 도당이 전투태세(구국투쟁위원회)로 개편된 2월 25일이라고 추정해 볼 수 있습니다. 한편, 2월 25일 남로당 제주도당 핵심 14명이 조천읍 선흘리에 모여 개편한 구국투쟁위원회의 조직도를 보면, 군사부에 '4·3지대'라는 말이 등장하는데, 이 또한 2월 25일에 4월 3일을 거사일로 결정했다는 추정을 뒷받침합

---

[130] 제주 4·3사건 진상규명 및 희생자명예회복위원회,「제주 4·3사건 자료집 7권」(제주 4·3특위, 2001-2003), 50.
[131] 제주도 4·3연구소,「이제사 말햄수다-4·3증언자료집Ⅰ」(도서출판 한울, 1989), 159.

니다.

　남로당 중앙당에서는 전쟁을 방불케 했던 2·7사건을 경찰이 빠르게 진압한 것에 놀라, 앞으로 5·10선거 반대투쟁은 육지에서 떨어져 진압이 어려운 제주도에서 하기로 결정하게 됩니다. 그래서 2·7사건 이후 남로당의 5·10선거 반대 투쟁이 가장 조직적이고 적극적으로 일어났던 곳이 바로 제주도입니다. 제주도는 선거구 3개 중 두 곳이 무효가 될 정도로 방해공작이 폭력적이고 극심하였습니다. 제주도는 남로당의 당세가 좋고, 한라산 등 산이 많으며, 일본군이 산에 파 놓은 참호[132]와 그들이 버리고 간 무기들이 있었고, 무엇보다 지리적으로 육지에서 멀리 떨어져 있어서 국군의 출동과 진압이 어려운 이점이 있었기 때문입니다. 게다가 제주 남로당은 2·7사건에 가담하지 않아 수배자가 없었으므로 활동이 자유로웠습니다. 제주 남로당이 2·7사건에 가담하지 못한 이유는, 경찰이 남로당에서 전향한 김석천과 김생민을 통해 남로당 제주도당의 조직을 파악한 후, 2·7사건을 준비하는 회의 장소를 덮쳐 1월 22일과 26일 두 차례에 걸쳐 제주 남로당 위원 221명을 대거 연행했기 때문입니다.

(5) 4·3사건의 시작

　봉화는 무장대들의 연락 신호로, 보통 한 달에 몇 번 올려지던 것이 3월 말경에는 거의 매일같이 올려져 도민에게 불안과 공포를 주었으며, 경찰의 신경을 자극하였습니다.[133]

① 12개 지서 습격

　1948년 4월 3일 일요일 새벽, 희미한 그믐달(음력 2월 24일)이 떠

---
132)　야전에서 몸을 숨기면서 적과 싸우기 위하여 방어선을 따라 판 구덩이
133)　「四三眞相」, 49.

있을 뿐 하늘은 구름 한 점 없이 맑았고 사방은 조용하였으며 전날에 약간의 가랑비가 내린 탓인지 날씨는 다소 쌀쌀하였습니다. 이날 새벽 2시를 기해서 한라산 정상에 봉화가 오르고 뒤이어 한라산 중허리의 89개의 오름마다 봉화가 올랐습니다.

사전에 이를 신호로 하여 연락하고 기다렸던 약 350여 명의 무장 유격대원들은 면 별로 마을 부근의 동굴과 숲속에서 총, 죽창, 곤봉 등으로 무장하고 있다가 봉화불을 보자 흥분하였고, 제주도 내 지서 24개 중 12개 파출소 곧 ①제주읍의 삼양지서 ②화북지서 ③외도지서 ④애월면의 구엄지서 ⑤애월지서 ⑥한림면의 한림지서 ⑦대정면의 대정지서 ⑧남원면의 남원지서 ⑨성산면의 성산포지서 ⑩구좌면의 세화지서 ⑪조천면의 조천지서 ⑫함덕지서 등을 일제히 공격하였습니다.

「제주도인민유격대 투쟁보고서」12-14쪽에는 1948년 3월 15일- 4월 3일 사이에 일어난 자위대 내지 인민유격대와 경찰과의 읍·면별 충돌한 상황이 자세히 기록되어 있습니다.

제주도 경찰관내 애월면 신엄 지서장 **문익도 경감**은 머리가 톱으로 잘렸고,

송원화 순경이 시위대원들의 칼과 죽창에 8군데나 찔렸으나 구사일생으로 목숨을 건졌습니다. 그러나 일주일 후에 고향 오라리에서 부친이 무장대의 테러를 받아 사망했습니다.

남원지서 **협조원 방성화**는 시위대원들이 쏜 총에 복부를 맞아 즉사하였고,

김석훈은 도끼에 맞아 팔이 잘렸고,

고일수 순경은 칼로 난도질을 당하고 목이 잘렸으며,

함덕 지서 지서장 **강봉현**이 죽창으로 난도질당하여 죽었고,

세화 지서 **황 순경**과 **김 순경**이 부상을 당하였고,

조천 지서 **양창국**과 **유 순경**이 부상을 당하였고,

60이 넘은 한 경찰관의 부모 목을 자르고 팔 다리까지 절단하였으며, 임신 6개월의 부인은 시동생이 대동청년단 지부장직에 있다는 이유로 참혹하게 타살(打殺)당했습니다.[134]

화북 지서 **협조원 이시성**이 불에 타 죽고,

김장하 경찰 부부가 대창에 찔려 죽었으며,

외도 지서 **선우중태 순경**이 혼자 숙직하다가 무장대가 쏜 총에 맞아 즉사하였습니다.

그 당시 경찰 수뇌부는 신엄지서와 구엄마을 상황을 둘러보고 이를 '폭동'이라고 단정했습니다. 의사 문종후는 날이 밝자 경찰 측의 요청을 받고 문용채 제 1구 경찰서장의 지프에 동승, 이 마을 습격 뒤의 모습을 직접 목격하였습니다. 그의 증언에 따르면, 문 서장은 시체들이 즐비하게 쓰러진 모습을 보고 흥분된 목소리로 "이것은 폭동이다!"라고 외쳤다고 합니다.[135]

② 4·3사건 초기에 동원된 인민유격대 무장력

「제주도인민유격대 투쟁보고서」11-12쪽에 의하면, 유격대(톱 부대) 100명, 자위대(후속부대) 200명, 도군위 직속 특경대 20명 등 합계 320명 병력이 편성 완료되었습니다. 인원 편제는 10인 1소대, 2소대 1중대, 2중대 1대대로 편성되었습니다. 무기로는 99식 소총 27정, 권총 3정, 수류탄(다이너마이트) 25발, 연막탄 7발, 기타 죽창 등이 준비가 완료되었습니다. 3월 20일경, 샛별오름 공동묘지에서 67

---

134) 「붉은 대학살」, 101.
135) 「4·3은 말한다 Ⅱ」, 30.

명 전원에 대한 합숙훈련도 실시되었습니다.

4월 3일 새벽, 사건이 시작된 상황에 대하여, 「이제사 말햄수다-4·3 증언자료집Ⅰ」215-216쪽에는 다음과 같이 소개하였습니다.

「운명의 날은 바로 1948년 4월 3일이다. 이날 미명을 기해 예정된 계획에 따라, 유격대는 그의 협력자들과 공동전략을 취하면서 일사불란의 규율 밑에 각 면 지서와 서북청년회관, 그리고 일상에 반동으로 지탄되는 자의 집에 대하여 총검을 가지고 기습하며, 혹은 수류탄을 투척하면서 공격하였다. 이날의 최초의 일격에 의하여 다수의 반동분자들이 숙청되었으며, 수인의 반동 경관이 납치되었다. 이 일격은 예상한 바의 성공을 거두었으며, 장래의 전망도 대단히 유망한 것으로 생각되었다. … 희망에 차 있으며, 승산이 확실한, 신성한 싸움으로 믿어지고 있었다. 모든 학교는 폐쇄되었다. 학생들은 학과를 포기하고 투쟁에 가담했다. 개교와 취학은 혁명이 승리하고 인민공화국이 수립된 후라고 단정하였다.」

「한국전쟁사」(1967년) 437쪽에는 당시 무장대의 병력과 무기에 대하여 "이들은 일본군이 철수 시 산중에 매몰한 무기를 수집하여 이것으로 무장하고 군사훈련은 팔로군 출신들이 담당하여 중국에서 사용한 유격전으로 자못 그 기세는 당당하였다. 이들의 무장병력은 500명에 달하였고, 부화뇌동[136]한 수(數)도 1,000명에 이르러 총수 1,500명을 헤아리게 되었다."라고 기록하고 있습니다.

그러나 실제로 4·3사건 초기에 동원된 무장병력은 이보다 훨씬 많아져서 무려 3,000명이나 되었습니다. 이는 1947년 3·1기념투쟁

---

136) 부화뇌동(附和雷同): 자기 생각이나 주장 없이 남의 의견에 동조한다는 말

을 사실상 주도한 김봉현[137]과 소년 게릴라로 입산 활동한 김민주가 공편한 「제주도 인민들의 4·3무장투쟁사」의 83쪽에서 자세히 밝히고 있습니다. 이는 남로당 인민유격대가 당시 제주 9연대 국방경비대에 맞서기 위해 그 수에 있어서도 전혀 뒤지지 않도록 철저하게 대비하였음을 보여 줍니다.

4·3 발발 당일 인민유격대에 의한 제주도 내 지서들의 습격 상황을 육군본부 정보참모부에서 발행한 「공비연혁」194-195쪽에는 다음과 같이 소개하였습니다(14개 지서가 습격당한 것으로 기록).

「1948년 3월 말일 경 제주도 폭동 사건의 괴수(魁首) 김달삼(金達三), 조노구(趙魯九) 등은 국방경비대 제 9연대 내 공산 두목 문상길(文相吉) 중위 등과 암암리에 밀회하여 민간 폭도들은 제주도 내 14개 지서(支署)를 습격, 방화할 것과 국방경비대 제 9연대는 제주경찰감찰청 및 제주경찰서를 기습 점령하여 일시에 도내 전(全) 경찰에 대하여 결정적 타격을 가하여 전(全) 도(島)를 공산계열의 수중에 넣으려는 계획을 수립하였다.

1948년 4월 3일 새벽 02시경 남로당원 김달삼(金達三)의 총지휘로 일제히 행동을 개시하여 제주경찰서 관내의 화북(禾北), 조천(朝天), 함덕(咸德), 외도(外都), 애월(涯月), 신엄(新嚴), 삼양(三陽) 등 지서를 비롯하여 모슬포 경찰서 관내의 한림(翰林), 고삼(高三), 저지(楮旨)의 각 지서 및 서귀포경찰서 관내의 남원(南元), 성산(城山) 세화 등 14개 지서를

---

137) 북제주군 한림면 금악리 출신, 오사카 간사이 대학 법학과를 졸업 해방 후 귀향하여 로고스(Logos)회 창설지도, 제주제일중학원(오현중 전신) 역사교사, 1947년 제주도민주주의민족전선(민민전, 민전) 문화부장으로 3·1절 기념투쟁과 3·10파업투쟁에 전위적 역할을 하였다. 후에 일본으로 도피, 조총련 오사카지부 서열 4위가 되었다. 저서로 「제주도 역사지」(1960), 「제주도 인민들의 4·3무장투쟁사」(1963), 「제주도 혈血의 역사」(1977) 등이 있다(「내가 보는 제주 4·3사건」, 192.).

모조리 습격하는 한편 수많은 애국인사(愛國人士)들을 함부로 살상하고 방화, 약탈하는 등 갖은 만행을 제멋대로 감행하면서 도내 각지를 점령, 횡행한 유혈의 참화(慘禍)는 양민들로 하여금 불안과 공포에 휩싸이게 하였다.」

　인민유격대는 서북청년단의 숙소와 대동청년단, 독립촉성국민회 등 우익 단체의 사무실에도 4-5명씩 배치하여 일시에 습격하였습니다. 그리고 많은 우익인사들의 집을 습격해 살해하고 각 관공서와 교회당, 사찰 등을 습격, 파괴, 방화하여 피해를 주었으며, 살상, 납치 등 인명피해를 냈습니다.[138] 피습 지서가 북제주군에 집중된 것은 그곳에 남로당 내지 인민위원회와 자위대[139]와 인민유격대가 잘 편성되어 있었을 뿐 아니라 제주도 치안기능의 중추부(제주경찰감찰청, 북제주경찰서, 제주도청, 북제주군청 등)가 위치하고 있었기 때문입니다. 한편, 당초 계획은 제주 9연대 남로당원 문상길 중위[140]를 비롯한 일부 장병이 제주경찰감찰청과 제 1구 경찰서도 습격하기로 되어 있었으나 계획에 차질이 생겨 습격하지 못했습니다.

③ 1947년 가을부터 무장봉기를 철저히 준비했던 인민유격대

　무기를 지참하고 곳곳에서 습격과 학살을 자행한 무장유격대는 이미 1947년 가을쯤부터 한라산에서 거점별로 훈련을 실시하여 4월 3일 큰 시위를 장기적으로 준비하고 있던 자들입니다. 전투부대

---

138)　「四三眞相」, 52.
139)　자위대(自衛隊): 남로당 리(理) 세포원 중 열성분자로 조직된 기초 전투요원
140)　문상길 중위는 경북 안동 출신으로, 제 2차 대전 당시 일본군 하사관으로 제주에서 복무하였으며, 국방경비대에 입대 후 대구경비대 6연대 1기생으로 입대, 육사 3기로 임관하였다.

로서의 유격부대가 편성되어 국가를 상대로 전면적인 무력투쟁전, 즉 유격전을 벌인 것은 제주 4·3사건이 처음이었습니다.

이들은 '단선 단정 반대 구국투쟁'과 '조국의 통일독립'을 외치면서 ① 인민공화국 절대 사수 ② 5·10단선 반대, 군정수립 음모 반대 ③ 미 점령군의 즉시 철퇴 ④ 경찰 일체의 무장해제 ⑤ 응원경찰대의 전면 철수 ⑥ 인민유격대의 합법화 등을 요구함으로써, 미군정의 항복을 받아 내려 했습니다.

남로당 제주도위원회는 2·7투쟁을 전기로 5·10단독선거를 실력으로 저지하기 위해 새로 군사부를 설치하고 극좌 성향의 김달삼(대정면 당조직 책임자)을 군사부장으로 해서 게릴라 근거지를 한라산의 밀림 안에 설정하였습니다. 인민유격대는 애월 지구에서는 애월면 녹고악, 한림 지구에서는 애월면 샛별오름[141] 주변에 편성되고, 이어 제주도의 지구별로 각기 편성되었으며, 무기와 기타 보급의 준비는 그 전부터 이루어졌던 것으로 보입니다.[142]

고문승의 「제주사람들의 설움」에서는 "인민유격대가 1947년 8월

---

141) 한자로는 신성악(新星岳), 효별악(曉別岳)으로 표기한다.
142) 1948년 3월에 있었던 애월면 '샛별오름'에서의 전투는 1948년 4월 3일의 무장봉기 전에 있었던 경찰과의 큰 무력충돌이었다. 제주도경찰국의 「제주경찰사」에도 "1948년에 접어들어 애월면 어도리 <샛별오름>일대에서 정체불명의 청장년들이 훈련을 받고 있다는 정보를 입수하여 경찰이 출동하였으나, 100여 명의 공비들은 산중으로 도망해 버리고 1명만이 체포되었다."라고 기술하고 있고, 김봉현·김민주 공편의 「제주도인민들의 4·3무장투쟁사」에는 "1948년 3월 초에 <샛별오름> (애월면)을 유격근거지로 한 한림, 애월지구의 자위대들의 화합에 애월지서원 30명과 서북청년회원, 대동청년단원 200여명과 조우하여 전투를 벌였으나, 중과부적으로 대원 1명은 생금되고 1명은 부상을 입었으나, <눈오름, 발이매오름, 이다리오름> (애월면)에 포진해 있던 자위대가 출동하여 경찰을 격퇴시키고 생금(생포)된 1명의 대원을 구출하였다."라고 기술하고 있다[「제주도 4·3사건 Ⅲ」 (도서출판 제주문화, 2010), 334-335.].

에 지휘부를 한라산에 두고 각 거점별로 훈련을 실시하다가, 2·7구국투쟁을 시험적으로 치르고 나서 각 지구별로 자위대를 재편성했다."라고 기록하고 있습니다. 또 남로당 제주도위원회 연락총책이었던 김생민은 한 좌담회에서 "남로당 야산유격대 즉 무장폭도는 이중업에 의해서 대구10월사건 직후 조직되었는데, 제주도에는 1947년 10월 조직, 2개소에서 훈련을 시켰다."라고 진술하였습니다.

공산문제 연구가인 유관종은 "남로당 제주도당의 군사부장은 김달삼(본명 이승진, 남로당 중앙선전부장 강문석의 사위)으로서, 이미 1947년 9월부터 한라산에서 자체적으로 훈련을 시켜 왔다. 무장대장 이덕구도 학병출신의 소위였다. 군사부 부부장은 조몽구였다. 이들 세 사람이 제 9연대의 제 2중대장 문상길과 긴밀한 관계를 유지하면서 무장대의 훈련을 비밀리에 실시해 온 것이다."라고 밝혔습니다.

이로 보아, 1948년 4월 3일에 행동부대로 동원되었던 자위대 내지 인민유격대는 1947년 8-9월에 이미 편성되어 훈련에 임하고 있었던 것으로 보입니다.[143]

④ 4월 15일 조직 정비

그리고 4·3사건이 발발한 지 10여 일 만인 1948년 4월 15일에 제주도당 대책회의가 중앙당의 지시로 열렸습니다. 지금까지 투쟁결과를 분석하고 장래의 투쟁방침을 결정하기 위한 것이었습니다. 김봉현·김민주 공편 「제주도 인민들의 4·3무장투쟁사」88쪽에서 "이와 같은 긴박한 정세 하에 4·3무장투쟁의 총화에 대한 구체적이며 과학적인 분석에 기초하여 앞으로 도래할 5·10망국단선 보이코트에 대한 제 대책을 강구하기 위한 도당부대회(4.15)가 항쟁의 불꽃

---
[143] 「제주도 4·3사건 Ⅲ」, 324-326.

속에서 진행되었다. ... 봉기원들이 전취한 성과를 최대한으로 활용하면서 5·10망국단선을 완전 무효로 돌리고 조국의 통일독립을 달성하기 위한 투쟁에 전진할 확고한 입장을 취하였다."라고 기술하였습니다.

대책회의 후 조직정비 때에는 무장대를 한층 강화하기 위해 <자위대>를 해체하고 각 면에서 열렬한 혁명정신과 전투경험이 있는 자를 30명씩 선발하여 <인민유격대>에 통합하여 산중의 무장 게릴라 부대를 편성하였습니다. 공동생활을 하는 까닭에 일상생활상의 혼란과 보급 문제 때문에 인민유격대를 250명으로 정리·강화한 것입니다. 그리고 나머지의 자위대는 각 부락 방위를 위해 부락으로 하산시켰습니다(「제주도인민유격대 투쟁보고서」 19-21쪽). 체계상으로도 정비하며 도당에 3대 연대를 편성하였습니다(「제주도인민유격대 투쟁보고서」 22-23쪽). 이는 무장대의 주력을 남로당 도당에서 직접 지휘했다는 중요한 증거인 것입니다.[144]

⑤ 국방경비대로부터 무기 반출

이 후로 국방경비대의 남로당원이었던 오일균 소령과 문상길 중위는 국방경비대로부터의 무기 반출에 총력을 기울였습니다. 「제주도인민유격대 투쟁보고서」 80-83쪽에 의하면, 오일균은 총 2정과 실탄 2,400발(1600+800), M1 소총 2정과 실탄 1,443발을, 문상길은 99식 총 4정, 그리고 병졸 최 상사 이하 43명이 각각 99식 총 1정씩을 가지고 탄환 14,000발을 트럭에 실어 탈출하였습니다. 이때 무기나 실탄을 소지하고 탈영한 자는 총 75명이며, 그들이 9연대에서 빼돌린 무기는 총 67정, 탄환이 3,858발입니다. 동(同) 보고서 80쪽에는 김익렬 9연대장이 칼빈 탄환 15발을 유격대에 공급하였다는

---
144) 「국방 119」 (2004년 4월호), 50.

사실을 기록하고 있습니다.[145]

제주 인민유격대 제 1대 사령관 김달삼이 1948년 8월 해주에서 개최된 남조선인민대표자회의에서 발표한 바에 따르면, 지서 습격 45회 이상, 지서 소각 5개소 반, 지서 파괴 5개소, 전선 절단 893개소, 도로 파괴 79개소, 570명 이상의 사상자가 발생했습니다.

실제로 이들에 의해 자행된 만행의 일부를 구체적으로 살펴보면 아래와 같습니다.

⑥ 구엄 마을 문영백의 딸 문숙자(14세)와 문정자(10세) 피살

구엄 마을은 신엄지서 관내인 북제주군 애월면에 소재하였는데, 당시 몇 되지 않는 우익색채 마을 중의 하나였습니다. 4·3사건 당일 자정을 전후해 인근 수산봉·고내봉·파군봉에 봉화가 오르고, 수많은 횃불들이 이리 왔다 저리 갔다 하면서 봉기의 신호를 보냈습니다. 구엄 마을을 습격한 무장대는 족히 100명에 가까운 '대부대'로, 도로를 가득 메운 이들은 세 시간 가량 마을에 머물면서 자신들이 지목했던 우익인사 집들을 집중적으로 공격하였습니다. 이 마을에는 일제 시대부터 구장(區長)을 지낸 바 있는 문영백(文永伯)의 주도 아래 독촉국민회와 대동청년단이 결성되어 있었습니다. 그래서 시위대원들이 제일 먼저 노린 것은 구엄 마을 동 부락의 문영백의 집이었습니다. 무장대는 4-5개 조로 나누어 우익들을 살상하고 불

---

[145] 김익렬 연대장은 4·3사건이 발생했음에도 토벌의지가 현저히 부족했을 뿐 아니라 (후임 박진경 연대장의 토벌작전에 의해 유격대가 대거 진압된 점과 비교), 인민유격대가 제 1, 제 2연대장 장창국, 이치업 소령의 독살을 시도했던 반면 김익렬 연대장은 아무 해를 입히지 않았다는 점, 결정적으로 실탄 15발을 빼돌린 기록이 있다. 한편 신상준 교수는 "그의 부하인 문상길 등이 남로당 제주도위원회측과 4·3사건을 모의하였으나 이를 전혀 모르고 있었으니, 아무리 당시의 조선경비대가 정치적 중립을 표방하고 있었다고 할지라도 그의 무능과 무책임을 탓하지 않을 수 없다."라고 평가했다 (「제주도 4·3사건 Ⅲ」, 358).

을 질렀습니다. 문영백의 집은 두 채였습니다. 그날 안채에는 문영백과 처, 두 딸 숙자(14세), 정자(10세), 그리고 두 살짜리 막내아들이 있었으며, 바깥채에는 농업학교에 재학 중이던 큰아들 천우(17세)와 둘째아들 홍우(12세)가 있었습니다. 무장대는 먼저 안채를 덮쳤는데, 그 와중에 문영백은 다른 문으로 급히 피신했고, 마침 부엌에 있었던 그의 처도 몸을 숨겨 위기를 모면했습니다. 그러나 큰딸 문숙자와 둘째딸 문정자가 살해되고 말았습니다. 시위자들이 두 딸을 마당으로 끌어내고 "저것들을 죽여라!"라고 소리치자 큰딸 숙자가 동생을 더욱 바싹 안고 "살려 주세요!"라고 울부짖었으나, 10명이 칼과 죽창, 낫으로 잠옷 차림의 두 소녀를 처참하게 찔러 죽였습니다. 시위자들의 '와 와!' 하는 소리에 잠을 깬 큰아들 천우는 무장 세력에 붙잡혀 나오다 주위를 살펴 도주했고, 둘째 홍우는 굴묵(방에 불을 때게 만든 아궁이) 속으로 몸을 숨겨 무사하였습니다.

⑦ 문기찬·문창순·고군칠·강성종·문용준·양용운 가족

4월 3일 새벽 구엄 대동청년단장 문기찬(文琦粲, 33세)과 단원 문창순(文昌順, 34세)이 자기 마을에서 3㎞ 가량 떨어진 지금의 하귀1리 사무소 앞 한 길가에서 시체로 발견되어 충격과 파장을 더했습니다. 문기찬의 눈에는 곡괭이가 꽂힌 참혹한 모습이어서, 이를 본 어머니가 실신하였으며, 문창순은 죽창에 찔려 죽어 있었습니다.

이와 비슷한 시간, 무장대는 중부락의 고군칠(高君七), 서남부락의 강성종(姜性鐘)·문용준(文溶準)의 집을 습격, 인명을 살상하거나 방화했습니다. 고군칠은 습격 당시 몸을 피했으나, 임신 중이던 그의 처가 몽둥이로 맞아 중상을 당하였습니다. 강성종의 가족들은 사전에 몸을 숨겨 무사하였으나, 그의 기와집은 무장대들에 의해 소각되었습니다. 문용준은 자기 집에서 무장대에 잡혀 심하게 구타를 당하였는데, 그는 1947년 '3·2테러사건' 때에도 부상을 당한 바 있었습니다. 그는 결국 사경을 헤매다 며칠 뒤 숨졌습니다.

또한 한림면 한림리에서도 독립촉성회 일을 보던 양용운의 집을 습격, 방화하고 양용운 부부와 장남 성보, 둘째 순보, 셋째 득보 등 5인 가족을 납치하여 한림읍 상대리경 속칭 처나오름 동측 죄남내라는 골짜기에서 돌과 몽둥이로 쳐 죽였습니다.[146]

⑧ 경찰숙소 기습, 김록만·현주선·강한붕·김창우·박창희

새벽 2시 한림면 한림리 서청원(서북청년단원)들이 숙식하고 있는 한림여관 경찰 숙소를 40여 명의 시위자들이 기습하여 이북 출신 김록만 순경이 죽고 경찰 2명이 중상을 당하였고, 제주 9연대장 김익렬 외 9명은 기적적으로 도망쳐 살았습니다. 국민회제주도감찰위원장 겸 한림면위원장을 맡았던 현주선(玄周善, 46세)은 새벽 2시 가장 먼저 공격을 받아 시위자들이 휘두른 칼에 등과 앞가슴 등 세 군데나 찔려 중상을 입었으나 기적적으로 살았습니다. 바깥채에 살던 국민회 한림면 총무 강한붕(姜漢鵬)이 부상을 입었고, 국민회 간부였던 김창우(金昶宇), 박창희(朴彰禧)도 같은 시간에 기습을 받아 부상을 당하였으나 목숨만은 구했습니다.

⑨ 우익 청년들의 피해

1948년 4월 4일 시위자들은 연평리 대청단원(대동청년단원) 오승조(36세)를 대창으로 찔러 죽였으며, 4월 6일 대청 간판과 사무실을 부수고, 이호리 대청 총무 이도연(37세), 단원 양남호(32세)에게 "대청 활동과 5·10선거에서 손을 떼라"라고 하며 죽였습니다.

---

146) 고문승 편저, 「제주 사람들의 설움」(신아문화사, 1991), 324.

4월 7일 한림면 저지마을 대청단원 김구원, 김태준, 고창윤 등이 시위자들에게 죽임을 당했고, 4월 13일 제주읍 화북지서 임선길 순경이 시위자들의 총에 맞아 즉사하였으며, 4월 17일 조천면 선흘리의 대청단원 부동선, 부용하, 고평지 등이 죽임을 당하였고, 4월 18일 신촌에서 경찰관 김성호의 부친 김문봉(64세)이 시위자들의 칼에 살해당하였습니다.

당시 시위자들은 밤마다 마을을 다니며, 적기가(赤旗歌)를 부르고 5·10선거 반대를 외치고 선거관리위원과 우익인사를 골라 죽였습니다. 또 경찰에 의해 피살된 동료의 시신을 관에 담아 메고는 상복을 입고 데모까지 벌였습니다. 이것이 제주도 남로당원 6만여 명이 일으킨 제주 4·3사건의 시발이었습니다.

제주 4·3사건이 경찰에 항거한 민중봉기였다면, 왜 무고한 백성들과 선거관리위원들을 이토록 잔인하게 죽여야 했습니까? 이 사건을 두고 최근 사회일각에서는 미제국주의자와 단독정부수립을 반대하는 순진한 제주도 인민들의 민중항쟁이라고 주장하고 있으니, 어처구니가 없는 노릇입니다. 제주 4·3사건은 남로당의 인민유격대가 남한의 적화라는 뚜렷한 목적을 가지고, 무기와 폭력을 이용하여 일으킨 너무도 비참한 사건이었습니다.

(6) 5·10단독선거 반대

1948년 2월 '조선민주주의인민공화국'의 헌법 초안을 북한에서 확정하고 사실상 북쪽이 먼저 단독정부를 수립했습니다. 이후 박헌영은 남쪽에 있는 이주하, 김삼룡 등의 남로당 지도부에 지령을 내려 1948년 5월 10일 제헌국회의원선거를 방해하도록 했습니다. 5·10선거를 방해하기 위해 2·7투쟁을 전국적으로 일으켰는가 하면, 남로당은 5·10선거 반대운동의 핵심 지역으로 제주도를 선택했습니다.

5·10선거 국회의원 후보 등록이 1948년 3월 21일 마감되자, 시위자들은 국회의원 입후보자에게 사퇴하라고 협박하고, 선거인명부를 압수하였으며, 선거에 참여하지 못하도록 남로당원들을 동원하여 악선전하였습니다. 8-9일 양일간에 통신시설을 파괴하였고, 선거 당일 10일에는 투표소를 습격하고, 투표하러 가는 주민들을 산중으로 납치하여 협박을 하였습니다. 군과 경찰의 미묘한 갈등의 골이 깊어지고 있는 동안, 5·10선거를 무효화하려고 전력을 다하였습니다.

사령관 김달삼은 남로당원들에게 다음과 같이 선전하였습니다.

"도민 여러분, 북조선 인민군이 38선을 넘어 수원까지 남하하고 있소! 한 달만 참으면 제주도는 해방이 됩니다. 그렇게 되면 해방군이 경찰이 되고 토지도 나누어 주고 공평하게 나누어 갖는 공정한 세상, 평등한 세상이 옵니다."

도민들은 남로당원들이 전하는 이 말을 믿고 성금도 갖다 주고 소나 말을 잡아서 유격대 부식에 쓰라고 제공하였습니다.

이때 우익 경찰과 경찰 가족에 대한 학살은 극에 달하였는데, 심지어 경찰관의 계급에 따라 1만원에서 3만원까지 현상금을 붙여 가며 살해를 권장했습니다.

제주 4·3사건에 관한 조병옥 경무부장의 진상발표 내용을 1948년 6월 9일 대동신문에서는 다음과 같이 자세히 보도하였습니다.

방화, 윤간, 생매장 감행 - 조병옥 부장 제주 4·3사건 진상발표
• 4월 18일 신촌에서 폭도들이 육순이 넘은 경찰관 부모의 목을 자르고 수족을 각기 절단했습니다. 임신 6개월인 대동청년단 지부장의 아내를 참혹하게 죽였습니다.

- 4월 20일 선흘리에서는 임신 중인 경찰관 부인의 배를 갈라 죽였습니다.
- 4월 25일 모슬포에서는 경찰관의 노부모를 총살한 뒤 수족을 절단했으며, 임신 7개월 된 경찰관의 누이를 산 채로 매장했습니다.
- 5월 19일 제주읍 도두리에서는 대동청년단 간부의 젊은 부인(24세)과 3세 된 장남을 30여 명의 폭도가 동리 고희숙 방에 납치한 후 십수 명이 윤간하였으며, 동리 김승옥의 노모 김씨(60세)와 실매(實妹) 옥분(19세), 김중삼의 처 이씨(50세), 16세 된 부녀 김영년, 26세 된 김순애의 딸, 36세 된 정방옥의 처와 4세 된 동인의 장남, 20세 된 허영선의 딸 외 그의 5세, 3세의 어린이 등 11명을 역시 고희숙 방에 납치·감금하고 무수히 난타한 후 도두리에서 서북방 15km 떨어진 눈오름이라는 삼(森)지대에 끌고 가서 노소를 불구하고 50여 명이 강제로 윤간을 하고, 그리고도 부족하여 총창과 죽창, 일본도 등으로 부녀의 유방, 복부, 음부, 둔부 등을 난자한 후 미처 죽기도 전에 땅에 생매장해 버리기도 하였습니다. 그 중 김성희만 구사일생으로 살아 돌아왔습니다. 그리고 폭도들은 식량을 획득하기 위하여 부락민의 식량, 가축을 강탈함은 물론 그 가족·부녀에게 자금을 조달케 하는 등 비인도적 만행은 필설로 말할 수 없는 정도입니다.

이와 같은 천인공노할 행태가 제주도 전역에서 자행되었는데, 그들의 만행은 다음과 같습니다.

① 5·10선거 지지자 학살
- 5월 1일 새벽 1시, 선거관리위원장 이원백(57세)의 집을 습격하여 죽창과 낫과 도끼로 그의 몸을 만신창이로 만들어 죽였습니다.
- 같은 날 새벽, 제주읍 도평리 우익 청년 박형종(25세)의 집을

기습, 떼거리로 달려들어 죽창으로 찔러 죽였습니다.
- 5월 5일 새벽 2시, 제주읍 화북마을 임형권(61세)의 집을 기습, 자고 있던 그를 죽창과 낫, 도끼 등으로 사정없이 찔러 죽였습니다. 같은 마을 장순정, 안여창도 죽임을 당하였습니다.
- 5월 8일 오전 9시, 선거관리위원장 김경종(42세)의 집에 10여 명이 들이닥쳤는데 김경종이 없자 그의 어머니 박사일(72세)과 딸 희진(12세)을 죽창으로 찌르고 집에 불을 질렀습니다. 김경종의 처 김죽현(42세)은 이웃집에 있다가 자기 집이 불에 타는 것을 보고 집으로 가다가 두 살짜리 아들 희석과 함께 죽창에 찔려 죽었습니다.
- 이어 대청단장 강익수의 집을 찾아갔다가 강익수가 없자 동생 강천수와 강인수를 납치해 갔습니다. 그리고 대청단원 가족인 이찬용의 어머니 이윤형, 부계열, 부창숙 등을 학살하였습니다.
- 양치기하던 안재철, 하계현을 학살하였습니다.
- 제주읍 오등리 고다시 마을 대청단원 강상배를 납치하고, 그의 어머니와 처를 학살하였습니다.
- 제주읍 오등리 인다라 마을 선관위원장 김영창의 처 현정춘을 학살하였습니다.
- 제주읍 내도리 이장 신현집(42세)의 집을 새벽에 습격하였는데, 신현집은 뒷마당으로 도망치려 하였으나 죽창과 낫과 도끼로 난도질당하여 그의 온 몸이 벌집같이 되어 죽었습니다.
- 투표 당일(5월 10일) 오전 7시, 99식 소총 3정을 든 대원들을 선두로 죽창 부대 50여 명이 그 뒤를 따랐습니다. 그들은 즉시 투표소를 포위, 선거인명부를 압수하고 투표함을 박살냈습니다.
- 어수선한 틈을 타 도망가던 가시초등학교 교장 문상현이 죽임을 당했고, 부인은 죽창에 찔렸으나 죽지는 않았습니다. 그들은 "투표를 하지 말라"라고 하면서 선거에 참여하는 자들을 죽였습니다.

- 성산면 수산리 향사 마을에 30여 명의 산 사람들이 내려와 투표소를 난장판으로 만들고 도망자들에게 총을 쏘았는데 고신권의 어머니, 고학선의 어머니, 강정보의 어머니가 총에 맞아 피를 토하다 곧 죽고 말았습니다.
- 5월 10일 오후, 중문면 상예 2리에서 선거를 지지한다는 이유로 대청단장 김봉일 부부와 국민회 상예회장 오대호 등 3명을 납치해 소나무에 묶어 놓고 대창으로 찔러 학살하였습니다.

특히 5월 10일, 5·10선거 방해 공작은 곳곳에서 극렬하게 진행되었으며, 심지어 투표용지와 투표함 등을 모아 불을 질렀습니다.

- 중문면 투표소를 습격, 투표용지 파괴
- 성산면 투표소 방화
- 제주읍사무소 폭파
- 제주공항 근처에서 총격전
- 표선면 1개 투표소 습격, 2명 사망, 투표용지 파손
- 구좌면 송당리 2명 사망, 1명 부상, 가옥 7채 방화
- 조천면 14곳의 투표소가 제 기능을 못함
- 조천면 북촌리 투표소가 방화돼 투표용지 파손
- 성산면 투표소 습격, 4명 피살

이와 같이 5·10선거 지지자들과 그 가족들을 무참히 죽이고 폭력으로 투표를 저지하였습니다. 결과적으로 **북제주군 갑구(43%)와 을구(46.5%)**는 극심한 방해공작으로 투표율이 미달되어 선거가 무효화되었고, 남제주군만이 간신히 선거가 치러져 **오용국(吳龍國)**이 당선되었습니다. 5·10총선거를 전후한 남로당의 만행은 전국적으로 사상자 846명을 발생시켰고, 습격과 폭행이 1,047건에 달했습니다.

한편, 선거가 무효화되었던 북제주군 2개 선거구의 재선거는 1년만인 1949년 5월 10일에 실시되어, 갑구에서는 홍순영(洪淳寧), 을구에서는 양병직(梁秉直)이 당선되었습니다.

② 조천면 함덕지서 공격과 한림면 명월리 학살
- 5월 13일 오후 4시, 함덕 지서 경찰 후원회장이 돼지고기와 술과 김치 등 먹을 것을 주어 경찰들이 음식이 있는 책상으로 모여 있는 느슨한 틈을 타, 협조자 300여 명과 함께 지서를 일제히 공격하므로, 손쓸 겨를도 없이 지서 주임 강봉현 경사가 즉사하였습니다.
- 5월 14일 오전, 함덕 지서는 다시 공격을 받아 강태경 순경이 피살되었습니다.
- 국회의원 입후보자로 있다가 사퇴한 한림면 명월리 임창현(65세)의 부인을 학살하였습니다. 심지어 임창현의 둘째 아들이, 손자와 같이 장례 준비를 하고 입관하고 있는 중에 3명을 납치, 며칠 후 학살하였습니다.

③ 한림면 저지마을과 저지지서 공격
- 5월 13일 오전 7시, 150명 이상이 저지지서와 저지마을을 공격하였는데, 김인하 순경은 대항도 못 하고 도망치다가 죽창에 찔려 죽었고, 지서에 불을 질러 전소시켰으며, 우익 인사들의 집을 골라 100여 채에 불을 질렀습니다.
- 경찰 후원회장의 아버지 현명조(65세), 경찰보조원 고성현의 어머니(53세) 등 3명을 경찰 협력 가정이라는 이유로 학살하였습니다. 저지 1구장 문명조(65세)도 학살당했습니다. 경찰협조원 박용주(44세)도 죽창으로 난자당한 후 다음날 병원에서 죽고 말았습니다.

④ 한림면 금악마을 습격

  금악 마을은 좌익이 장악한 마을로 5·10선거를 치르지 못하였으며, 마을 428m 봉우리에 보초를 세워 진압군이 출동하면 깃발로 신호를 하여 마을 사람들이 도망치도록 했습니다.

  • 5월 14일, 대청 부단장 김태화(29세)와 그의 부인 이유생을 학살하였습니다.

  • 강안용의 집을 습격하여 학살하고, 그의 부인 김임후(36세)의 허벅지를 대창으로 두 군데 찔러 실신시켰습니다. 김임후는 이 상처로 평생 고생하며 살았습니다.

⑤ 제주읍 도두리에서의 만행

  도두리는 4월 3일 이후로 90% 이상이 좌익에게 장악된 마을로, 5·10선거를 치르지 못하여 경찰의 토벌대상이었습니다.

  • 5월 9일, 권투선수 윤상은(26세)이 투표를 하지 않기 위해 산으로 피하라는 말을 거부하자, "죽여 버려!"하면서 모두 달려들어 그를 죽창으로 찔러 죽였습니다.

  • 5월 11일, 선거관리위원장 김해만(53세), 대청단장 정방옥(31세), 단원 김용조(23세)를 붙잡아 산으로 데리고 가서 나무에 묶어놓고 칼로 난도질하여 죽였습니다.

  • 5월 14일, 선거관리위원 김상옥(44세)과 대청단원인 그의 아들 김택훈(27세)을 산으로 끌고 가 죽였습니다.

  • 5월 18일, 김해만의 처 장인동(52세), 딸 김순풍(19세), 아들 김광홍(9세)과 정방옥의 처 김순녀(24세), 김용조의 처 문성희(26세), 대청단원 김성언의 어머니 고정달(56세) 등을 산으로 끌고 가 죽였습니다.

이밖에 식량을 얻기 위하여 마을의 곡물과 가축을 닥치는 대로 약탈해 갔고, 심지어 그들에게 끌려간 부녀자에게 매음을 강요하여 자금을 조달하는 등 하늘이 용서 못할 그들의 비인도적인 만행은 그 수를 헤아릴 수가 없었습니다.

⑥ 대정면 영락리 영락마을 습격

독립촉성국민회 회원이었던 고성두(63세)의 다섯 아들의 이름은 문흥(34세), 대흥(29세), 용흥(27세), 덕흥(25세), 창흥입니다. 용흥과 덕흥은 경찰로, 우익 가족이었습니다. 5월 18일, 이들의 집을 습격하여 "문흥이 나와라!"라고 소리지르자 고문흥은 재빨리 숨어 버렸습니다. 아들의 행방을 모른다고 하는 고성두 부부를 죽창으로 찔러 죽이고 남은 가족들도 다른 곳으로 끌고 가 죽였습니다.

⑦ 서귀면 서홍리 마을 습격

서홍리는 서귀포에서 북쪽으로 1km 지점에 위치, 제주도에서 가장 따뜻한 동네로 한라산과 가까우며, 서귀포시에서 제일 처음 피해를 입은 동네입니다.

- 1948년 4월 16일, 변시진(37세)의 집을 습격하였습니다. 변시진의 맏딸 변안순(당시 13세)씨는 아버지가 저녁을 먹으면서 "오늘은 분위기가 이상하니까 다른 곳으로 피해야겠다."라고 하셨는데, 갑자기 아버지와 절친했던 서홍리 위 목장에 사는 청년(이하 '갑'씨)이 찾아와 어쩔 수 없이 집에 머물다가 변을 당했다고 증언했습니다. '갑'씨가 들어온 지 얼마 되지 않아 아버지 변시진의 이름을 부르면서 들이닥쳤고 아버지는 방으로 들어가 문고리를 잡고 있었는데, 그들이 문 밖에서 칼로 마구 찔러 손에 상처가 나자 아버지가 살려 달라고 하며 밖으로 나갔습니다. 어머니가 보니까 먼저 찾아온

'갑'씨가 손을 들면서 "저는 OO입니다."라고 신분을 밝히고는 어디론가 사라져 버렸다고 합니다. 변시진이 다시 방으로 뛰어 들어가자, 따라 들어와 칼과 죽창으로 수십 군데를 찔러 죽였습니다. 맏딸 변안순이 방 안에 들어섰을 때 온 몸은 죽창에 찔려 성한 곳이 없었고, 방바닥에 피가 흥건하고 피 냄새가 방안에 진동했습니다. 달빛에 아버지가 눈을 동그랗게 뜨고 계셔서 살아 계신 줄 알고 몸을 흔들었으나 이미 돌아가신 상태였고, 아버지 손을 잡으니 손가락이 두 개 잘려 있었습니다. 그들은 상부에서 지시한 사람을 죽인 증거물로 신체의 일부를 도려내어 가져갔다고 합니다. 부친을 죽인 자는 동네 이장 아들이었으며, 그 일 후에 그는 동네에서 사라졌다고 합니다.

- 고찬경(24세), 고찬하(22세) 형제를 칼로 수십 군데를 찔러 비참하게 학살하였습니다.
- 향보단 마을 소대장 강남석(42세)의 복부를 칼로 찔러 학살하였습니다.
- 당시 반장이던 고평호(49세)는 칼에 여러 군데 찔려 병원에 입원하였으나 며칠 후 숨졌습니다. 부인 양월규(46세)도 공격할 때 손으로 칼을 막다가 부상을 당하였습니다.
- 변기원(66세)은 아들들을 피신시키고 집을 지키다가 학살되었습니다.

⑧ 안덕면 창천마을 습격

- 5월 10일, 우익 애국단체인 독립촉성국민회 상예 2리 분회 회장직을 맡았던 오대호(48세)가 칼에 의해 전신이 갈기갈기 찢기고 목이 잘려 죽었습니다. 오형인의 어머니는 남편 오대호가 참혹하게 죽은 모습을 보고 쓰러져 다시 회복을 못하고 2개월 후 세상을 떠났습니다(오대호의 아들 오형인의 증언).

- 5월 22일, 상창리 우익 오향주(46세)를 학살하였고, 이어 창천리로 내려와 마을 이장 대청단장 강기송(39세)을 학살하였습니다.
- 5·10선거 업무를 지원하였다고 오남주(43세)를 납치해 갔습니다. 오남주의 아들 오상옥은 이날 즉시 경찰에 입대하였는데, 아버지 오남주의 시신이 병악 뒤에 있다는 진술에 따라 확인 후 아버지가 처참히 학살당한 것을 보고 통곡하였습니다.
- 상예 1리 오성호와 색달리 강보찬 등을 납치해 학살하였습니다. 시신은 8개월 후 녹하지오름에서 찾았습니다.

⑨ 구좌면 하도마을 습격

- 5월 27일 새벽 1시 30분, 복면을 하고 대동청년단 부단장 이하만(27세)의 집을 습격, 칼로 난자하여 학살하였습니다.
- 우익 백일선(60세)의 집을 습격하여 두 아들을 찾았으나, 아들들이 없자 아버지 백일선을 학살하였습니다.
- 평소 그들을 비판하였던 부평규(57세)의 집을 습격하여 칼로 배를 찔러, 병원에서 치료를 받던 중 숨졌습니다.
- 임대진(54세)은 안방에서 죽창으로 20여 군데를 찔려 그 자리에서 숨졌습니다.

⑩ 애월면 장전마을 습격

- 4월 10일, 대동청년단 단장 강상부(34세)의 집을 습격하여 죽였고, 총무 고종언(25세)은 방 안으로 들어온 자들에 의해 철창으로 난자당해 죽었고, 같이 있던 8개월 어린아이는 핏속에 묻혀 죽고 말았습니다.
- 4월 20일, 제주읍사무소에 근무하는 손창보(29세)가 습격을 받아 학살당했습니다.

⑪ 조천면 북촌 포구 경찰관 살해

• 6월 18일 오전 11시, 정체불명의 어선이 포구 쪽으로 다가오자 마을 빗개(보초)가 마을 사람들에게 알렸습니다. 어선은 우도를 출발하여 제주 읍내로 가던 중 심한 풍랑 때문에 북촌 포구로 피해 진입한 것이었습니다. 그런데 참모격인 김완식 등 청년 3명이 배에 올라가 경찰 2명에게 총격을 가해 우도지서 주임 양태수(27세) 경사가 죽었고, 진남호(23세) 순경은 복부에 총상을 입었습니다. 어선 안에 있던 승객 김응석(37세) 이장과 백 순경의 처와 아들, 강 순경의 장모, 지서 급사 양남수(19세) 등 13명은 산으로 끌려갔는데, 총상을 입은 진 순경은 끝내 숨졌고 나머지는 토벌군에 의해 구출되었습니다.

그밖에 제주읍 외도 지서 주임 김벽택의 큰어머니 홍기조도 죽창으로 난도질당하여 죽었습니다. 지서 안에 있던 두 명의 경찰은 지서가 불탈 때 빠져나오지 못하여 질식사하였습니다. 경찰 세 명은 산으로 끌려가서 죽창으로 온 몸이 난도질당하여 죽었습니다.

(7) 5·10단독선거 결과 제헌국회와 대한민국 정부수립

북한이 이미 김일성을 중심으로 국가의 모습을 갖추고, 제주도에서는 남로당의 온갖 방해공작이 이어지는 가운데 1948년 5월 10일 38도 이남에서 선거가 실시되었습니다. 남한 7백 88만 명의 유권자 중 93%가 투표하여 198명의 국회의원을 선출하였습니다. 5월 31일, 이 땅에 최초의 국회가 개원했고, 7월 1일 국호를 대한민국으로 정했습니다. 7월 17일에는 대한민국 헌법 및 정부조직법이 공포됐습니다. 그리고 7월 20일에는 국회에서 정부통령 선거를 실시하여, 대통령 이승만, 부통령 이시영을 선출했습니다. 7월 24일 정부통령의 취임식을 가졌고, 8월 4일 초대 이범석 내각이 구성돼 출범하게 됐습니다. 1948년 8월 15일 해방 3주년을 맞아 이승만 대통령이 중앙청에서 정부수립을 선포했습니다. 그렇게 고대하던 **자유민주주의 대한민국 제 1공화국**이 어지럽고 혼란한 가운데서도 비로소 출범하게 된 것입니다.

우리나라가 해방 기념일로 지키는 8월 15일은, 1948년 대한민국이 건국된 날이기도 합니다. 실로 대한민국 국민들에게 그 의미가 대단히 큰 날입니다. 국회는 1949년 9월 21일, 이날을 포함하여 4개 국경일(3·1절, 제헌절, 광복절, 개천절)을 정하였습니다.

참으로 아무 힘도 없고 초라하고 불안하기 짝이 없던 우리나라가 유엔으로부터 합법적인 국가로 인정[147]받기까지 수많은 목숨들이

---

147) 신생 한국정부는 유엔의 승인을 통하여 국제사회에서 그 설립을 공식적으로 인정받기 위해 노력하였다. 여러 논란 끝에 유엔 임시위원단은 "1948년 5월 10일의 선거 결과는 위원단이 접근할 수 있었고 전체 한국 국민의 3분의 2를 점하는 지역에서 이루어진 유권자 자유의사의 표현이었다."라고 보고서에 밝혔다. 이와 함께 12월 6일부터 시작된 유엔총회 제 1위원회에서 미국 대표단은 대한민국을 '한국의 유일한 합법정부'로 승인하도록 각국에 강력한 영향력을 행사하였다. 12월 8일까지 열린 토론 끝에 제 1위원회는 미국이 제안한 바 한국의 독립승인안을 찬성 41, 반대 6, 기권 2로 유엔총회에 상정할 것을 결의하고, 그 결과 결의안은 최종적으로 통과되었다. 이에 유엔은 대한민국의 법적 지위를 공식적으로 승인하고, 정통성과 국제적 지지를 부여하였다. 유엔총회 결의 제 195호 제 2항은 다음과 같이 규정하였다.
「임시위원단의 감시와 협의가 가능하였으며 또 한국 국민의 대다수가 거주하고 있는 한국의 지역에 대해 실효적 지배권과 관할권을 가진 합법 정부가 수립되었다는 것과, 동 정부는 한국의 동 지역의 유권자 자유의사의 정당한 표현이자 임시위원단에 의해 감시된 선거에 기초를 두었다는 것과, 또한 동 정부가 한국 내의 유일한 정부라는 것을 선언한다.」
이 결의안에 따라 유엔은 한국위원단(UNCOK)을 새롭게 출범시켰다.
한편, 한반도에서 미군 조기 철수로 인하여 전쟁의 불안감이 커지고 있던 1949년 6월, 한국정부의 요청으로 북한 정권의 불법적인 공격을 저지하기 위한 '고위 유엔 군사고문단'이 한국에 주둔하게 된다. 실제로 북한군이 1950년 6월 25일 남한을 침공했을 때 유엔위원단의 확인 활동과 신속한 보고로 유엔의 즉각적인 대응이 가능했다. 유엔위원단의 활동으로 6·25가 발발하였을 때 16개국 회원국의 참전을 비롯하여 많은 회원국과 다른 국제기구로부터의 경제적·인도적 지원을 받는 원동력이 되었던 것이다.[이인호·김영호·강규형, 「대한민국 건국의 재인식」, (기파랑, 2009), 117-122.].

디딤돌로 바쳐졌습니다. 그렇게 자기 목숨을 초개처럼 버린 헌신적인 애국자들과 나라를 위한 저들의 숨은 업적들, 그 의로운 일들을 결코 잊어서는 안 될 것입니다. 나아가, 저들이 미처 이루지 못한 국가적 대(大)사명이 우리 자신들의 몫으로 여전히 남겨져 있음을 잊어서는 안 될 것입니다.

5. 김익렬(9연대장)과 김달삼(인민유격대 사령관)의 평화협상

The peace negotiations between
Kim Ik-ryul (9th regiment commander) and
Kim Dal-sam (the commander of
the People's guerrilla unit)

(1) 제주도 모슬포 주둔 9연대에 진압 작전 요청

5·10선거 반대를 위한 인민유격대의 세력이 강력해지고 경찰력으로 사태가 진정되지 않아 점차 입산자가 증가하는 등 사태가 악화되자, 미군정은 군병력을 증강하는 조치를 취하였습니다. 미군정은 각 도에서 경찰 1개 중대씩을 차출, 8개 중대 1,700명을 제주도에 급파하였고, 경무부는 제주에 비상경비사령부를 설치하고, 경무부 공안국장 김정호를 사령관에 임명하여 경찰력으로 토벌하려고 하였습니다. 또한 대정, 성산 지서를 경찰서로 승격시켜 제주경찰서, 서귀포경찰서, 대정경찰서, 성산경찰서 등 4개 경찰서로 확대 정비했습니다. 이러한 조치와 더불어 경무부장 조병옥은 경찰력만으로는 부족하다고 판단, 서북청년단에 요청하여 반공정신이 투철한 서북청년단 요원 500명을 추가로 투입하였습니다.

그럼에도 인민유격대의 기세가 워낙 강했기 때문에 경찰은 많은 희생자만 발생할 뿐 별다른 성과를 거두지 못했습니다. 경찰의 초기 대응작전이 별다른 실효를 거두지 못하자, 국방경비대 총사령부에서는 4월 17일 제주도에 주둔하고 있던 제 9연대에 진압 작전을 실시하도록 지시하였습니다.

당시 제주도에는 국방경비대 제 9연대가 모슬포에 주둔하고 있었습니다. 당시 연대장은 김익렬 중령이었고(1947.9.-1948.5.5.), 제 1대대장은 이세호 대위, 제 2대대장은 오일균 소령이었습니다.

4월 10일, 김영배 제주 감찰청장이 제 9연대를 방문하여 경비대의 지원을 요청하였으나, 제 9연대장은 "치안 상황에 군이 개입할 수 없으며, 상부에서도 아무런 지시가 없다"라고 하면서 경찰 측의 요청을 거절하였습니다. 또 부산 제 5연대에서 진압 차 파견되었던 대대장 오일균 소령은 "폭동 사태는 경찰과 주민 간의 충돌이므로 경비대는 중립을 지켜야 한다"라고 하면서 의도적으로 진압 임무를 회피했습니다. 진압은 경찰이 할 일이지 군이 개입할 성격이 아니라는 것이었습니다. 후에 제주 9연대는 몇 번 작전에 참가하였는데, 이처럼 오일균 소령이 제주 남로당과 내통하고 있었기 때문에, 그때마다 작전 계획이 미리 적에게 알려져, 어쩌다 적과 만나면 서로 공격하지 않고 접전을 회피하기 일쑤였습니다.

그뿐이 아니었습니다. 산중으로 4km 이상(아지트와 공비와 산 사람들이 자주 출몰하는 지역 등 작전상 유리한 지역)은 제주 9연대에서 맡겠다고 하여, 경찰이 아예 출동하지도 못하게 만들었습니다. 경찰은 많은 병력을 가지고도 적절한 토벌작전을 펴지 못하는 사면초가에 빠져 발만 동동 굴러야 했습니다.

(2) 인민유격대 사령관 김달삼과의 평화협상

김익렬 연대장은 9연대 안에 오일균 소령, 문상길 중위, 이윤락 중위, 고승옥 하사 등 제주 남로당의 프락치들이 많이 숨어 있는 줄도 모르고, 서로 총을 겨누지 않고 평화적으로 사태를 해결할 수 있으면 좋겠다고 생각하고 있었습니다. 이러한 연대장의 의중을 알게 된 오일균 등 9연대 내부의 남로당 조직책들은 '이를 교묘히 이용하면 경비대의 토벌을 억제할 수 있다'고 판단하였습니다. 그리하여 제주 9연대장 김익렬 중령은 오일균의 제안으로 사령관 김달삼과 평화협상을 열었습니다.

「제주도인민유격대 투쟁보고서」 "국경(국방경비대)과의 관계" 항목(78쪽)에는 다음과 같이 기록되어 있습니다.

「또 9연대 연대장 김익렬이 사건을 평화적으로 수습하기 위하여 인민군 대표와 회담하여야 하겠다고 사방으로 노력중이니 이것을 교묘히 이용한다면 국경의 산(山) 토벌을 억제할 수 있다는 결론을 얻어 4월 하순에 이르기까지 전후 2차에 걸쳐 군책(김달삼)과 김 연대장과 면담하여 금번 구국 항쟁의 정당성과 경찰의 불법성, 특히 인민과 국경(國警:국방경비대)을 이간시키려는 경찰의 모략 등에 의견의 일치를 보아, 김 연대장은 사건의 평화적 해결을 위하여 적극 노력하겠다고 약속하였음(제 1차 회담에는 제 5연대 대대장 오일균 씨도 참가, 열성적으로 사건수습에 노력했음).」

제주 인민유격대
제 1대 총사령관 **김달삼**

김달삼은 남제주군 대정읍 영락리 태생으로 본명이 이승진이었는데, 해방 후 일본에서 귀국하여 대정중학교에서 교편을 잡고 있었습니다. 당시 제주 9연대와 대정중학교는 구 일본 병영을 함께 쓰고 있었으므로 서로 아는 사이였습니다.[148]

2·7사건으로 검거선풍이 일자 그는 부산에 있는 그의 장인 강문석(남로당 중앙위원)에게 피신하여 있다가 내려와서 김달삼이라는 이름으로 둔갑하고 좌익 활동을 하였습니다.

제 1차 회담 시(일시 장소와 회담내용 미상)에는 경비대에서 오일균 소령이 배석하였고, 제 2차 회담 시(구억초등학교)에는 연대정보관 이윤락 중위가 배석하였습니다. 당시 이윤락 중위는 그 정체가 노출되지 않은 남로당원이었으므로 김익렬 연대장은 공산당원을 부하로 배석시켜 반란군 괴수인 김달삼과 회담을 하였던 것입니다. 따라서 김 연대장은 공산당원인 정보관 이윤락 중위가 제공하는 그릇된 보고를 그대로 믿고 제주 사태를 잘못 판단할 수밖에 없었습니다.

---

148) 「국방 119」 (2004년 4월호), 50.

아래 내용은 1983년 1월 14일부터 1월 21일까지 연재된 중앙일보 「남기고 싶은 이야기」를 주로 참고하여 정리한 것입니다.

「봄기운이 한창 감도는 1948년 4월 28일(또는 30일) 상오 11시였다. 이윤락 중위가 반도(叛徒)의 통보를 받아 왔다. 하오 1시에 회담하자는 것이었다. 장소는 반도측이 안내키로 했다. 김 중령은 상사와 가족, 친지에게 유서를 써 놓은 다음 연대 장병들을 집합시켜 놓고 회담한다는 사실을 알리고 만일 반도들이 나를 살해하면 이는 민족반역 행위이니 장병들은 그들을 철저히 소탕하여 나의 원한을 갚아달라고 당부했다. 그리고 하오 5시까지 돌아오지 않으면 살해된 것으로 알고 전투행동을 개시하되 부연대장의 지휘를 받으라고 했다. 실로 초인적인 용기와 신념이 없이는 엄두도 못 낼 일이었다. … 김익렬 중령은 낮 12시 정각 장병들을 사열한 다음 이윤락 중위와 운전병만을 데리고 지프를 타고 정문을 나섰다. 지정된 방향으로 차를 몰아 연대본부에서 15㎞쯤 떨어진 한라산 중턱 고지에 이르니 목동이 소를 길 가운데로 몰아 차를 세웠다. 차가 멈추자 정중히 인사하며 연대장이냐고 물었다. 그렇다고 하자 황색기를 흔들어 신호를 보내고는 저쪽 초등학교로 가라는 것이었다. 학교(구억초등학교) 정문에는 두 명의 보초가 서 있다가 「받들어 총」으로 예를 표했다. 이 학교가 반도의 본부였는데 거기서는 연대본부가 빤히 내려다 보였다. 일행은 햇볕이 잘 드는 8조의 다다미방으로 안내되었다. 중앙에는 예쁘장한 테이블이 하나 놓여 있었다. 5-6명의 반도가 이들을 맞았는데 그 중 군계일학 같은 수려한 미모의 청년이 나서더니 자기가 대표자 김달삼이라고 소개하며 찾아와서 고맙다고 했다. 또박또박한 서울 말씨였다. 당시 김 중령은 27세였는데 김달삼[149]은 25세로 미남배우 같이 잘 생겼다.

---

149) 인민유격대 사령관 김달삼(본명 이승진, 1926년생)은 남제주군 대정읍 영락리에서 이평근의 차남으로 출생, 어릴 때 대구로 이주하여 대구심상소학교를 졸업하고 아버지를 따라 일본으로 가서 1944년 교토 성봉중학을 졸업, 동경 중앙대 1년을 수료했다. 이때 김달삼은 박헌영의 비서로 있던 강문석의 딸(강영애)과 결혼하였다. 1946년

인사가 끝나고 대좌하자 미제 럭키 담배와 일본 녹차가 나왔다. 김 중령이 단도직입적으로 말했다.

「당신이 진짜 김달삼이고 실권자인가?」

김달삼이 조용히 웃으며 말했다.

「그렇게 묻는 의도를 알겠다. 연배보다는 애국심과 정신이 중요하지 않겠는가?」

「하도 젊고 미남배우처럼 잘 생겨서 살인할 사람같이 보이지 않아 물어본 것이다.」[150]

김 중령의 말이 떨어지자 옆에 있던 50대 정도의 반도들은 일제히 폭소를 터뜨렸다. 두 사람의 대화는 다시 이어졌다.

「산에서 의식주나 통신 등 불편이 많겠다.」

「그렇지 않다. 그런대로 지낼 만하다.」

「경비대가 당신들을 아직까지 토벌치 않은 이유를 아는가?」

「그것은 군대가 우리의 궐기 동기를 이해하여 우리를 동정하고 있기 때문에 토벌명령을 못 내리기 때문이 아닌가?」

「군대는 개인의사에 관계없이 명령만 하면 복종하게 되어 있다. 만일 오늘 회담이 결렬되면 당신과 나는 다음엔 전쟁터에서 만나게 되는 것이 아닌가. 당신들이 경찰과 교전하는 것을 지켜보았다. 석다(石多)의 제주도에서 돌담을 끼고 사격전을 벌이면 피해는 많고 효과는 없다는 것을 알았다. 내가 돌담이 많은 제주도에선 박격포가 유용할 것 같아 보내 달

10월 대구 10·1사건에 깊숙이 개입했고, 조선공산당 경북도당 대구시당 서북지역의 당세포조직 책임자로 활약하다가 제주도로 내려와 대정읍 하모리에 거주, 대정중학교 사회과 교사로 재임하면서 남로당 조직부장이 되었다.

특히 그의 장인 강문석은 남제주군 대정면 안성리 출신이며, 제주도위원회 군사부장이자 남로당중앙당 선전위원을 맡고 있었다. 강문석은 사위 이승진에게 자신이 중국에서 사용했던 가명 김달삼을 사용하도록 했다. 김달삼은 처음에 남로당 대정면 조직부장으로 있었고, 4·3사건 때 인민유격대 사령관이 되었다.

150) 김달삼의 외모에 대하여는 박성환 기자의 20년 공개수첩(제 1부) 「파도는 내일도 친다」116쪽에는 "그는 적은 키에 호리호리한 몸집을 가졌고 얼굴은 좁고 갸름하며 표독한 모습의 사나이였다."라고 소개하였다.

라고 위에다 요청했더니 박격포 부대를 보내겠다기에 기다리고 있는 중이다.」

순간 김달삼의 표정이 창백해졌다. 잠시 후 그는 「자, 이제 회담에 들어갈까요?」 하면서 김 중령을 바라보았다. 김 중령이 「그럽시다!」 하여 본격적인 담판이 시작됐다.

미제 담배와 일본제 녹차 잔이 놓여 있는 탁자를 사이에 두고 경비대 연대장인 김익렬 중령과 반도들의 두목 김달삼의 회담이 무르익어 갔다. 아직 동안의 27세, 25세의 두 청년이었다. 김달삼이 먼저 말을 꺼냈다.

「당신은 미군정하의 조선인 군인이다. 교섭결과에 대해 어느 정도의 이행 능력을 가지고 있는가?」

「연대장이 개인 자격으로 이런 회담에 나올 권한은 없다. 나는 미군정 장관의 지시에 따라 왔다. 나는 군정장관 제너럴 딘의 권한을 대표하여 여기서의 나의 발언이나 결정은 군정장관의 그것이다.」

「그렇다면 회담이 되겠다. 나는 '폭도'(김달삼은 「제주도민의 거사」라고 호칭)의 전권을 가진 대표자다.」

김달삼은 이어 미리 준비해 둔 노트의 메모를 보면서 앉은 채로 약 30분간 공산주의자답게 열변을 토했다.

김 중령이 입을 열었다.

「해방된 지 3년이 됐고 미군정하에서 군인 노릇을 하면서 미국식 자유민주주의를 배우고 익혀 왔지만 민주주의가 무엇인지 나는 아직 모른다. 당신도 마찬가지일 것이다. 그동안 얼마나 공산주의를 배웠고 얼마나 알겠는가. 알지도 못하는 외래사상을 위해 청춘이나 생명을 바칠 필요가 있겠는가. 그것보다도 민족의 자주 독립이 급선무이니 무기를 버리고 귀순하여 조국건설을 위해 합심하여 노력하자!」

이에 김달삼은 안색을 바꾸고 핏대를 올리면서 언성을 높여 말했다.

「연대장은 정의감이 강하고 선악을 식별하는 분별력 있는 사람인 줄 알았는데 당신도 민족반역자나 악질 경찰처럼 자기네 죄상을 은폐하고 우리 '의거'를 공산주의 소행으로 덮어 씌우려는가?」

근처에 있던 폭도들도 일제히 김 중령과 우리 당국에 대해 심한 욕설을 퍼부었다. 김달삼은 분을 참지 못해 계속 언성을 높였다.

「당신이 정말로 그렇게 생각한다면 더 이상 회담을 진행시킬 필요가 없다. 우리는 최후의 1인까지 싸울 것이다. 이젠 믿을 데가 없으니 이북에 연락하고 마지막엔 소련의 지원에 의지할 수밖에 없다.」

「당신들이 정말 공산주의자가 아니라면 회를 계속하자.」

「우리가 폭동을 일으키고 싶어서 일으킨 줄 아는가. 살기 위해서 한 것이다. 지금이라도 우리 조건을 들어주고 자유롭게 살 수 있게만 해 준다면 당장 집으로 돌아가겠다.」

「오늘 즉시 지서습격 등 일체의 전투행위를 중지하도록 요구한다.」

「연락상 즉각 중지는 어렵다. 전 도에 연락하려면 5일 정도는 주어야 한다.」

「무장은 즉각 해제하라.」

「비무장주민을 하산시켜 약속이행 여부를 확인하고 자유와 안전이 보장됐으면 3개월 후에 전원 무장해제를 받겠다.」

「범법자의 명단을 제출하고 전원 즉시 자수토록 하라.」

「무슨 소린가. 우리의 살인방화는 정당방위이며 당연 행위다.」

「법치국가에서의 살인, 방화는 세계 어느 국가에서나 불법이며 정당성 여부는 재판을 통해서 가려져야 한다. 나의 요구는 이상 세 가지다.」

여기서는 72시간 내에 전투를 완전히 중지하되 산발적인 충돌이 있으면 연락 미달로 간주하고 5일 이후의 전투는 약속 위반의 배신행위로 본다는 것과 무장해제는 축차적으로 하되 약속을 위반하면 즉각 전투를 재개한다는 두 가지 조건에 합의하고 범법자 인도 문제는 나중으로 미뤘다.

이어 반도 측의 요구조건이 나왔다.

「제주도민으로 행정과 경찰 업무를 수행하고 반역적인 악질 경찰과 서청을 제주도에서 추방하라.」 역시 상투적인 내용이었다.

이에 대해 김 중령은 이렇게 말했다.

「민족반역행위, 악질행위가 입증되면 해직, 추방, 처벌하겠다. 제주도민만으로의 행정, 경찰 구성은 정치적인 문제이지 군의 소관이 아니다. 그러나 우리 독립정부가 들어서면 그렇게 되지 않겠는가. 약속한다.」

이때 밖에 있던 반도들이 함성과 박수를 쳤다. 담판은 이어졌다.

「제주도민의 경찰이 편성될 때까지 군대가 치안을 맡고 지금의 경찰을 해체하라.」

「이 회담이 성공하면 자연히 군대가 치안을 맡게 되며 경찰은 나의 지휘를 받게 된다. 따라서 해체할 필요는 없고 인원을 축차로 개편하겠다.」

「의거(폭동) 참여자를 전원 불문에 붙이고 안전과 자유를 보장하라.」

「교전중이 아닐 때 범한 살인, 방화 행위 외에는 전원 불문에 붙인다. 군에 귀순하면 생명과 재산, 안전, 자유를 보장하겠다. 살인, 방화를 저지른 범인이라도 귀순하면 극형은 면케 해 준다.」

그러나 김달삼은 범인 문제만은 승복하지 않았다. 시간이 벌써 4시 30분이 되고 있었다. 김 중령이 말했다.

「나는 지금 가야 한다. 5시까지 귀대치 않으면 내가 당신들에게 살해된 것으로 알고 부하들이 전투를 개시하기로 되어 있다. 오늘은 이것으로 끝내고 다시 만나 마무리 짓자.」

회담장이 갑자기 긴장됐다. 김달삼이 말했다.

「오늘 결말이 안 나면 회담은 결렬이다.」

「그러나 마지막으로 말하겠다. 범법자 명단을 제시하라. 당신과 지도급들은 중벌을 면치 못할 것이나 모든 폭도의 귀순과 무장해제를 책임있게 해 주면 내가 개인 자격으로 배를 마련해서 희망하는 해외로 탈출할 수 있도록 배려해 주겠다.」

이 말이 떨어지자 회의장에는 희색이 감돌았고 김달삼은 김 중령의 손을 잡아 흔들면서 다음과 같이 말했다.

「정말 고맙다. 귀순과 무장해제가 약속대로 잘 끝나면 나도 자수하여 모든 책임을 질 것이고 법정에 나가 우리의 정당성을 정정당당히 밝히겠다.」

「오늘의 약속은 나의 생명과 명예를 걸고 이행하겠다. 내 가족 전원을 약속이 이행될 때까지 당신들에게 인질로 맡기겠다.」

「당신은 어머니를 모시고 있다는데 불편한 이곳에서는 노모와 부녀자를 모실 수가 없으니 내가 지정하는 민가에 이주시키되 주변에 군인이나 경찰이 얼씬하지 말라. 우리가 감시하겠다.」

「좋다. 그렇게 하겠다.」

이렇게 하여 대체적인 합의가 성립되어 김 중령 일행은 지프를 몰아 반도지역을 벗어났다. 4시간 30분에 걸친 숨 막히고 진땀나는 담판이었다.

일단 연대에 들렀던 김 연대장이 맨스필드 대령에게 협상 결과를 보고했더니 그는 대만족이었다. 제주군정청의 명령에 따라 경찰은 자체건물 경비만 하고 그 밖의 지역 전체의 치안책임은 경비대가 떠맡게 됐다.

다음은 양측의 협상 내용입니다.
- 「4·3은 말한다」 제 2권, 김익렬 유고 중에서 -

> **제 1항** 72시간(3일) 안에 전투를 완전히 중지하되 산발적인 충돌이 있으면 연락미달로 간주하고, 5일 이후의 전투는 배신행위로 단정한다.
>
> **제 2항** 무장해제는 단계적으로 하되 약속을 위반하면 즉시 전투를 재개한다.
>
> **제 3항** 친일을 했거나 민족 반역한 관리 및 악질 경찰은 사실이 증명되면 해직 및 추방하며, 범법한 서북청년단 등도 처벌 및 추방한다(제주도민만으로 행정관리 및 경찰을 편성하자는 요구는 미합의).
>
> **제 4항** 경찰의 인원을 감축한다(현재의 경찰을 해체하자는 요구는 미합의).
>
> **제 5항** 살인 방화 등 범법자의 명단과 범죄내용을 제출하고, 자수 시 관대히 처분하며 폭도의 무장해제와 귀순이 원만히 이루어지면 주모자들의 신병은 개인적으로 보장한다.
>
> (※1, 2항은 김익렬 연대장 요구에 대한 합의이고, 3, 4항은 김달삼 요구에 대한 합의이며 5항은 양측의 공동요구에 관한 합의임)

협상은 대체로 순조롭게 끝났으나 문제는 더욱 복잡해졌습니다. 그 무렵부터 유언비어가 난무하기 시작했는데, "시간을 벌기 위한 반도들의 술책에 연대장이 기만을 당했다.", "연대장이 폭도 두목과 내통했다."라는 등의 중상모략이었습니다. 이것은 곧바로 경찰정보로 중앙에 보고되었으며, 다른 한편에서는 김익렬 연대장이 기만전술로 귀순자들을 모아 한꺼번에 몰살하려 한다는 터무니없는 풍문까지 나돌았습니다.

(3) 제주 9연대장 김익렬 중령의 해임(1948년 5월 6일)

김익렬 연대장이 평화협상을 통해서 김달삼과 합의한 내용은, 뒤이어 벌어진 5월 1일 오라리 사건과 5월 3일 하산하는 주민 기습 사건으로, 경찰과 경비대 간의 불신의 골이 깊어지게 하였고, 미군정 당국의 딘 장군이 주재하는 최고수뇌회의(5월 5일) 때 평화협상은 자동 파기되었습니다.

오라리 사건과 하산하는 주민 기습 사건의 내막은 다음과 같습니다.

1) 오라리 사건(5월 1일)

오라리는 제주읍에서 한라산 쪽으로 2km 지점에 위치, 5개 마을로 되어 있으며, 600여 호에 3,000여 명의 주민이 살고 있었습니다.

5월 1일 자정 즈음, 오라리에서 방화 사건이 발생하였습니다. 오라리에서는 4월 11일 경찰 송원화의 부친 송인규가 시위자들에 의해 살해된 후, 좌익과 우익이 당사자뿐만 아니라 가족까지도 죽이는 사건들이 번갈아 일어났습니다. 4월 29일에는 이 마을의 대청단장(박두인)과 부단장(고석종)이 납치되어 산으로 끌려갔으며, 30일에는 대청단원의 부인인 강공부(23세), 임갑생(23세)이 산으로 끌려갔다가 임갑생은 도망쳤고, 임산부였던 강공부는 살해되었습니다.

그런데 다음 날인 5월 1일에 강공부의 장례식에 참석했던 30여 명의 우익 청년들이 임산부까지 죽인 만행에 울분을 참지 못하고 오라리 연미마을에 들어와 좌익 청년들의 집 12채에 불을 지르고 떠났습니다.

산에 있던 20여 명이 마을에서 불길이 치솟는 것을 보고 급히 달려왔으나 불을 지른 대청원들은 이미 없었습니다. 그들이 마침 지나가는 아주머니에게 말을 걸었다가 그가 김규찬 순경의 어머니 고순생(42세)임을 알고 우르르 달려들어 죽창으로 찔러 죽였습니다. 순경의 어머니가 시위자들에 의해 살해됐다는 소식을 들은 경찰들이 흥분하여 그들을 찾았는데, 이때 마을 사람 중에 '정지하라!'는 경고에도 불구하고 도망치던 고무생(41세,女)이 경찰의 총에 맞아 숨졌습니다.

이처럼 김달삼과의 평화협상으로 잠시 휴전 기간이 진행되는 동안, 방화 사건이 일어나고 총격전이 벌어지자 깜짝 놀란 제 9연대장 김익렬은 현장으로 달려가 사태를 조사하고, 방화가 우익 청년들의 소행임을 알아내어 이를 미군정장관 맨스필드에게 보고했는데 별로 호응을 얻지 못하였습니다. 이는 맨스필드가, 시위대가 먼저 4·28평화협상을 깨고 사람을 납치 및 살해했다는 사실을 이미 알고 있었기 때문입니다.

2) 하산하는 주민 기습 사건(5·3사건)

5월 3일 15:00경, 200-300명의 입산 주민들이 귀순하겠다고 연락해 왔습니다. 그들은 9연대 병사 7명 및 미군 병사 2명과 미 고문관 드르스 중위 인솔 하에 오라리 부근을 통과하여 제주 비행장으로 하산하고 있었는데, 정체불명의 무장대 50여 명이 갑자기 기관총과 칼빈총을 난사하였습니다. 갑자기 총격을 받은 귀순자들은 몇 사람이 죽고 나머지가 다시 산으로 도망쳤습니다. 이때 미군의 반격전으로 무장대 5명이 죽고 몇 사람이 부상으로 생포되었습니다. 생포된 자는 제주 경찰서 소속이라고 하였는데, 제주도 군정당국이 경찰에 조사를 의뢰한 결과 경찰과 미군, 경비대를 이간시키기 위해 시위대가 경찰로 가장하여 저지른 소행으로 밝혀졌습니다. 결과적으로 김익렬 연대장과 김달삼 제주 인민유격대 사령관의 평화협상은 완전히 깨졌고, 경찰과 경비대 간의 불신의 골만 깊어졌습니다.

김익렬 9연대장은 그가 협상한 사실과 5월 5일 대책회의에서 조병옥 경무부장과 육박전을 벌인 사실이 상부에 보고되면서 이에 대한 문책으로 다음날 5월 6일 해임되었고, 후임으로 해방 당시 일본군 제주도 부대에 근무한 경험이 있어 제주도 지리를 잘 알고, 일본군이 축성한 진지나 지형을 잘 알고 있는 서울 총사령부 인사과장 박진경 중령이 임명되어 항공편으로 도착하였습니다.

6. 4·3사건 발생 이후 제주 남로당의 음모

The plot of the Jeju Workers Party of South Korea after the April 3rd Incident

제주 인민유격대 사령관 김달삼의 지령을 받은 9연대 내 남로당 주요 조직책은 다음과 같습니다.

- 오일균 소령(육사 2기, 군번 10072) - 부산 5연대 2대대장으로 제주 9연대에 파견
- 문상길 중위(육사 3기, 군번 10427) - 제주 9연대 제 2중대장
- 이윤락 중위(9연대 연대정보관) - 제주 남로당 프락치
- 고승옥 하사 - 제주 남로당 프락치[151]

당시 사람들의 증언에 의하면 제주 9연대는 남로당 프락치로 가득했습니다. 1948년 4월 10일 채명신 소위가 육사를 졸업하고 처음 제주 9연대 소대장으로 부임하여 갔을 때, 첫날 소대원 42명 전부가 증오와 살기로 쳐다보았으며, 부대가 완전히 빨간 첩자로 가득했다고 증언하였습니다(2011년 9월 4일 KBS1 한국현대사증언 TV자서전).

문창송(文昌松) 발행「제주도인민유격대 투쟁보고서」(한라산은 알고 있다)의 79-80쪽에는 9연대 내 남로당 조직책들이 "특히 대내(隊內) 반동의 거두 박진경 연대장 이하 반동 장교들을 숙청하지 않으면 안된다." 그리고 "최대의 힘을 다하여 상호간의 정보 교환과 무기 공급 그리고 가능한 연대 내의 탈영을 적극 추진시키지 않으면 안 된다."라고 기록하고 있습니다.

이에 따라 문상길, 오일균, 김달삼 세 명은 두 가지를 모의하게 됩니다. 첫째, 4월 27일 제 9연대 사병 60여 명을 탈영시켜 대정, 화순, 중문 지서를 차례로 습격하면서 공비와 합류케 하였습니다. 연대 병

---

[151] 4·3사건 당일 제 9연대 반란 담당자로 계획되어 있었으나, 4·3사건 발생 전에 마침 영창에 가게 되어 제주 9연대 내의 반란은 이루어지지 않았다. 고승옥은 그 뒤 1948년 5월경 모슬포 부대에서 1개 소대를 탈주시킨 두목이었다[「4·3사건 토벌작전사」(국방부 군사편찬연구소, 2002), 247.].

력이 총출동하여 이를 추격하게 하고, 빈틈을 타서 문상길은 제 2차로 40여 명이 탄약 무기고를 부수고 많은 무기와 탄약을 훔쳐 도주하도록 하였습니다. 이것이 제주 인민유격대가 장기전을 할 수 있게 해 주었던 결정적 요인이 되었습니다.

둘째는 박진경 연대장을 암살하는 일이었습니다.[152]

(1) 제주 9연대 41명의 탈영

9연대장 김익렬 후임으로 온 박진경 중령은 참모를 강화하고 수원 11연대를 지원받아 3개 대대로 연대를 강화하였습니다. 경비대 사령부는 제 2, 제 3, 제 4연대에서 기간요원을 차출하여 수원에서 제 11연대를 창설하였는데, 제 11연대 1개 대대와 9연대 1개 대대, 부산 5연대 1개 대대(대대장 오일균 소령)를 통합하여 완전한 연대 규모를 갖추게 한 다음 11연대를 편성하여 본격적인 사건진압에 나섰습니다. 9연대는 산으로 도피한 자들의 하산을 독려하는 선무활동을 하였는데 그래도 내려오지 않자 5월 12일부터 5월 27일까지 3,126명을 체포하고 경비대에 저항하는 자 8명을 사살하였습니다. 9연대는 인명 피해를 최소화하면서 빠른 시일 내에 사건을 진압하려고 힘썼습니다. 그런데 1948년 5월 20일, 인민유격대 사령관 김달삼의 지령을 받은 문상길이 9연대 안에 있던 남로당원 병사 41명을 탈영시켜 박진경이 연대장 직에서 해임되게 하려 하였습니다.

탈영병 41명은 99식 소총 1정씩을 가지고, 실탄 14,000발을 트럭에 싣고 완전무장하였습니다. 완전무장한 그들을 9연대 통신대 최 상사가 이끌고 11시 30분, 진압군인 것처럼 위장하여 대정 지서에 도착하였습니다. 탈영병 41명은 사건을 진압하기 위해서 출동한 것

---

152) 「四三眞相」, 72.

처럼 자연스럽게 행동하여 7개 초소에 5명씩 배치되었고 나머지는 지서 경비를 섰습니다. 그들이 각 초소에 도착한 지 5분이 못되어 호각 소리와 함께 발포 명령을 내려 경찰관 서덕주, 김문희, 이환문, 김일하 순경과 보조원 임건수 등 5명을 사살하고, 지서주임 안창호, 허태주에게 중상을 입혔습니다. 탈영병이 떠나자 본부에 연락하려 했으나 이미 전화선은 끊겨 있었습니다.

 대정 지서를 떠난 탈영병 41명은 서귀포 경찰서에 가서 트럭 1대를 빌려 남원면 신례리 산으로 들어갔습니다. 이때 경찰 트럭 운전사 금촌오(21세)는 엔진이 열을 받았다고 거짓말을 하여 신례리 산길로 들어가 차를 세웠고, 조수와 함께 개울에 가서 엔진을 식힐 물을 길어 온다고 거짓말을 하여 산길을 따라 도망쳐 내려와 경찰서에 신고하였습니다.

 탈영병들은 서귀포를 경유하여 산으로 올라가려고 하였으나 문상길 중대장과 연락이 안 되어 불안해 하며 헤매고 있다가 대정면 중산간 부락에 있는 어느 집으로 들어가 아주머니에게 밥을 달라고 부탁하였습니다. 이것을 문틈으로 내다본 남편이 경비대가 아닌 것 같다는 수상한 생각에, 방 뒷문으로 나가 뒷담을 넘어서 대정 지서에 신고하여 탈영병들은 포위되고 말았습니다. 경비대는 도망치는 21명에게 집중사격을 하였고, 나머지 손을 들고 나오는 20명을 체포하여 전원 군법회의에 기소하였습니다. 박진경 연대장은 상부의 명령대로 20명 포로들을 모두 총살하였습니다.

(2) 연대장 박진경 대령 피살

 공비들은 4·3사건 당시에 500명 미만이었으나 2개월 동안의 전투에서 납치한 청소년들을 훈련하여 천여 명으로 늘어났고, 전에는 일본군이 버리고 간 원시적 총기가 고작이었는데 군경의 신무기들을 탈취하여 가지게 되었습니다. 세력이 점점 확장되자 문상길 중위는 9연대를 남로당 군대로 만들려고 하였습니다.[153] 당시 9연대의 제 1대, 제 2대 연대장 장창국, 이치업 소령이 문상길 중위의 말을 듣지 않자, 음식에 극약을 넣어 시름시름 앓게 만들어 서울로 쫓아 버린 적이 있습니다. 이 일로 이치업 소령은 1개월간의 치료를 받았는데, 당시는 단순한 식중독으로 알았다가 후에 체포된 문상길이 자백함으로써 밝혀졌습니다.

또다시 인민유격대 사령관 김달삼으로부터 박진경 연대장 사살 명령을 받은 문상길 중대장은 남로당원이었던 정보계 선임하사 양회천 상사를 불러 이를 하달하였습니다. 양 상사는 즉시 남로당원 손선호 하사, 신상우 중사, 강자규 중사, 배경용 하사에게 다음과 같은 구체적인 행동 지령을 내렸습니다.

"17일 저녁 술을 많이 먹고 오는 박진경을 사살하라. 그래서 다시는 경비대가 해방군을 공격하지 못하게 하라. 이것은 김달삼 동무의 지령이다. 신상우는 부대 정문에서 연대장이 오는 것을 확인하고, 강자규는 이것을 확인받아 배경용, 손선호에게 알리고, 배경용은 불을 켜 주고, 손선호가 총을 쏘는데, 두 발을 쏘면 잠을 자던 사람들이 놀라니 한 발로 끝내야 하며, 죽은 후에 피가 많이 흐르고 보기가 흉하니 머리에 딱 한 발로 죽여야 시체가 험하지 않고 증오심이 적을 것이다. 실수로 잡히면 다른 사람을 물고 들어가서는 안 된다. 이상을 명심하고 즉시 행동 개시!"

박진경 연대장은 성공적인 진압 작전의 공로를 인정받아 6월 1일

---

[153] 9연대에 신병들이 입대하면 좌익 인물들이 개별 면담과 신상파악을 하였는데, 그 당시는 무엇 때문에 하는지를 몰랐으나 후에 알고 보니 사병을 포섭하기 위한 것으로 판명되었다(「제주 사람들의 설움」, 321.).

대령으로 진급하였습니다. 6월 17일, 박 대령은 작전에 협조했던 도민들을 위로할 겸 도내 기관장과 연대참모들을 제주읍 관덕정에 있는 요정 옥성정에 초청하여 화기애애한 분위기 속에서 대령 진급 축하연을 잘 마쳤습니다. 술에 약한 박 대령도 그날은 흠뻑 마시고 얼큰히 취해 새벽 1시쯤 제주농업학교에 주둔중인 연대본부의 연대장실로 돌아와서 옷을 입은 채로 침대에서 잠이 들었습니다.

1시부터 연대장이 깊이 잠들기까지 두 시간 가량을 기다린 그들은, 6월 18일 새벽 3시 15분, M1 소총 두 발로 박진경 연대장을 암살하였습니다. 총 소리를 듣지 못하고 잠에 곯아떨어져 있던 경계병이 뒤늦게 사태를 알아차리고 확인해 보니 박 대령은 사무실의 침대 위에 피투성이가 되어 이미 숨져 있었습니다. 박진경 연대장은 당시 28세로, 9연대장으로 부임한 지 약 한 달 만이었습니다.

위생병이 달려와 울면서 연대장의 시체를 씻었는데, 검사 결과 M1 소총 총탄이 심장과 두개골을 정확히 관통했습니다. 그때 시체를 매만지며 눈물을 흘리던 그 위생병이 바로 M1 소총으로 박진경을 암살한 손선호 하사였다는 기막힌 사실이 후에 밝혀지면서 천하를 경악케 하였습니다.

1948년 6월 22일 오후 2시, 통위부 사령부에서는 박진경 연대장의 장례식이 엄수되었습니다. 28세의 젊은 나이로 사랑하는 아내를 남겨두고 세상을 떠났으니, 몸부림치는 젊은 미망인의 오열은 장례식장을 숙연케 하였습니다.

박진경 연대장은 일본에서 대학을 다니다가 끌려간 학도병 출신으로, 부산 5연대 사병으로 있을 때 백선엽 연대장이 추천하여 군사영어학교를 졸업하고 특채 임관되었습니다. 일본군에서 고위 하사관을 지낸 박진경 연대장은 종전 말기에 제주도에 주둔하여 일본군

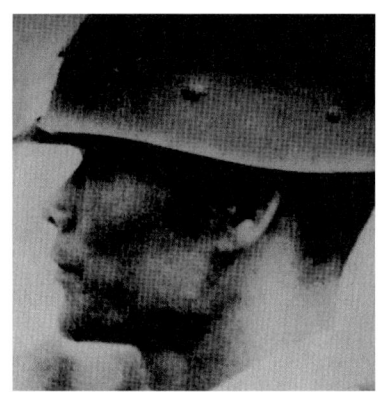 

제1대 대령 **박진경**(48.5.1-48.6.21)   맨 우측 **박진경** 대령↑

이 축성한 진지나 지형을 잘 알고 있었기 때문에 제주도 사건을 강력하게 진압하기 위해 특별히 발탁된 인물이었습니다. 미군정 장관 윌리엄 딘(William F. Dean) 소장은 한국 장교 중 백선엽과 박진경이 가장 정직하고 머리가 좋아 한국 육군을 이끌어갈 사람으로 판단하여 적극 후원하였었다고 합니다. 딘 소장은 자신이 아꼈던 박진경 연대장의 갑작스러운 죽음에 충격을 감추지 못하고 직접 제주도에 가서 C-47 수송기에 박 대령의 유해를 싣고 왔습니다.

사건 수사에 미 CIC[154]까지 동원되어 도내에 있는 전 M1 소총을 감정하는 데 1주일을 소요하였는데도 단서조차 잡지 못하였습니다. 1주일이 가도 박진경 암살범의 흔적을 전혀 찾지 못하고 있을 때, 김종평 전투사령부 정보참모에게 투서가 들어왔습니다. "모슬포의 처가에 칭병하고 누워 있는 9연대 문상길 중위와 연대 정보과 선임하사 최 모 상사를 잡아 보면 사건 전모를 알 수 있을 것"이라는 밀고였습니다. 이때 연행된 사람은 문상길 중위, 연대 정보과 선임하사 최 상사와 3명의 하사관, 문상길의 약혼녀[고양숙(高良淑): 서귀

---

[154] 8·15광복 이후 남한 주둔 미군의 전투부대인 24군단에 소속되어 첩보활동 등을 담당한 정보기관

포 남로당 총책의 딸]였습니다. 이때 문상길의 약혼녀 고양숙이 연행된 것은, 문상길 중위가 9연대 안에 있는 80여 명이 넘는 남로당원과 오일균 소령을 보호하기 위해 자기 애인을 대신 희생시키는 쪽을 선택했기 때문이었습니다. 고양숙의 부친은 서귀포에서 이발소를 운영하던 순박한 사람이었으며, 그녀의 모친 문애숙(여성동맹위원장)은 좌익계로 부유한 집안이었고, 급하고 과격하며 배짱 있는 성격이었는데, 아마도 그의 딸 고양숙과 그 남편에게 좌익 사상을 심어 주었던 것으로 보입니다(고양숙의 고향 친구 강애숙씨[155])의 증언).

당시 23세였던 문상길은 처음에는 범행을 완강히 부인하면서 끝까지 입을 열지 않았으나 계속된 심문을 이기지 못하고 암살사건 전모와 연대내 좌익 계보를 자백했습니다. 그는 조사과정에서 가슴에 붙은 붉은 부적이 발견되면서 덜미가 잡혔습니다. 문상길의 가슴에 빨간 물이 들어 있는 것을 이상히 여긴 조사관이 가까이 가서 보니 종이가 땀에 젖어 가슴에 붙어 있었는데, 종이에 쓰인 글씨가 땀에 범벅이 되어 가슴을 빨갛게 물들이고 글씨는 알아볼 수 없었습니다. 그 종이가 부적임을 알아 본 조사관이 "박진경 연대장을 죽이고 가슴이 뛰고 불안해서 부적을 붙인 게지?"라고 묻자, 문상길은 더 이상 숨기지 못하고 자신이 그 살인 사건에 연루되어 있음을 자백하였습니다. 무당이 문상길을 살리려고 써 준 부적이 오히려 그를 죽음으로 몰고 가는 증거물이 되고 말았던 것입니다.

---

155) 강애숙(姜愛淑) 씨는 1932년 제주도 서귀포시에서 아버지 강대원(姜大元), 어머니 문옥란(文玉蘭) 사이에서 맏딸로 출생, 제주 4·3사건을 실제 목격했으며 한때 교직에 있었다. 문상길의 애인 고양숙과는 같은 고향(서귀포시 서동네)에서 어릴 적부터 절친한 사이였다. 당시 '문 소위'(문상길 중위)는 키가 작고 얼굴이 잘 생기고 내성적인 성격이었는데, 그가 약혼녀 고양숙의 집을 들를 때면 자기는 일부러 자리를 피해 주었다고 한다.

조사 끝에 암살 3개월 만인 1948년 9월 23일 수색 기지에서 **문상길 중대장(23세)과 손선호 하사(22세)에게 사형이 집행되었습니다.**
이것이 대한민국 사형 집행 제 1호였습니다. 배경용 하사(19세), 신상우 중사(20세)도 사형이 언도되었으나 특사로 감형되었으며, 양회천 상사는 무기징역이 언도되었습니다.

제주 9연대 제 2중대장, 남로당 문상길 중위(앞줄 우측에서 세 번째)
[출처] 육사 제 3기 졸업앨범 中 제 2중대 제 6구대 단체 사진

문상길은 키가 작고 남자치고는 곱상한 외모였으며 내성적인 성격이었습니다. 그 때문에 당시 문상길 중위의 직속 상관이었던 이세호 부대대장(前 육군참모총장)은 그의 저서를 통해, 문 중위가 남로당원인 것과 연대장 암살과 관련이 있을 것으로 추호도 의심하지 않았기 때문에 충격이 컸으며, 며칠 후 체포된 문 중위를 만났을 때

그로부터 자신까지 가차 없이 죽이려 했었다는 고백을 듣고 더욱 큰 충격을 받았다고 증언하였습니다.[156]

박진경 연대장을 직접 쏘아 죽인 손선호 하사는 당시 22세로, 경북 경주 출신이었으며, 대구10월사건에 가담했다가 경찰의 추적을 피하여 경비대에 입대한 자였습니다. 문상길 중위가 사형되기까지 입을 다물고 관련 남로당원들을 불지 않음으로, 오일균은 그 죄상이 발각되지 않아 무사하였고, 이윤락 중위도 무사하였습니다.

한편, 박진경 연대장 암살범 배후 인물로 김익렬 연대장이 지목되면서 한 달간 미군 CIC에서 조사를 받았는데, 혐의가 없음이 밝혀져 여수 14연대의 연대장으로 있다가 그 해 8월 초 온양 13연대의 연대장으로 갔습니다. 이것이 김익렬 연대장에게는 후일 14연대 반란과 관련하여 책임을 면할 수 있는 전화위복의 기회가 되었습니다.

박진경 연대장 피살 이후, 7월로 접어들면서 제주도민은 밤낮으로 공포에 떨어야 했습니다. 밤이면 산사람이 두려워 울담 밑이나 돼지막 같은 데서 숨어 지내다가 새벽에야 집에 들어오면 경찰서에 호출될까 봐 집안에 앉아 있을 수도 없었습니다. 그렇다고 들녘에 나가자니 공비의 납치가 무서워 안절부절못하다가 쥐 소리만 나도 가슴이 철렁 내려앉았습니다. 4월 이후 7월까지 좌우 양측의 틈바구니에서 양민들도 수천 명 죽었지만, 군경합동 소탕작전에 산사람도 한풀 꺾일 만큼 섬멸되어 7-8월에는 상황이 눈에 띄게 달라졌습니다.[157]

---

156) 이세호, 「한길로 섬겼던 내 조국」(대양미디어, 2009), 121, 132-135.
157) 「四三眞相」, 75.

「제주도인민유격대 투쟁보고서」 5-6쪽에는 "약 4,000명의 병력으로써 국경(국방경비대)과의 충돌을 피하며 그들의 포위토벌을 수포로 돌아가게 하는 동시에, 일면으로는 국경(국방경비대) 내부의 충돌 특히 대내 최고악질반동인 박진경 연대장 암살과 탈출병 공작을 추진, 그동안 쓰라린 퇴격전술에 의하여 상당한 우리 쪽의 피해도 있었으나, 6월 18일 오전 3시쯤을 기하여 대내에서 박 연대장이 암살되자 적은 결정적인 타격을 입어 6월 17일까지의 제 4차 공격을 최후로 산 공격을 단념, 이후 주로 중산촌 부락을 습격하면서 그들이 퇴각하게 됨에 따라 우리의 전술은 여기에 성공을 보게 되었음."이라고 밝혔습니다.

(3) 최경록 연대장을 암살하려는 문상길의 음모

1948년 6월 18일 박진경 연대장이 갑자기 암살되고 곧바로 6월 21일 후임으로 최경록 연대장이 부임하였으며, 그는 약 1개월간에 걸쳐 제주도 소요사태 진압을 위한 토벌작전을 수행하였습니다. 제11연대(본부 및 1개 대대)는 7월 24일 수원으로 복귀하였으며, 5연대 1개 대대와 6연대 1개 대대로 9연대를 재편성하여 임무를 수행하게 하였습니다.

최경록 연대장은 제주도에 부임하여 박진경 연대장의 암살범을 체포하고 나서 장병들의 정신교육에 치중하면서 다음과 같은 토벌작전을 실시하였습니다.[158]

① 반도와 주민을 분리하기 위하여 피난민수용소를 설치하고 초토화된 작전지역의 피난민을 수용하였다.

② 수용된 용의자들에게 선무교육을 실시하여 사상을 선도하였다.

---

[158] 「제주도 4·3사건」, 88-89.

③ 산중에 입산한 주민들도 선무공작으로 하산시켜 반도가족들과 양민들을 분리시켜 재생의 기회를 주었다.
④ 해안선 부락은 이미 축성중인 방벽을 조속히 완료하여 부락 '자위대'에게 치안을 유지시켰다.
⑤ 반도와 민중을 완전 분리시키고 반도들의 근거지를 산중으로 몰아넣었다.

최경록 연대장은 부임 이후 경찰과 경비대를 총동원하여 360개 오름을 뒤져 1,454명의 좌익들을 연행하여 600명을 기소하고, 나머지는 수용소에 보냈습니다. 군경의 합동 작전으로 공비들이 잠잠해진 후 최경록 연대장의 후임으로 송요찬 소령이 임명되었습니다. 총사령부에서는 제 11연대 철수 후 350명(2개 중대)을 제 9연대에 배속하여(1948.8.14) 토벌작전을 강화시켰습니다.

한편 최경록은 부임할 때 독일산 셰퍼드를 잠자리 옆에 꼭 두었는데, 그 이유는 경호원도 부관도 당번도 누가 좌익인지 몰라 언제 뒤통수를 칠지 모르나 개는 주인에게 뒤통수를 치지 않기 때문이라는 것이었습니다. 후일 문상길 중위는 최경록 연대장을 박진경 연대장처럼 암살하려고 두 차례나 시도했지만, 최 연대장이 데리고 있는 개 때문에 실패했다고 실토한 바 있습니다.[159]

(4) 포로수용소장이 된 오일균 소령의 음모

오일균 소령(1926년 1월 11일생)은 충북 청원 현도면 우롱리 출신으로, 청주중학을 졸업, 일본육사 61기 출신이며 육사 생도대장을 지냈습니다(군번 10072). 오일균 소령은 군에 침투한 남로당의 핵심

---
159) 「제주 사람들의 설움」, 463.

분자로, 4·3사건 진압차 부산 5연대 휘하 제 2대대를 제주 9연대로 편성할 때 대대장으로 파견된 자입니다. 오일균 대대장이 제주 9연대로 파견된 것은 불난 제주도에 휘발유통을 보낸 것과 다를 바 없었습니다.

제주 9연대 2대대장
(남로당 군사부장)
오일균 소령
[출처] 육사 3기 졸업앨범 内

오일균 소령은 남로당원이었는데, 처음 부산 5연대에서 파견되었을 때부터 주민의 신고가 들어와도 훈련 상태가 미흡하다는 이유로 출동하지 않았습니다.

박진경 암살 사건 후 최경록 연대장이 부임하자, 오일균 소령은 집중 수색을 견디다 못해 대대장직을 사임하고, 자원해서 포로수용소장을 지원해 부임하였습니다. 그곳에서 오일균은 일반 양민을 대신 수감하고 시위에 가담한 자들을 합법적으로 석방하여 인민유격대의 김달삼에게 보내는 음모를 꾸몄습니다.

이 사실은 한 양민이 송요찬 연대장에게 자신의 억울함을 풀어 달라고 보낸 진정서에 의해 발각되고 말았습니다. 송요찬 연대장이 수용소를 직접 순시하여 그것이 사실임을 확인하였고, 오일균은 곧 보직에서 해임되었습니다. 오일균은 연행되어 이 사실에 대해 거짓말을 계속하다가 결국 솔직히 자백하여 군법회의에 넘겨졌고, 보안법에 의해 사형을 선고받아 1949년 2월 수원에서 총살당했습니다. 그는 일본 육사의 마지막 기인 제 61기에 입교했으나 4개월 만에 해방되어 돌아와서 군사영어학교를 졸업, 경비대에 들어온 후로는 박헌영의 지령을 받다가 박헌영이 월북하자 김삼룡과 접선을 해 왔었습니다. 당시 남로당의 군 총책은 오일균과 김종석 두 사람인데, 그는 군내에서 좌익을 포섭하는 조직책이었습니다. 그는 경비사관학교 생도대장을 지내는 동안, 제 3기 중에서 문상길을 비롯한 수십 명을 포섭하였고, 그가 옮겨가는 곳에서는 군내에 공산당이 자리를 잡곤 했습니다. 창군 때부터 여순 사건이 일어나기까지 군 내부의 공산당 조직은 모두 오일균에 의하여 이루어진 것입니다.[160]

중앙일보 1982년 12월 16일자에 장창국이 쓴 「육사졸업생」이라는 글을 보면, 제주도 4·3사건에서 11연대장 박진경 대령을 죽인 자가 문상길 중위와 최 모 상사였는데, 최 모 상사는 제주에 있던 11연대(연대장 박진경)의 오일균 대대 소속이었다고 기록하고 있습니다.[161] 또한 같은 글에서 "김학림, 강필원 등은 숙군 때 총살을 당했다. 김학림은 사관학교의 구대장으로 발령받아 근무했었는데 생도대장 출신 오일균 소령, 조병건 소령 등과 함께 군내의 좌익 핵심으로 활약했다. 3기 후보생들에게 신상파악을 이유로 밤마다 불러 좌익 사상교육을 실시한 것 등 활동 사실이 적발됐었다."라고 기록하고 있습니다.

(5) 한의사를 통해 총과 실탄을 빼돌린 김창봉 대위

제주 9연대 내에 오일균, 문상길, 이윤락 외에 2대대장 김창봉 대위(육사 5기)도 남로당원이었는데, 최경록 연대장이 부임했을 때 그의 꼬리가 잡히고 말았습니다.

손영로 중대장이 "폭도들이 조천 마을을 습격하고 있으니 빨리 오라"라는 조천지서의 다급한 지원요청을 받아 중대원들을 이끌고 출동했는데, 김창봉 대대장은 상관의 명령 없이 움직였다고 지나치게 호통을 쳤습니다.

---

160) 「제주 사람들의 설움」, 463.
161) 「제주 사람들의 설움」, 157.

이를 수상히 여긴 손영로 중대장은 비밀리에 정보과 김두현 소위에게 김창봉 대대장의 뒷조사를 부탁하였습니다. 김두현 소위는 김창봉이 조천리의 큰 부자 한의사와 평소 은밀히 만나는 것을 알아내고, 부하 5명을 데리고 한의사의 집을 덮쳐 조사하여 증거물을 찾았습니다.

한의사는 처음에는 끄떡도 하지 않다가, 부인과 자식들을 붙들어다 위협하자 모든 것을 실토하였습니다. 그는 김창봉 대위로부터 총과 실탄을 받아 공비들에게 공급하였고, 9연대 작전 기밀도 빼돌렸습니다.

김두현 소위는 이 사실을 송요찬 연대장에게 보고하였고 헌병대 1개 소대를 데리고 가서 김창봉 대대장을 체포하였습니다. 김창봉은 군법에 넘겨져 사형 당하였습니다.

(6) 해주인민대표자대회에 참석차 월북한 김달삼

'1948년 8월 25일'은 북한의 조선민주주의인민공화국이 창건되기 전에 선거가 치러진 날입니다. 공산당의 지도자들이 모인 가운데 선거는 남북한을 통틀어 해야 한다고 합의하여, 남한에서도 각 시·군에서 5-7명의 대표자를 최고인민대의원으로 선출하자고 결정하였습니다. 인구비례에 따라 남한에서는 360명, 북한에서는 212명을 선출하기로 했습니다. 이에 따라 박헌영은 김삼룡에게 "이남에서 비밀리에 선거인의 선거를 하여 대표자를 해주까지 파송하라."라는 지시를 내렸습니다.[162] 이에 남한에서는 각 시·군 대표 대의원 1,080명을 선출하여 해주에 보내기로 했습니다. 7월 중순부터 남로당, 전평, 전농, 민애청 등이 중심이 되어 전국적인 남로당 지하 선

---
162) 「박헌영」, 207-208.

거가 시작되었습니다. 남로당 전권위원이 8만여 명에 이를 정도였습니다. 남로당 전권위원들이 전남, 강원, 경북, 경남 등 산간마을에까지 찾아가 밤에 마을 사람들을 모아 놓고 선거에 대해 설명하고 투표를 실시하여 지역대표를 선출하였습니다.163) 그 결과 남한의 총 유권자 8,681,746명 중 77.52%, 즉 약 670만 명이 지하 선거(북한 8·25선거)에 참여하였고, 대의원 1,080명이 당선되었습니다.164) 김달삼은 52,350여 명의 투표용지를 해주 대회까지 가지고 갔습니다.165) 이때 제주도 대표 대의원으로 안세훈, 김달삼, 고진희, 문등용, 강규찬, 이정숙 등 6명이 함께 갔고, 김달삼은 최고인민회의에서 제주도 사건의 진상을 보고하여 대의원들의 열광적인 갈채를 받았습니다.

이렇듯 남한에서는 지하 선거를 통해서, 북한에서는 흑백함 선거를 통해서 선출된 최고인민회의 대의원들이 9월 2일부터 평양에 모여 인민공화국 창건을 위한 이른바 '조선최고인민회 제 1차 회의'를 열었습니다. 이 회의에서 김달삼은 김일성, 허헌 등과 함께 49명의 조선민주주의인민공화국 헌법위원회 헌법위원으로 선출되었으며, 이때 김달삼은 국기훈장 2급 훈장을 받았습니다.

그리고 9월 9일 김일성을 수상으로, 박헌영, 홍명희, 김책을 부수상으로 하는 조선민주주의인민공화국의 수립이 선포되었습니다.166)

---

163) 「제주 4·3사건 진상조사보고서」, 237.
164) 「제주도인민들의 4·3무장투쟁사」, 154.
165) 제민일보취재반, 「4·3은 말한다 Ⅲ」, 259.
"해주 대회장 앞에 쌓여 있던 남한 각 지역의 연판장 뭉치를 찍은 사진이었다. 이 뭉치더미 속에는 제주란 이름이 쓰여진 것도 있었다. 거기에는 서명자 숫자가 52,350명으로 표시되고 있다."
166) 제민일보취재반, 「4·3은 말한다 Ⅲ」, 261.

7. 제주 인민유격대 제 2대 사령관 이덕구의 선전포고

The declaration of war by Lee Duk-goo, the second unit commander of Jeju People's guerrilla unit

(1) 인민유격대 제 2대 사령관 (1948.8-1949.6.7)

　남로당원 김창봉 대위가 잡히고, 문상길 중위가 박진경 연대장 암살혐의로 잡혀 사형을 선고받았으며, 또 오일균 소령은 대대장직을 사임하였고, 제주 인민유격대 제 1대 사령관 김달삼은 최경록 연대장의 대대적인 진압 때문에 꼼짝 못하고 산 속 깊은 곳에 숨어 있었습니다.

　그러던 중 김달삼은 북한의 8월 25일 선거를 위해 해주 인민대표자대회에 참석하라는 이북의 지령을 받고, 8월 2일 성산포에서 어선을 타고 목포에 도착하여, 열차편으로 서울에서 모여, 38선을 넘어 월북하였습니다.

　제주 인민유격대는 북으로 올라간 김달삼이 북한으로부터 무기를 지원받아 곧 내려올 줄 알고 고대하였습니다. 뿐만 아니라 북한 인민군이 내려와서 자신들을 도와 이승만 세력을 곧 무너뜨리고 남한이 해방될 것이라는 낙관적인 확신에 차 있었습니다. 이러한 사실은 「이제사 말햄수다-4·3증언자료집Ⅰ」197쪽에 기록된 이운방[167] 씨의 증언에서 확인됩니다.

　「남부군(이태의『남부군』)에 간호병의 말에도 나왔듯이, "인민의 군대는 지지 않아요." 우리는 사실 그런 확신을 가졌어. 인민의 군대가 오면 승리할 것이라는. 이승만 세력은 곧 무너진다는 확신을 가졌기 때문에 조국통일은 금방 될 것이라 생각했어. 당시 활동하는 대부분 사람들의 생각이었지. 그런 확신이 있으니까 일을 한 것이지, 그런 낙관 없이 어떻게 일을 하겠나. 그때는 내려오면 이길 것이라고 생각했고, 남침이니 북침이니 그런 말은 염두에 없었고 그들이 이남을 해방시키는 것은 의무라고 생각했지. 1950년 6월 25일이 너무 늦다고 생각했어. 왜 더 빨리

---
[167]　8·15 광복 이후 대정면 인민위원회 선전부장, 1946년부터 대정면 남로당 책임자

내려오지 않는가 하고. 이 말은 그때 생각이 그랬다는 거요.」

그러나 기대와 달리 김달삼은 아무 소식도 없었고, 북한에서는 무기공급을 전혀 하지 않았습니다. 「이제사 말햄수다-4·3증언자료집 Ⅰ」232쪽에서 밝힌 이운방 씨의 증언에 의하면, "밀항선을 이용하고 김달삼을 안내인으로 한다면 무기 탄약의 원조쯤은 그리 곤란한 일도 아니었다. … 그러나 무기의 원조는커녕 두 사람의 지도자까지 눌러 두고 있었으니 제주 유격대 측의 입장에 선다면 더욱 괴상스러운 처사라 아니할 수 없겠다."라고 기록하고 있습니다.

제주 인민유격대
제 2대 총사령관 **이덕구**

그리하여 김달삼을 이어 이덕구가 제주 인민유격대 제 2대 사령관직을 맡았습니다.

이덕구는 제주도 조천면 신촌리 사람으로, 일본 경도에 있는 입명관대학 재학 중 학도병으로 일본군에 입대하였습니다. 일본군의 관동군 소위로 임관한 장교였으므로 조천면에서는 지식이 높은 사람으로 인정받았습니다. 해방 직후 일본 육군 소위로 귀국하여 조천면 민정 책임자를 맡았습니다.

1946년 3월에 개강한 조천중학원에서 1947년 3월 총파업 이전까지 역사와 체육 담당 교사로 근무하였습니다. 그러던 중 1947년 3·1 사건 후 검거되어 옥살이를 하였습니다. 1947년 여름 돌연 자취를 감추고 한동안 조천면 사돈집에서 숨어 지내던 그는 남로당 간부회의 도중 검거됐다 풀려난 뒤 한라산에 입산, 4·3사건 발발 후 김달삼 밑에서 행동대장으로 있다가 김달삼의 월북 후 사령관을 맡게 된 것입니다.

정부는 4·3사건이 거의 진압되는 듯하여 안심하였으나, 이덕구가 새로운 인민유격대 사령관이 된 후, 7-8월을 지나면서 지서 습격과 경찰관을 비롯한 인명 살상이 점점 늘어나, 한동안 잠잠했던 제주도는 또다시 사건의 불길이 크게 타올랐습니다. 이덕구는 토벌대를 단번에 섬멸하고 제주도를 해방시키겠다며 1948년 9월 15일을 기점으로 경찰과 국군과 우익인사들을 공격하기 시작하였습니다.

(2) 1948년 9-10월, 인민유격대의 학살과 만행

최경록 연대장의 집중 진압으로 인민유격대의 세력이 잠시 주춤하는 듯했으나 9월부터는 공세가 강화되어 큰 사건으로 번져 갔습니다. 지도자를 자처하던 간부급들이 없어지는가 하면, 평양에서조차 제주에서 큰 사건들이 계속적으로 이어지는 것을 달가워하지 않는 상황에서, 이덕구는 가을부터 겨울까지 수차례에 걸쳐 돌격을 밀어붙였습니다. 이는 제주 인민유격대가 북으로부터 원조가 끊긴 상태에서 국군의 토벌작전으로 숨통이 조여 오는 가운데 이제는 생존을 위해서라도 돌격 투쟁을 감행하지 않으면 안 되는 위기상황이었기 때문입니다.[168]

1948년 9월 15일 중문면 도순리에 살고 있던 대동청년단원 문두천을 칼로 난자하여 학살한 것을 계기로 이덕구의 본격적인 공격이 시작되어, 15-18일에는 제주도 전역에서 4명이 피살되었고, 9월 17일에는 김녕리의 경찰지서가 방화되었고, 9월 18일에는 서광리에서

---

[168] 「이제사 말햄수다-4·3 증언자료집 Ⅰ」, 232.

부락민 약 12명이 납치되었으며, 9월 18일에 함덕리 주민 30명이 봉화신호를 올리는 데 동원되었습니다.[169]

- 9월 18일, 성산면 고성 2구 민보단장 김만풍의 집에 들이닥쳐 김만풍을 칼로 찔러 학살하였고, 양민 오만순(37세)을 학살하였다.
- 산사람 7명이 대검을 들고 설치며 이한정의 집에 찾아왔을 때 즉시 조밭으로 달려가 거기서 일하는 할머니의 등 뒤 치마 속으로 숨어 목숨을 건졌다. 특공대장 박인주는 도망쳤으나 곧 붙잡아 대검으로 찔러 현장에서 학살하였다.
- 10월 1일, 제주읍 도남리 토벌에 앞장선 대청단장 등을 잡기 위해 장례식장에 잠입하기로 하고, 국군 복장으로 위장한 후 국군부대가 가까운 오등리 장지로 향하였다. 오후 3시경 철모에 M1 소총을 멘 군복을 입은 국군 3명과 양복을 입은 4명이 장례식장에 나타났다. 이들은 정병택(22세)과 그의 아버지 정익조와 전 구장 김상혁(60세)을 조사할 일이 있으니 부대로 가자며 끌고 가 장지와 부대에서 멀리 떨어진 곳에서 학살해 버렸다.
- 10월 1일, 밤중에 중문면 도순리의 경찰들을 집중 공격하였다. 한밤중에 총소리가 천지의 어둠을 갈랐다. 정찬수, 박흥주, 최영규, 김병호 등 경찰 5명이 죽었고, 부상자가 속출하였으며, 경찰 2명이 납치되었다. 나머지 경찰들은 수수밭에 숨었다가 겨우 살았다.
- 10월 6일 오후, 40여 명이 비밀리에 구좌면 김녕리로 가다가 20명의 경찰과 맞닥뜨려 총격전을 벌였다.
- 10월 6일 오후 3시 30분, 색달리에서 약 40명과 국군 간에 전투가 벌어져 국군 1명이 전사하고 4명이 부상당했다.
- 10월 7일, 200여 명이 몰려와 조천지서 앞에서 '경찰은 물러가라'는 시위를 하였다.

---

[169] 「제주도 4·3사건 Ⅳ」, 184.

(3) 1948년 10월 11일, 제주도경비사령부 설치

제주도 사건이 어느 정도 진압된 줄 알았는데 다시 경찰을 습격하여 많은 사상자가 발생하자, 정부는 큰 충격을 받고 1948년 10월 11일 제주도에 경비사령부를 설치하였습니다. 제 9연대 1개 대대, 제 6연대 1개 대대, 제 5연대 1개 대대, 해군함정 및 제주경찰대를 총동원하여 토벌작전을 단행하였습니다. 그리고 최종적인 대토벌작전을 실시하여 제주도 사건을 완전히 종식시키려는 의도에서 여수 14연대 1개 대대를 9연대에 배속시키고자 했습니다. 제주도경비사령부 사령관으로 제 9연대의 상급부대인 제 5여단의 여단장 김상겸(金相謙) 대령이 임명되었으나, 1948년 10월 19일 여수 순천 사건이 일어나 8일 만에 해임되었고, 제주도경비사령관직은 제 9연대장 송요찬이 겸직하였습니다.[170] 이로써 송요찬은 진압군의 총책임자가 되었습니다.

(4) 1948년 10월 17일, 무허가통행금지 포고령

송요찬 연대장은 10월 17일 포고문을 발표하여 해안으로부터 5km 이상 중산간(中山間)[171] 지역으로의 통행을 금지하고 특별 통행증을 발급받은 주민만 통행할 수 있게 하였습니다.[172]

이는 1948년 11월 17일 제주도지구에 계엄이 선포되기 전에 실시된 것입니다. 이 포고문은 주로 중산간 마을 거주자에게 해당되는 것으로, 무허가로 통행하는 자는 이유 여하를 막론하고 총살에 처한다는 특별한 작전이었습니다.

---

170) 「제주도 4·3사건 Ⅳ」, 215-216.
171) 한라산과 제주 해변의 중간 지역인 숲이 많은 곳으로, 산사람에게 유일한 은신처와 안식처이자 온갖 활동의 중계 루트 역할을 해 주는 제 2의 보급선이었다.
172) 「제주도 4·3사건 Ⅳ」, 217-218.

<1948년 10월 17일자 송요찬 제 9연대장의 포고문>

「본도의 치안을 파괴하고 량민의 안주를 위협하여 국권침범을 기도하는 일부 불순분자에 대하여 군은 정부의 최고지령을 봉지하여 차등 매국적 행동에 단호 철퇴를 가하여 본도의 영원한 평화를 유지하며 민족만대의 영화와 안전의 대업을 수행할 임무를 가지고 군은 극렬분자를 철저 숙청코저 하니, 도민의 적극적이며 희생적인 협조를 요망하는 바이다.

군은 한라산 일대에 잠복하여 천인공노할 만행을 감행하는 매국적 극렬분자를 소탕하기 위하여 10월 20일 이후 군행동종료기간 중 전도 해안선부터 5킬로 이외의 지점 및 산악지대의 무허가통행금지를 포고함.

만일 차 포고에 위반하는 자에 대하여서는 그 이유여하를 불문하고 폭도배로 인정하여 총살에 처할 것임.

단, 특수한 용무로 산악지대 통행을 필요로 하는 자는 그 청원에 의하여 군발행 특별통행증을 교부하여 그 안전을 보증함.」

(5) 1948년 10월 24일, 대한민국을 상대로 한 이덕구의 선전포고

1948년 10월 23일 이덕구와 그의 세력들이 제주시가로 사격을 가하고 제 9연대의 지프차를 공격하는가 하면, 제주도 북방의 50여개 처에 봉화가 점화되었고, 처처에서 집단회의가 개최되었으며, 북한의 조선인민공화국기가 곳곳에 게양되었습니다(재조선 미육군사령부의 1948년 10월 2일자 정보참모부 일일보고서 기록). 그리고 다음날인 1948년 10월 24일 이덕구는 정부와 군경당국에 대해 '선전포고문'을 발표했습니다.

김봉현·김민주 공편「제주도 인민들의 4·3무장투쟁사」165-167쪽에서는 선전포고문에 대하여 다음과 같이 밝혔습니다.

이에 따라 제주도 인민유격대는 총책임자 이덕구 명의로서 동년(※1948년) 10월 24일 괴뢰정부에 대한 선전포고문과 일체의 토벌군과 통치기관들에게 '호소문'을 광포하였다. ...<국방군,경찰관>들에게의 '호소문'은 대략 다음과 같은 것이었다.

> 친애하는 장병 경찰관(警察官)들이여!
> 총부리를 잘 살펴라! 그 총이 어디서 나왔느냐?
> 그 총은 우리들의 피, 땀으로 이루어진 세금으로 산 총이다!
> 총부리란 당신들의 부모, 형제, 자매들 앞에 쏘지 말라!
> 귀한 총자 총탄알 허비 말라!
> 당신네 부모, 형제, 당신들까지 지켜준다!
> 그 총은 총 임자에게 돌려주자! 제주도 인민들은 당신들을 믿고 있다!
> 당신들의 피를 희생으로 바치지 말 것을! 침략자! 미제를 이 강토로부터 쫓겨내기 위하여!
> 매국노 이승만 악당을 반대하기 위하여!
> 당신들은 총부리를 놈들에게 돌리라!
> 당신들은 인민의 편으로 넘어가라!
> 내 나라, 내 집, 내 부모, 내 형제 지켜주는 빨치산들과 함께 싸우라!
> 친애하는 당신들은
> 내내 조선인민의 영예로운 자리를 차지하라!

이덕구의 선전포고(1948년 10월 24일)는 소련의 10월혁명을 기념하고, 특히 1948년 10월 19일 일어난 여수 순천 사건으로 기세가 등등하던 차에 단행된 것이었습니다. 인민유격대 사령관 이덕구의 명의로 대한민국 정부에 대항하여 정식으로 선전포고를 했다는 것과, 대한민국 정부를 괴뢰정부라고 칭한 것만 보아도 이덕구의 선전포고는 남한 정부를 전복시키려는 내란죄에 해당하는 것입니다. 결정적으로 선전포고 후에 제주도 인민유격대가 국군 9연대 6중대를 공격한 사건(1948년 11월 2일)을 계기로 대한민국 정부는 1948년 11월 17일 제주도 전역에 계엄령을 선포할 수밖에 없었습니다.

(6) 인민유격대와 내통한 제9연대 내 비밀조직 발각(10월 28일)

군의 토벌작전이 진행되는 동안, 남로당의 세포조직이 군에 침투하여 인민유격대 측에 토벌대의 정보를 누설해 군의 작전수행을 어렵게 하는 일이 비일비재하였습니다.

문상길 중위와 오일균 소령이 사라진 뒤에 등장한 9연대 내부의 남로당 프락치는 구매과장 육사 4기 출신 강의현 소위였습니다. 최경록 중령 후에 송요찬 중령이 연대장으로 부임했을 때, 강의현 소위는 문상길과 오일균이 그랬듯이 송요찬 연대장을 암살하고 9연대를 반란군으로 만들어 제주도를 공산화할 계획을 세우고 있었습니다.

송요찬 연대장은 군 내부에 있는 남로당원 색출을 위해, 일부 병력을 여순 시위대로 위장시켜서 조천면에 상륙토록 하고 시위대들이 이들을 환영하는 것을 포착할 때 섬멸하려는 계획을 세우고, 이 작전을 5중대 이근양 중대장에게만 비밀리에 지시했습니다. 그리고는 경찰국장 홍순봉 경무관에게 국군이 시위대로 위장하여 상륙하니 놀라지 말라고 통보해 주려고 수화기를 들었는데, 교환병 중 좌익분자들이 전화선을 합선시켜 작전이 저들에게 누설된 사실을 알게 되었습니다.

송요찬 대령은 그 즉시 연대 교환병과 경찰 교환수를 모조리 체포, 조사하여 9연대 안에 남로당원 장교 6명과 사병 80명을 유치장에 잡아 가뒀습니다. 그 중에 장 중위, 권 중위와 그 외 하사관들은 명령만 있으면 언제든지 연대장을 암살할 태세를 갖추고 있었다고 자백했습니다.[173)]

(7) 1948년 11월 2일, 인민유격대의 제주 9연대 6중대 공격

여수 14연대 사건이 성공하였다는 소문이 퍼지자 인민유격대의 기세는 하늘을 찌를 듯했습니다. 지금까지 제대로 국군을 공격해 본 적이 없던 그들은 이제 국군을 공격하기 위한 대담한 작전계획을 세웠습니다. 그리고 1948년 11월 2일, 대낮에 제주 한림에 주둔한 9연대 2대대 6중대를 공격하여 국군 14명이 순식간에 숨졌고, 이 보고를 받고 3중대가 2개 소대를 이끌고 도착했는데 7명이 전사하여, 당일에 총 21명의 국군이 숨지고 부상자가 속출했습니다.

인민유격대의 막강한 세력에 깜짝 놀란 국군은 강경진압으로 대처하였습니다. 만일 군에 대한 그들의 공격이 없었다면, 국군이 그들을 죽일 이유가 없었습니다. 1948년 4월 3일부터 7월 말까지 국군 9연대(혹은 11연대)는 제주도 양민을 한 사람도 죽이지 않았습니다.

2개 중대가 엄청난 피해를 보았으므로, 대대장은 5중대장 이근양 대위에게 저들의 매복에 걸리지 말고 조심스럽게 소탕할 것을 명령하였습니다. 3시간 가까이 수색하여 중산간 지역의 민가에 숨어 있는 자들을 발견하고, 날이 새기를 기다렸다가 오전 6시 30분경, 2개 방면에서 공격을 개시하여 30분간 집중사격을 가하였습니다. 이때 100여 명의 시위자들이 죽고, 부상당한 몇 명을 포로로 잡았습니다.

이후 송요찬 연대장은 9연대와 경찰을 총동원하여 보급창, 무기수리공장, 식량창고 등은 경찰에 맡기고, 국군은 그들의 아지트를 기습하도록 하였습니다. 창고에는 겨울을 나기 위한 어마어마한 식

---

173) 「제주 사람들의 설움」, 409.

량과 물자가 쌓여 있었는데, 중대 선임하사들은 그것이 중산간 마을의 주민들 중에 내통자가 있기 때문임을 알고 그들을 찾아내어 처형하자고 강력하게 건의하였습니다.

100여 명이 죽고 겨울 식량을 많이 빼앗긴 이덕구는, 중문지서를 집중공격하고 면사무소의 양곡을 탈취하여 겨울준비를 계획하였습니다. 11월 5일 새벽 3시, 인민유격대 150여 명이 중문지서를 집중 공격하여 면사무소의 곡식을 털어 갔습니다. 서귀포경찰서에서 중문지서를 돕기 위해 트럭 1대에 30명이 전속력으로 달려왔는데, 그들의 매복에 걸려 집중사격을 받아 운전수 오유삼이 다리에 총을 맞고 기관총사수 김재환이 총을 맞았으며, 분대장 김남군 경사는 총에 맞아 즉사하였습니다. 모슬포 3대대도 연락을 받고 중문지서 못 가서 색달동산에 이르렀을 때 그들의 매복에 국군 1명이 전사하였습니다.

인민유격대는 11월 7일 아침 7시, 서귀포경찰서를 공격하였고, 주변에 있는 72채의 가옥에 불을 질렀습니다. 11월 11일에는 신엄지서를 습격하고 우익 김여만의 처 고선집과 딸과 아들을 모두 죽이고, 이 마을 80채의 가옥에 불을 질렀습니다.

(8) 제주도경찰국 내의 인민유격대 내통 비밀조직의 발각 (11월 7일 제주도 적화음모 사건)

남로당은 경찰 간부들을 모조리 죽이고 제주도 내에 있는 4개 경찰서를 모두 점령하여 제주도를 공산화하겠다는 대대적인 적화야욕을 품고 있었습니다. 이것이 1948년 11월 7일에 일어난 이른바 11·7사건이라는 제주도 적화음모 사건입니다. 남로당이 이날을 기해 경찰에 침투되어 있는 프락치들로 하여금 무기고를 점거, 탈취케 하고 전 경찰과 사회저명인사, 우익정당 및 사회단체 간부들을 살해한 다음 각 관공서를 모조리 불태워 제주도를 완전히 장악한다는 흉계를 꾸민 것입니다.

이는 4월 3일의 경찰공격 사건에 이어, 제주도 전역을 장악하려던 남로당의 두 번째 시도였습니다. 이 사건은 월간지「신천지(新天地)」1949년 9월호에 "남로당 지령 하에 수 개월간 계획한 전 제주를 완전히 인민공화국화하려던 대음모사건으로서, 여순 사건과 비교할 바가 아닌 대대적 음모다."라고 소개되었습니다.

제주도 적화음모를 계획하게 된 직접적인 동기는 여수 순천 사건이었습니다. 저들은 어리석게도 여순 지구의 인민유격대가 장차 제주도에 상륙하여 자기들과 합세할 것이라는 풍문에 속아 공산혁명을 위한 결정적 시기가 왔다고 착각했던 것입니다. 만일 이 음모가 실제로 이루어졌다면 제주도는 또 한 차례 비극을 겪어야 했을 것입니다.

제주경찰서 내부의 남로당원을 검거하게 된 계기는 바로 경찰서 구내 이발소에서 근무하던 프락치 서용각의 신고였습니다. 그는 자신의 행동에 대해 회의를 느끼고 있었는데, 합동통신의 김 기자로부터 "이제 곧 제주도가 해방된다. 지금 산으로 올라가라. 산에 연락해 두었으니 영웅 대접을 받을 것이다"라는 말을 듣고 뭔가 큰일을 꾸미고 있다는 것을 알게 되었습니다. 번민하던 그는 평소 친하게 지내던 위생계장 고창호에게 이 사실을 털어놓았고, 음모의 전모가 상부에 보고된 것입니다.

그 결과, 좌파 경찰 11명, 도청, 법원, 읍사무소, 해운국 내의 좌익 75명이 잡혔습니다. 그 뒤로 수사가 한 달여 동안 계속되면서 서귀포 등 제주 일원에서 1,000여 명의 가담자를 검거하였습니다. 이후 상부에서는, 제주도 출신 경찰과 국군은 도저히 그 사상을 믿을 수 없다고 판단하여, 제주도 내 특별수사대 12명을 모두 육지 출신으로 교체하였습니다.

(9) 1948년 11월 17일 계엄 선포

이덕구가 사령관이 되면서 처음 일으킨 9·15사건 후 10월 24일부터 인민유격대의 공격은 거침이 없었습니다. 제주 9연대 강의현 소위 등 80여 명의 남로당원 반란모의가 실패(10월 28일)하였고, 75명의 좌익 경찰과 좌익 공무원들의 제주도 적화음모도 실패(10월 31일)하였습니다. 그러나 인민유격대의 국군 9연대 6중대 공격으로 중대장 이하 21명이 사망(11월 2일)하였습니다. 국군의 많은 희생과 좌익의 거침없는 활동으로 제주도가 공산화되려는 위기에 처했다는 보고를 받은 정부에서는 11월 17일 계엄령을 선포하였고, 국군은 강경진압작전을 전개하였습니다.

이덕구의 선전포고(1948년 10월 24일)와 인민유격대가 국군 9연대 6중대를 공격한 사건(1948년 11월 2일) 때문에, 정부에서는 1948년 10월 25일 여수 순천 지구에 대통령령 제 13호 계엄을 발표한 데 이어, 제주도에도 1948년 11월 17일 대통령령 제 31호 '제주도지구 계엄선포에 관한 건'이란 제하에 계엄을 선포하였습니다.[174]

---

174) 「제주 4·3사건 진상조사보고서」 208-292쪽에는 제주도 계엄령이 불법이라고 하면서, 계엄령을 내린 원인은 기록하지 않고 강경진압작전과 계엄령을 내린 것이 마치 아무 잘못이 없는 제주도 사람들을 학살하기 위한 것으로 기록하고있다. 2001년 4월 27일 대법원 확정판결에 "계엄선포 행위 자체가 아무런 법적 근거 없이 이루어진 불법적인 조치였다고 단정하기 어렵다"라고 판결함으로 계엄령이 합법적이었음이 밝혀졌다

계엄령 선포 내용은 다음과 같습니다.

> **국무회의 의결을 거쳐 제정한 제주도지구 계엄선포에 관한 건을 이에 공포한다.**
>
> 　　　　　　　　　　　　　　　　　　　　　대통령 李承晩
> 　　　　　　　　　　　　　　　　　　　　　단기 4281년 11월 17일
>
> 　국무총리 겸 국방부장관 이범석　　국무위원 농림부장관 조봉암
> 　국무위원 내무부장관 윤치영　　　국무위원 상공부장관 임영신
> 　국무위원 외무부장관 장택상　　　국무위원 사회부장관 전진한
> 　국무위원 재무부장관 김도연　　　국무위원 체신부장관 윤석구
> 　국무위원 법무부장관 이　인　　　국무위원 교통부장관 허　정
> 　국무위원 문교부장관 안호상　　　국무위원 무임소장관 이윤영
>
> **대통령령 제 31호 제주도지구 계엄선포에 관한 건**
> 　제주도의 반란을 급속히 진정하기 위하여 동 지구를 합위지경으로 정하고 본령 공포일로부터 계엄을 실행할 것을 선포한다. 계엄 사령관은 제주도 육군 제 9연대장으로 한다.

　이덕구의 선전포고문 발표 이후 군경의 토벌대는 강경진압작전을 전개하였고, 인민유격대와 협조원들을 대대적으로 체포하여 투옥 및 처형하였으므로, 제주도 남로당은 그 조직이 궤멸될 정도의 결정적인 타격을 입게 되었습니다.

　특히 1948년 11월 17일 이후 12월 31일까지의 계엄선포기간[175]에는 제 9연대의 토벌작전이 치열하게 전개되어 인민유격대는 많은 피해를 입었으며, 일반주민이 체포·구금되거나 현장에서 즉결처형되는 사례가 급증하였습니다. 많은 사람이 계엄고등군법회의에 회부되어 사형언도를 받은 자들은 후에 처형되고, 징역형을 받은 사람은 육지의 형무소로 이송되어 복역하였습니다.

---

175) 「제주도 4·3사건 Ⅳ」, 241.

그런데 2003년 12월 15일 발간된 정부보고서「제주 4·3사건 진상조사보고서」는, 인민유격대 제 1대 사령관 김달삼을 이어 제 2대 사령관이었던 이덕구가 1948년 10월 24일 대한민국 정부를 향해 <선전포고>한 내용을 계획적으로 삭제하고, 이승만 정부의 계엄령 선포만을 부각시켜, 마치 군경의 강경진압으로 무고한 양민이 학살당한 것처럼[176] 거짓말로 확대 해석하였습니다. 제민일보 4·3 취재반장이었으며「제주 4·3사건 진상조사보고서」의 수석전문위원으로 참여한 양조훈(제주 출신, 제주 부지사 역임)씨가 자신의 저서「제주 4·3은 말한다 Ⅳ」68쪽에서 이덕구의 선전포고 내용을 자세히 다루었지만, 「제주 4·3사건 진상조사보고서」에는 그 사실을 한마디도 언급하지 않은 것이 이를 반증해 주고 있습니다.

(10) 인민유격대의 국군 공격과 진압군의 공격(중산간 마을 피해)

당시 제주의 중산간 마을에는 대체로 남로당 인민유격대를 지지하는 자가 많았는데, 토벌대가 올 때 중산간 마을 밑 부락의 세포원이 먼저 연락을 해 주어, 매복해 있다가 토벌대를 기습하거나 잠적을 해 버려 토벌대를 골탕 먹이기도 했습니다.

송요찬과 진압군은 중산간 마을 방화에 앞서 주민들에게 소개령(疏開令)[177]을 내려 해변 부락으로 내려오도록 했습니다. 송요찬 연

[176) 「제주도 4·3사건 진상보고서」(2003년 12월 15일 발간된 정부보고서) 작성의 기획단장은 박원순 변호사, 진상조사팀의 수석전문위원은 양조훈, 전문위원은 나종삼 장준갑 김종민 박찬식, 조사위원은 김애자 장윤식 김은희 조정희 배성식 박수환 현석이 민은숙 부미선 김정희 정태희 등으로 구성되었다(「제주도 4·3사건 진상보고서」, 615.). 단, 나종삼 위원은 2003년 10월 16일 탈퇴하였다.

177) 공습·화재 등의 피해를 덜기 위해 한 곳에 집중되어 있는 주민·시설 등을 분산시키는 명령

대장은 '산에 있는 사람은 모두 내려오시오. 과거는 묻지 않겠습니다. 만일 내려오지 않은 사람들은 공비로 인정하여 즉시 사살하겠습니다.'라는 전단을 뿌리고 대자보를 전 지역에 붙여 산에 있는 사람들의 자수를 유도한 후에, 토끼몰이식으로 한라산을 뒤졌습니다. 이후 산에서 얼씬거리는 사람이 있으면 공비로 간주하여 무조건 사살하였으므로, 이때 많은 산사람이 죽었습니다. 또한 주민들 중 상당수가 해변 마을로 내려갔으나, 끝까지 내려가지 않고 산간 지역에 은신하다가 목숨을 잃는 경우도 많았습니다.

당시 1948년 11월의 중산간 부락의 소개(疏開)로 인하여 발생된 피해 규모는 재조선 미국육군사령부의 1949년 4월 1일자 「정보참모부 일일보고서」에 (1)완전파괴 부락 45개, 부분파괴 부락 43개, 합계 88개 부락이 파괴되어 이재민이 해안 부락으로 이동하였으며, (2)제주도민 민가의 근 3분의 1 가량이 파괴되고, (3)30만 제주도민의 약 4분의 1이 소개되어 해안 부락으로 이동하였다고 기록되어 있습니다.[178]

또한 제주도 4·3사건의 전 과정을 통해서 생긴 피해는, 제주도 사회계장 김인화(金仁和)의 기고문 "4·3사건 이재민 원주지 복귀상황"(「제주도」, 제8호, 1963년)에서 '피해 부락수 160개, 피해 호수 15,228호, 이재민 80,065명'으로 기록하고 있습니다.

임관호 제주도 지사는 서울신문 1948년 12월 9일자에서 '폭도가 방화한 민가의 소실 동수가 3천 호이고, 특히 11월 하순경에 폭도가 남원리 3백 호와 위미리 4백 호에 방화하여 일시에 소실되었으며, 11월 중에 폭도의 방화가 가장 심하여 서귀포공립중학교와 서귀면사무소를 비롯한 해안부락 1천 1백 호에 방화하였고, 이들 방화로 집을

---

[178] 「제주도 4·3사건 Ⅳ」, 220.

잃고 헐벗은 이재민이 1만 2천 명에 이르며 그 중 8천 명은 긴급원호를 요하는 요구호자들이다.'라고 밝혔습니다.

중산간 부락에서 해안으로 내려온 사람들은 친척이나 아는 사람의 집(심지어는 마굿간까지)에서 추위와 굶주림에 허덕였습니다. 또 이주한 부락의 외곽성에서 부락 주민들과 함께 민보단원으로서 엄동설한에도 보초를 서야만 했습니다. 또한 군경토벌대의 토벌보조원으로서 군경토벌대의 무기, 식량 등의 운송을 비롯하여 토벌작전에 조력해야 했습니다. 그리고 해안 부락의 주민들로부터는 산 사람의 가족이라는 이유로 멸시를 당하였고, 경찰당국의 감시가 계속되었습니다. 뿐만 아니라 부락을 경비하는 중 인민유격대의 습격을 받아 살해당하는가 하면, 때로는 군경토벌대에 의해서 소요가담 혐의자로 체포되어 고문을 당하거나 심지어는 현장처형을 당하는 처절한 고난을 감내해야만 했습니다.

당시 제주도는 인민유격대들에게 협조하지 않으면 그들에 의해 학살과 방화를 당했고, 토벌군의 말을 듣지 않으면 토벌군에 의해 마을 전체가 잿더미가 되어 버리기도 했습니다. 또 토벌군이 인민유격대 차림으로 마을에 들이닥쳐 좌익들을 죽이는가 하면, 인민유격대가 토벌군복을 입고 나타나 토벌군 행세를 하며 우익들을 죽이니, 제주도민은 숨이 막히고 살 길이 막막했습니다. 1948년 10-11월에 인민유격대들의 공격과 군경의 강경 토벌로 제주도민이 당한 피해는 너무도 참혹했습니다.

상황이 이토록 비참하게 전개된 것은, 인민유격대들의 국군공격으로부터 비롯된 것이었습니다. 이덕구가 이끄는 세력들이 국군을 공격하지 않았다면 계엄령도 내리지 않았을 것이고, 진압군이 강경 토벌을 진행시킬 이유가 없었습니다. 그런데 「제주 4·3사건 진상조사보고서」에는 진압군을 살인 만행 집단같이 취급하는 허위보고서를 작성하였습니다. 1948년 4월 3일부터 7월 말까지는 국군 토벌대가 제주도 양민을 죽인 사실이 없다는 것이 이를 입증합니다.[179]

당시의 참혹상은 아래와 같습니다.

- 1948년 10월 23일 오전 6시 30분, 인민유격대 40여 명이 조천면 함덕지서와 조천지서를 공격하여 경찰과 치열한 총격전을 벌이다 도망쳤다. 같은 날 7시 30분 9연대 장교와 사병이 지프를 타고 조천리 쪽으로 가다가 매복 기습을 받고 장교와 사병이 부상을 당하였다. 뒤이어 9시경 제주읍을 향해 접근해 오는 것을 경찰이 격퇴하였다.
- 10월 24일, 애월면 수산리 경찰 김창순(23세)이 피살되었다.
- 10월 26일, 인민유격대들이 잘못하고 있다고 비판하는 고성마을의 김창언을 무참히 학살하였다.
- 10월 26일, 남원면장 양기행(46세)은 인민유격대들을 반대한 것이 화근이 되어 그의 아내 현신춘(45세)과 함께 학살당하였다.
- 10월 27일, 구좌면 하포리 부두형(23세)을 산으로 끌고 가 난자해 학살하였고, 같은 날 그의 부친 부평규(57세)도 학살하였다.
- 10월 27일, 애월지서를 습격, 치열한 총격전이 벌어져 인민유격대 1명이 부상, 경찰 김종석, 손귀현 등이 피살되고 6명이 부상당했다.
- 10월 28일, 애월면 신엄 3구 양영호(37세)와 강병호(24세)를 학살하였다. 11월 7일 강병호의 부친 강위조(45세)가 실종되었다.
- 10월 28일, 조천면 신흥리 김태배의 형 김태승(30세), 형수 김순옥(20대 후반), 5촌 숙모 한행중, 작은 어머니 고씨 등 4명을 학살하였다. 김순옥은 당시 만삭의 임산부였다. 진압군은 조천면 일대 검거에 나섰

---

[179] 제주도에서 1948년 4월 3일부터 7월 20일까지 경찰 56명, 우익과 그 가족 235명이 살해될 때 시위자들은 28명이 죽었다. 이때까지만 해도 시위자들이 제주도를 장악하였으나 국군을 공격하는 일은 없어 국군 전사자가 없었고 제주 양민도 희생되지 않았

다. 그러나 1948년 11월 11일 또 김태배 사촌 집에 나타나 김정흥(73세), 김경선(41세), 김태옥(25세), 김태인(15세), 5촌 고모, 5촌 숙모 등을 모조리 학살하였다.

- 10월 29일, 애월지서를 공격한 인민유격대들이 장전마을에 있다는 정보를 입수한 진압군은 새벽 1시 고성리를 포위, 8시간 동안 치열한 전투를 벌였다. 이 전투에서 인민유격대 두 명이 사살되었으며, 철모, 망원경, 담요 등을 버리고 도망쳤다. 진압군은 이 마을을 수색하여 20여 명을 총살하였다.
- 11월 2일, 성산면 수산 1리 조태흡(51세)을 학살하였다.
- 11월 4일, 한림면 청수 2리 경찰 고태화의 아버지 고달연(50세), 동생 고경화(19세)를 학살하였다.
- 11월 11일 새벽 3시경, 30여 명이 발소리를 죽이며 신엄지서 가까이 가서 지서를 공격하였다. 지서를 공격하면 경찰은 안전한 곳에서 꼼짝 않고 총만 쏘아 대고 있었다. 인민유격대들은 우익대표 김여만의 집에 갔으나 그가 없자, 김여만의 처 고선잠(35세)과 딸(3세), 애보기 정추자(11세) 등을 칼로 찔러 죽였다. 그리고 집에 불을 질렀으며 그것도 모자라 그 마을 가옥 여러 채에 불을 질렀다. 그래도 경찰들은 그들이 무서워서인지 지서에서 한 발자국도 나오지 않고 있었다.[180] 11월 11일, 제주도 경찰이 보고하기를, 인민유격대들이 신엄리 부락과 조천리 부락을 습격해서 약 110동의 가옥이 소실되었다고 했다.[181]
- 11월 28일 새벽 6시 인민유격대 200명과 협조자 500명이 남원리와 위미리를 습격하여 가옥 250채에 불을 지르고, 우익 50명을 죽이고 70명에게 중상을 입히고 경찰 3명에게 부상을 입혔다.

다(「제주도 4·3사건 진상보고서」, 27-72, 73.).
180) 「4·3은 말한다 Ⅳ」, 299-300.
181) 「4·3은 말한다 Ⅳ」, 259.

제주의 인명 피해는 1948년 11월 2,205명, 12월 2,974명, 1949년 1월 2,240명으로, 3개월간 가장 많았고, 이때 과잉진압으로 억울하게 죽은 사람이 많아 가슴을 아프게 하였습니다. 이들에게 명예 회복과 함께 보상도 해 주어야 할 것입니다.

① 민보단(民保團)의 조직

　1948년 8월 15일 대한민국 정부가 수립되어 이승만 대통령의 초대 정부가 출범하였으나, 공산계열의 세력들이 정부를 전복하려고 방방곡곡에 세포망을 조직하는 등 온갖 책동과 음모에 시달리는 실정이었습니다. 이미 큰 사건이 진행 중이던 제주도의 경우 치안 대책 마련이 대단히 중대한 일이었습니다.

　1948년 5월 10일 총선거가 끝난 후 부락의 자체경비임무를 담당하고 있던 「향보단」은 1948년 10월 「민보단」으로 개편되어 군경의 토벌작전을 보조하게 되었습니다. 서울에서 민보단이 조직완료된 것은 1948년 10월경이었으며 그 조직목적은 공산주의자의 파괴행위에 대응하는 경찰활동의 보조역할을 하기 위함이었습니다.

　당시 민보단의 임무는 1948년 10월 19일자 「현대일보」에 다음과 같이 보도되었습니다.

　1. 민보단원은 그 부락내의 도난을 미연에 방지하고
　2. 그 부락의 모범인물이 되어 청소년의 선도를 도모하며
　3. 경찰력이 돌발사건 진압에 총출동하지 못할 경우에는 내무치안의 전 책임을 부과시킬 것을 예상하고 있다.

② 제주도 내 전면적인 성곽의 축조

　군경토벌대는 각 부락의 외곽에 돌로 만든 성을 구축하고, 민보단원으로 하여금 이 성을 지키게 하여 인민유격대가 경찰 지서를 비

롯한 관공서나 부락을 습격하는 것을 방어하도록 하였습니다. 이것의 이차적인 목적은 인민유격대와 부락 주민을 차단시키려는 데에 있었습니다.

경찰 지서의 성곽 구축이나 일부 해안부락의 외곽성 구축은 1948년 여름 무렵에 시작되었고, 제주도 전 부락에 대한 전면적인 성곽 구축은 1948년 11월부터 시작되었습니다. 1948년 11월부터 다음해의 3월경까지 제주도 전역에서 주민을 동원하여 각 부락에 내성(높이 5척=약 1.5m)과 외성(높이 12척=약 3.6m, 넓이 6척=약 1.8m)을 쌓아, 민보단원으로 하여금 이 성곽을 지키게 하였습니다. 부락에 따라서는 내성과 외성의 구분 없이 단일성을 쌓기도 했습니다. 성곽은 제주도에 흔한 돌로 쌓았습니다. 성곽 외부에는 가시덤불이나 기타의 장애물을 두어 인민유격대원이 쉽게 성을 넘어 부락으로 들어오지 못하게 했습니다. 민보단원은 죽창이나 철장을 무기로 갖추고 며칠에 한 번씩 교대로 경계임무에 임하였습니다. 남자가 부족한 경우에는 여자가 보초를 서는 경우도 있었습니다.

그런데, 주민들이 성곽을 만든 이후 그것을 경비하는 데 겪는 고통은 너무도 컸습니다. 성곽은 주민들에게 보호수단이 되면서도 오히려 인민유격대에게 부락주민에 대한 적개심을 자극시키는 원인도 되었습니다. 성곽이 없을 때는 인민유격대가 부락주민을 직접 공격하는 경우가 흔치 않았으나, 1948년 11월부터 부락민과의 접촉이 끊겨 식량 조달이나 정보 수집 등이 차단되자, 인민유격대가 부락을 습격하는 일이 많아졌습니다. 결국 보초 서는 민보단원을 죽이고, 식량, 의복 등 물자를 마구 약탈해 갔습니다. 이에 항거하는 주민은 죽이거나 부상을 입혔고, 집을 불태우고 도망치는 경우가 자주 발생하는 등 큰 문제가 되었습니다.

계엄선포 이후 군경토벌대와 인민유격대 사이의 공방전이 치열하게 전개되어, 쌍방 간에 많은 사상자가 발생하였을 뿐만 아니라, 군경토벌대를 지원하던 우익단체회원과 민보단원 및 기타 일반주민의 희생이 매우 컸습니다. 특히 중산간 부락이 폐허화되고 일반주민의 가옥이 많이 소실되었습니다. 또한 인민유격대에 의해 경찰지서를 비롯한 관공서, 학교, 우익인사의 가옥 등도 많이 소실되었습니다. 한편, 소요가담 또는 인민유격대에 협조한 혐의를 받은 일반주민이 군경토벌대에 의하여 체포, 구금되거나 처형되는 일도 많았습니다(군사재판 또는 현장즉결처형).

참으로 이 기간의 제주도는 유사 이래 다시없는 비극으로 가득했습니다. 마을마다 잿더미요, 마을 여기저기에 시체가 즐비하였고, 부상자들과 어린이들의 신음 소리와 울음 소리, 비통함과 억울함에 사무친 제주도민의 통곡소리가 천지를 뒤흔들었습니다. 당시 제주도민들은 예측불허의 숨 막히는 순간들, 살얼음 위를 걷는 듯 밤낮으로 초긴장하는 시간들을 보내야 했습니다. 참으로 헤어날 길 없는 지옥과 같은 잔인한 역사적 암흑기였습니다.

(11) 제 9연대를 대전 제 2연대와 임무교대 (1948년 12월 29일)

1948년 12월 29일 제 2연대(연대장 함병선 중령)가 재편되어, 제 9연대의 뒤를 이어 제주도의 인민유격대 토벌을 위해서 투입되었습니다. 여수 순천 사건과 같은 사건을 미연에 방지하기 위해 제주도의 제 9연대를 대전으로 철수시키고 대전의 제 2연대를 제주도로 이동시켰습니다. 함병선 연대장은 본부와 2대대를 제주읍에, 1대대를 서귀포에, 3대대를 한라산 중턱의 오동리에 배치시켜, 언제든지 즉시 작전을 수행할 수 있도록 하였습니다.

토벌작전이 강화되자 이덕구 부대에서는 많은 이탈자가 생겨 조직이 무너지기 시작했습니다. 이들 귀순자 중에는 제주 오현중학교에 다니는 김정진(17세) 소년이 있었습니다. 그는 이덕구의 경호원이었습니다. 연대장의 직접 지휘하에 이 소년의 안내로 어승생악으로 수색전을 펼치면서 16시경에야 병기창과 보급창을 발견하여 소총 370정과 실탄 수천 발을 노획하는 성과를 올렸습니다. 이덕구는 재차 제주읍을 공격하려고 만반의 준비를 갖추었지만 치명적인 타격을 받음으로써 재기불능 상태가 되었습니다.

연대장 이하 출동대대는 진압에 성과를 거두고 그곳에서 저녁식사를 하게 되었는데, 귀순한 김정진이 갑자기 옆에 세워 놓았던 칼빈총으로 연대장을 저격하려고 방아쇠를 당겼으나 자물쇠가 잠겨있었고, 이를 다시 푼다는 것이 눌림쇠를 눌러 탄창이 떨어지고 말았습니다. 이리하여 함병선 중령은 다행히 위기일발의 순간을 모면했습니다. 헌병들이 곧바로 김정진을 총살하려 하자, 연대장이 제지시키고 그에게 왜 그랬는지를 물었더니, "순간적으로 김일성한테 영웅칭호를 받고 싶다는 생각이 들어 전후를 고려함 없이 죽이려 했다."라고 하면서 참회의 눈물을 흘렸습니다. 이에 연대장은 김정진(17세)을 법으로 처단하지 않고 재기의 기회를 주어 대한민국 국민이 되게 하였습니다.

① 1948년 12월 31일, 계엄령 해제

1948년 10월 28-29일 고성전투에서 인민유격대 1백 수십 명의 병력이 섬멸되자, 육본은 인민유격대가 대부분 궤멸된 것으로 오판하였고, 송요찬 연대장도 인민유격대의 섬멸이 목전에 다다랐다고 언급하여, 신문에도 완전히 소탕한 것으로 보도되었습니다. 그 결과, 정부는 1948년 12월 31일 제주도의 계엄을 해제하였습니다.

② 1949년 1월 1일, 인민유격대 600여 명이 국군 2연대 3대대 기습 공격

　잠시 잠잠하던 인민유격대는 제 2연대가 제주도에 투입되면서 새로운 공세를 활발히 전개하였습니다. 계엄령 해제와 2연대 제주 주둔 환영식을 마친 12월 31일 저녁 9시에, 하산한 600여 명이 새벽 1시(1월 1일) 오동리에 있는 3대대를 기습 공격하였습니다. 수많은 인민유격대들이 3대대를 공격한 것에 놀란 진압군은, 1949년 1월 4일 육·해·공군 연합작전을 실시하였습니다. 이에 수많은 산사람들이 하산하였고, 진압군이 이들을 수용하여 양민으로 인정된 자는 귀향 조치하였습니다.

③ 1949년 1월 6일 새벽 3시, 명덕리 전투

　제주읍에서 8㎞ 떨어진 명덕리에서 제주 인민유격대 350여 명 정도가 모여 모종의 작전을 위해 행동 중이라는 정보가 입수되었습니다. 함병선 연대장이 직접 지휘하여 인민유격대를 완전 포위, 4시간 동안 치열한 전투를 벌인 결과 인민유격대원 153명이 죽고, 국군은 7명이 전사하고 5명이 부상을 당했습니다(독립신문 1949년 1월 12일자).

④ 1949년 1월 12일, 의귀리 국군 2중대 공격

　1949년 1월 11일 밤, 인민유격대 200여 명이 하산하여 남원면 의귀리에 주둔 중인 2연대 2중대를 포위하고, 1월 12일 오전 5시 국군을 공격하였습니다. 설재현 2중대장은 12일경에 많은 유격대들이 새벽에 공격해 올 것이라는 첩보를 듣고, 이미 새벽 3시에 전 중대원들을 완전무장시켜 내무반에서 출동을 대기하고 있었습니다. 2시간에 걸쳐 치열한 사격전이 벌어진 후 날이 새자 유격대들은 철수하고 말았습니다.

주한미군사령부,「G-2일일보고서 1949.1.14.」에는 무장대의 습격 사건을 이렇게 기록했습니다.

「1월 12일 새벽 6시 30분께 약 2백여 명의 유격대가 제주도 의귀리에 있는 2연대 2중대를 습격했다가 패퇴했다. 2시간에 걸친 접전 끝에 유격대는 51명의 사망자를 내고 퇴각했다. 반면에, 한국군은 4명이 사망했고 10명이 부상했다. 유격대로부터 M1 소총 4정, 99식 소총 10정, 칼빈총 3정을 노획했다.」

여기에서 국군의 희생자는 문석준, 이범팔, 안성혁, 임찬수 등 4명인 것으로 밝혀졌습니다.[182]

(12) 제주도지구 전투사령부 신설(1949년 3월)

1949년 3월 2일에 제주도지구 전투사령부가 새로 설치되어, 유재흥(柳載興) 대령이 사령관으로서 제 2연대를 비롯한 군·경 작전을 통합 지휘하였습니다(참모장 함병선 중령). 해군은 해안을 봉쇄하고, 육군 항공대는 연락기로 작전을 지원하였습니다.

1949년 3월경만 해도 한라산에는 유격대 세력들이 500-600명 정도가 잔존하고 있던 것으로 파악되었고, 무장하지 않은 지원자 내지 동조자도 1,000-1,500명으로 추정되었습니다. 이로 보아 인민유격대의 무장세력은 최대 절반 정도만 감소한 상태로 나머지가 여전히 활동하고 있었음을 알 수 있습니다.[183]

① 남원면 산록 전투(떼를 지어 하산하는 주민들)

1949년 2월 16일 새벽 2시 남원면 산록에서 인민유격대 700여 명이 야영중인 본부중대 150명을 포위한 후 집중공격하였습니다.

---

182) 「4·3은 말한다 V」, 140.
183) 「제주도 4·3사건 IV」, 320-321.

그러나 본부중대의 과감한 공격으로 포위망이 뚫렸고, 유격대들은 160여 명의 사상자를 내고는 도망쳤습니다.

이후 3월부터는 함병선 연대장의 선무방송을 듣고 산에 있던 사람들이 동요하기 시작했고 떼를 지어 하산하는 자가 많았습니다. 진압군이 중산간 마을의 허리를 완전히 장악하여 유격대들을 지원하는 주민들의 숫자는 점점 줄어들었습니다. 그들은 산에서 식량을 구할 길이 막막해지자 견디지 못하고 하루에도 수백 명씩 하산하였습니다.

당시 군인들은 무더기로 하산하는 그들의 모습에 놀라지 않을 수 없었습니다. 동굴 속에서 먹지 못해 영양실조에 걸려 옷도 여름옷 그대로이고 운동부족으로 걷지 못하는 이도 많았다고 합니다.

② 1949년 3월 9일, 노루오름 전투

유격전 전담 부대 독립 1대대의 1개 중대가, 산물내 앞 노루오름에서 매복한 유격대들의 기습공격을 받아 중대장과 소대장 등 수십 명의 전사자를 내고, 중대원들은 주둔했던 원 마을까지 후퇴하였습니다. 유격대들은 진압군 36명을 사살하고 총 40여 정과 식량 4석, 담배 300갑을 노획하여 갔습니다.[184]

③ 이덕구의 최대병력(인민유격대 1천여 명)이 동원된 녹하악 전투

1949년 3월에 설치된 제주도지구 전투사령부는, 본격적인 토벌작전을 벌인 지 약 2개월 반 만인 5월 15일에는, 이제 사령부를 해체해도 될 만큼 커다란 전과를 올렸습니다. 주민들의 협조가 맞물리면서 한라산지구 공비들은 설 자리를 잃은 채 자멸해 갔으며, 특히 이

---

184) 제주 4·3연구소,「이제사 말햄수다-4·3증언자료집 Ⅱ」(한울, 1989), 175-178.

덕구가 이끈 1천여 명의 인민유격대가 우연히 진압군과 정면충돌한 사건이 그 결정적 역할을 하였습니다.

1949년 3월 말에 있었던 이 녹하악(鹿下岳) 전투에 직접 참여한 제 2연대 1대대 4중대장 김주형 중위는 진중친필수기에 당시 상황을 자세히 적고 있습니다.[185]

「1949년 3월 말, 제 2연대 2대대와 3대대 및 6여단 유격대대 및 3개 대대가 북제주군과 성산포 등 3개 방향으로 공격하고 제 2연대 제 1대대가 남제주군의 중문 서북방 정악-노로악-한대악을 연하는 선을 차단하여 무장대를 포착 섬멸하는 요지의 제주도지구 전투사령부의 작명이 하달되었다. 나(제 1대대 4중대장)는 제 1대대 전투대대장 임부택 소령에게 '녹하악(鹿下岳)과 절악(折岳) 일대를 야간수색을 하고 13시까지 계획된 차단선을 점령하겠다'고 건의하여 승인을 받았다. 나는 이미 출동한 중문리 동북방에 있는 제 1중대 기지에서 숙영하고 새벽 3시에 출동하였다. 캄캄한 밤길을 약 한 시간 정도 행군하여 녹하악 동쪽 고갯마루에 당도할 찰나 무장대와 마주쳐 조우전을 전개하게 되었다. 무장대가 고개 정상을 선점하고 사격하는 상황이라 나는 불리함을 깨닫고 선두의 1개 분대만으로 적을 견제토록 하고 주력은 포복으로 녹하악 정상을 선점하였다.

고지 정상에서 지형을 살펴보니 동북쪽 멀지 않은 곳에 절악이 있음을 알아내고 최의경 소위에게 경기관총 2정과 60미리 박격포 1문을 주면서 1개 소대로 절악을 점령하고 적의 주력에게 집중사격을 하도록 명령하였다.」

---

185) 국방부 군사편찬연구소,「제주 4·3사건의 실상, 4·3사건 토벌작전사」(2002), 149-150.

새벽 5시 경, 중대는 고갯마루의 적에게 집중사격을 하였다. 약 1시간여의 격전 끝에 적은 10여 구의 시체를 버리고 물러났으며 우리는 고갯마루를 확보하고, 수 명의 중상포로를 획득하였다. 중상포로들의 진술에 의하면 무장대는 제주도인민군사령관 이덕구가 진두지휘한 1,000여 명이며, 작전목적은 제 1중대 기지를 유린하려는 것이었다고 한다. 즉 이들은 전날 밤 20시에 인접한 안덕면 사무소와 지서를 습격, 방화하였다. 그러면 인접의 제 1중대가 이튿날 출동할 것이고, 기지에는 소수의 잔류병력뿐이므로 이 기회를 이용하여 기지를 유린하고 무기, 탄약, 식량, 피복 등을 탈취하려고 했다.

그런데 야간이라 행군이 늦어져 새벽 4시경에 고갯마루에 도착했는데 뜻밖에 국군과 마주쳤다는 것이었다. 고갯마루에서 물러난 적은 약간 후퇴하여 응사해 왔다. 이때 절약을 점령한 최의경 소위의 특공소대가 측후방에서 적에게 집중사격을 가했다. 불의의 공격을 당한 무장대는 다시 1km 정도 후퇴하여 동에서 서남으로 흐르는 소하천을 의지하여 완강히 저항하였다. 지근거리에서 숨막히는 격전이 11시까지 계속되었다.

나는 피해가 속출하는 상황을 타개하기 위해서는 돌격뿐이라 판단하고 절약의 최 소위에게 기관총과 박격포로 엄호사격을 지시하고는 11시 30분경에 돌격명령을 내렸다. 적은 우리의 일제돌격에 압도된 듯 분산되어 도주하기 시작하였다. 이 전투에서 적은 차후집결지를 정하지 못한 채 뿔뿔이 흩어졌으며, 도처에서 각개 격파됨으로써 이 후로는 대병력에 의한 작전이 없었다. 이 전투에서 우리는 사살 178명(유기시체), 소총 (99식, 38식, 칼빈 등) 203정, 권총 4정, 기관총 2정, 일본도 3본 등 많은 전과를 올렸다. 이날 작전을 공중지휘하던 유재흥 사령관은 비행기가 추락하다가 어승생악 부근의 소나무에 걸려 가벼운 상처만 입었다.

이 녹하악 전투에서 이덕구가 진두지휘하는 공비주력이 토벌작전부대에 의하여 거의 섬멸되는 치명적인 타격을 받았습니다.

④ 잔존 세력 소탕을 위한 편의대 운용(1949년 4월)

인민유격대의 주력이 섬멸되자, 군은 잔존세력을 소탕하기 위하여 4월부터 다시 10여 명의 소규모로 편의대를 운용하였습니다. 편의대에서 활약한 의귀리 전투의 주인공 이윤 중사는 그의 저서 「진중일기」(2002년, 124-127쪽)에서 아래와 같이 진술하였습니다.

「나는 4월 2일 특무공작대 임무를 받고 4월 7일 한라산으로 침투했다. 특무공작대는 편의대로 한라산에 침투하여 중요정보를 수집하는 임무였는데, 북제주군과 남제주군에 각각 1개조씩 2개조가 편성되었으며, 내가 남제주군 공작대의 책임자였다.

나는 10여 명의 대원을 직접 선발하였으며, 특히 수일 전 귀순해 왔으며 마을 유지로서 이장직도 수년간 역임한 바 있는 오송주를 공작대에 합류시켰다. 4월 15일에 오 노인을 통하여 무장대의 1개 동굴을 포착하고 야밤에 기습하여 26명을 생포하여 중대로 보냈고, 4월 18일에는 그간 생포한 남자 32명, 여자 16명 등 48명을 압송하여 하산하였는데, 이들을 본 유족들이 몽둥이와 식칼을 들고 나와 원수를 갚게 해 달라고 아우성이었다. 이 무렵 우리 공작대가 성공하자 각 토벌부대는 우리와 비슷한 편의대를 입산시켜 성과를 올리고 있었다.

나는 대원을 보강한 뒤 다시 입산하였으며 4월 23일에는 남제주군 군당 특공대가 은거하던 동굴을 기습하여 13명을 생포하였는데, 이 중 기골이 장대한 부씨 형제가 공작대의 첩보원으로 활약하겠다고 자원하기에 그들을 공작대에 합류시켰다. 5월 14일, 나는 부씨 형제에게 아직까지 한라산에서 활약하고 있다는 남원면당 위원장 김계원과 접촉하라고 하였는데, 이들은 일 주일 후인 20일에 중요한 정보를 제공하였다. 즉 이들은 남원면당에 침투해서 김계원과 접촉을 하였으며, 제주도당 간부들이 모두 남원면당에 와 있다는 것이었다.

나는 이 중대한 정보를 입수하고는 즉시 중대에 연락하여 1개 소대의 병력을 지원받았으며, 5월 26일 새벽 3시를 기하여 수악계곡에 있던 이들의 숙영지를 포위·기습하여 23명을 사살하고 8명을 생포하였다. 8명의 포로 중에는 남원면당 위원장 김계원이 포함되어 있었으며, 2명은 육지에서 왔다고 했다. 나는 특수임무수행 중 357명을 생포하여 하산시켰다.」

이윤 중사의 진중일기에서와 같이, 토벌부대가 산에서 공비를 보면 무조건 사살하지 않고 가급적 생포하여 하산시킨 것은, 위기 속에서도 주민을 보호하기 위한 조치였으며 합법적 절차에 의해 귀향 또는 의법처리하기 위한 것이었습니다.[186]

(13) 이덕구의 최후(1949년 6월 7일)

1948년 12월 이덕구의 경호원이었던 김정진(17세)이 경찰에 자수함으로써 이덕구의 은신처(제주시 용강)는 큰 타격을 입게 되었습니다. 함병선 연대장의 직접지휘하에 어승생악에 있는 인민유격대 병기창 및 보급창을 급습하여 소총 370정과 실탄 수천 발을 압수하였기 때문입니다.

이덕구는 뛰어난 지도력으로 지휘하였으나, 대규모화한 토벌대의 진압에 결국 덜미가 잡히고 말았습니다. 이덕구는 1949년 6월 7일 새벽 3시, 비밀리에 배를 타고 제주도를 탈출하여 지리산에 들어가 빨치산 총사령관 이현상과 합류할 계획으로 하산하다가 견월악 부근 제주읍 용강리 북받친 밭에서 경찰에게 포위되었습니다.

---

186) 「제주 4·3사건의 실상, 4·3사건 토벌작전사」, 151.

제주읍 화북지서 김영주 경사를 비롯한 경찰 5명과 민보단원 5명이 이덕구를 포위하면서 자수를 권하였으나 그는 경찰을 향해 총을 쏘기 시작했고, 이에 경찰도 집중 사격을 하여 이덕구의 몸은 벌집같이 되어 죽었습니다. 당시 그의 나이 29세로, 제주 4·3사건 발생 1년 2개월 만에 짧은 생을 마쳤습니다.

무장대는 대부분 와해되었지만, 경찰은 그의 사체를 제주읍 중심지인 관덕정 광장에 십자형 틀에 매달아 공개하여 어린 학생들에게까지 경계로 삼게 하였습니다. 이에 관해서 1949년 6월 10일자 동아일보는 "이덕구 반도사령 사살로 제주 소탕전 완전종식(국방부서 전과 발표)"이란 제하에 "제주사태는 제 2연대의 맹활약으로 말미암아 소기 이상의 성과를 거두어 도민은 일로 평화건설에 총진군을 보여 주고 있거니와, 아직 4, 5명의 잔도가 산중에 출몰하고 있다는 것을 탐지한 소재 국군은 즉시 행동을 개시하여 7일 하오 4시경 621고지에서 제주도 공산군 총사령 이덕구를 사살하는 동시에 이 사령의 연락병 2명을 체포하고 2명의 귀순자가 있었는데, 이것으로써 제주도의 소탕전은 완전히 종식을 지은 셈이라고 한다."라고 보도하였습니다.

한편, 이북으로 올라갔던 김달삼은 1949년 8월에는, 월북한 남로당원들로 구성된 군사교육기관 강동정치학원 졸업생 300명을 인솔하여 유격대 제 3병단장으로서 부사령관 남도부(본명 하준수)와 함께 동해안 태백산(太白山)으로 침투하였다가, 국군 토벌대의 공세에 밀려 잠시 북으로 퇴각하였습니다. 그리고 다시 549부대(945부대)를 조직하여 동해안으로 침투하였다가, 1950년 3월 22일 정선군 반론산에서 국군 토벌대 8사단 21연대의 공격을 받아 월북하였습니다. 그 후 한국전쟁이 발발한 6월 25일 오전 9시경 강동정치학원 출신 유격대원 500여 명으로 구성된 549부대로 내려왔습니다.

이들은 태백산으로 들어가서 후방을 교란시킬 목적으로 남침하였는데, 경남 신불산 부근에서 부산 지구에 침투할 계획으로 남하하다가, 낙동강 전투가 가장 극렬했을 무렵인 1950년 8월 30일 수도사단(연대장: 백인엽)에 의해 대부분 사살되었습니다.

한때 인민공화국 세상이 되면 전 도민이 잘 살게 된다고 호언장담하던 허위 선전자들은 하나 둘씩 사라져 가고, 감언이설에 현혹된 무지몽매한 백성들만 산 속 동굴과 숲 속 어딘가에 남아 공산주의자들의 말을 철석같이 믿고 산짐승처럼 뛰어다니다가 귀중한 시간과 재산, 또 목숨을 헌신짝같이 버리고 말았던 것입니다.

(14) 이덕구를 이은 인민유격대 사령관들

5월 15일 제주도 전투사령부는 해체되었고, 5월 20일에는 토벌작전 중 숨진 희생 토벌대원을 위한 합동위령제가 열렸으며, 마침내 7월 7일 제주도민 명의로 한라산 정상에 평정비가 세워져, 길고 긴 4·3사건의 참극이 끝났음을 알렸습니다.

제 2연대는 평정을 이루고 원대 복귀하였고, 7월 15일 독립 제 1대대(대대장 김용주 중령)가 제주도에 도착하여 잔여 세력들을 진압하였습니다. 그러나 귀순자들의 증언에 따르면, 그때까지도 산에 100여 명이 넘게 남아 있을 것이라고 하였습니다.

이덕구가 죽은 후 제 3대 사령관은 **김의봉**이었습니다. 1950년 7월 25일 인민유격대들은 중문면 하원리지서를 습격하고 민가 99채에 불을 질러 세를 과시했습니다. 사령관 김의봉은 부하들을 데리고 조천면 농촌지대에 침투하여 주민들에게 '조국해방 전선에 단결투쟁하여 인민군 진격에 호응하자'고 선동하였습니다.

6·25 발발 후 북한이 목포까지 점령하였을 때, 4·3주동자였던 고승옥, 백창원, 송원병이 '인민군이 목포까지 왔으니 제주도에 상륙한 후에 나가야 한다'고 말 한마디 했다가, 인민유격대 사령관 허영삼, 김성규 등이 '지금 내려가야 한다'고 주장하면서 위 3인을 포박하여 인민재판으로 처형하였습니다.[187] 실제로, 당시 제주도 좌파 세력들은 금방이라도 대한민국이 망하고 제주도가 공산화될 것이라고 선동하면서 지서를 습격하고 우익인사들을 학살했습니다.

3대 사령관 김의봉이 진압군의 집중공격으로 사살되자, 1951년 3월 좌익 세력들은 **허영삼**을 사령관으로 추대하였습니다. 그리고 허영삼이 사살되자 사령관에 **김성규**가 추대되었습니다. 이후 그들은 두 파로 나뉘어 세력이 크게 약화되었습니다.

이덕구가 사살된 이후 산에 남아 있던 무장대원들은 사실상 전투력을 상실했고, 오랫동안 산 생활을 하다 보니 초근목피로 생명을 잇는 것조차 어려운 지경에 이르러 결국 배고픔 때문에 산에서 내려오게 되었습니다. 6·25휴전선언 이듬해인 **1954년 9월 21일**, 당국은 "산에 남은 무장대는 남자 4명과 여자 2명으로, 이들은 두 갈래로 분리되어 서로 연락이 두절된 상태"라고 발표했습니다. 그리고 그해 무장대원 1명이 투항하여 산에 남은 대원은 5명으로 줄었습니다. 그리고 2년이 지난 1956년 4월에 구좌읍 송당리 현재 송당목장이 있는 곳에서 무장대원 1명이 경찰유격대에 의해 사살되었습니다. 사살된 대원은 구좌읍 상도리 출신 정권수였습니다.

한편, 경찰은 남은 4명의 무장대원들의 신상을 발표했습니다. 김

---
187) 「제주 4·3사건 진상조사보고서」, 342.

성규(중문면 색달리, 36세), **오원권**(구좌읍 송당리, 39세), **변창희**(제주시 이호동, 22세), **한순애**(조천읍 와산리, 23세) 등이며, 이 중 김성규가 두목이고, 죽은 정권수는 부두목이었습니다. 1957년 3월 23일, 남아 있던 유일한 여성 무장대원 **한순애**가 제주시 월평동 견월악 인근에서 수색 중이던 사찰특수유격대에게 생포되었습니다. 그리고 1957년 3월 27일, **김성규**와 **변창희**가 한라산 중턱에서 경찰과의 전투 끝에 사살되었습니다. 1957년 4월 2일, 4·3사건 발단일인 4월 3일을 하루 앞둔 이날, 만 9년 만에 드디어 마지막 공비 **오원권**(39세)이 북제주군 구좌면 송당리 토굴에서 생포되었습니다.

8. 결론
제주 4.3사건의 결과와 진상

Conclusion
The consequences and the truth
of the Jeju April 3rd Incident

제주 4·3사건은 제주도에서 1948년 4월 3일에 미군정과 경찰에 이반된 민심을 이용해서 좌익(남로당) 세력에 의해 발발하여, 진압 과정에서 무고한 제주도민들이 희생되었던, 너무나 참혹하고 비극적인 사건이었습니다. 1947년 3월 1일 제주에서 좌익이 주도한 3·1절 행사 후 시위 군중과 경찰과의 충돌로 사상자가 발생한 이래 1년여 동안 경찰과 좌익 간에 쫓고 쫓기는 긴장 상황이 계속되다가, 1948년 4월 3일 좌익(남로당)이 대한민국 전복을 목적으로 경찰과 선거종사자와 우익 청년단 등에게 무장 공격을 가한 사건을 말합니다.

　제주 4·3사건은 남로당의 지령에 의해 약 6만 명의 시위대와 인민유격대가 일으킨 반(反)국가적 사건이었기 때문에, 국가 권력을 동원하여 수년간에 걸쳐 힘겨운 작전 끝에 소탕하였습니다. 1948년 4월 3일 발생하여 1949년 6월 7일까지 1,500여 명의 유격대들 중에 100여 명만 남기고 진압하기까지 거의 1년이 걸렸습니다. 이후, 소개령이 내려졌던 산간 부락민들에게 1954년 4월에 전면 입주 허가를 내렸고, 9월 21일에는 한라산 금족령을 해제하여 전면 개방하였으며, 백록담에 평화기념비를 세우고, 주민을 동원한 성곽경비를 경찰로 대치하는 획기적인 조치를 단행하였습니다.

　제주 4·3사건은 발생부터 수습(1954년 9월 21일)까지 6년 6개월이란 시간이 걸린, 우리나라 역사상 가장 가슴 아픈 사건이었습니다. 1957년 4월 2일, 마지막 공비 오원권이 잡히기까지 만 9년간 4·3사건으로 인한 인명 피해는 1만 명이 넘었으니, 통탄을 금할 수 없는 어마어마한 숫자였던 것입니다. 실로 제주 사람들의 눈물, 아픔, 설움이 얼마나 엄청난 것이었는지 절감하게 됩니다.

　사망자 수(數)에 관련해서는 여러 견해가 있습니다. 4·3위원회와 제주도에서는 행정력을 총동원하고, 언론기관도 동원되었으며, 유족회 측에서는 보상을 운운하며 피해자 신고를 독려하였고, 심지어 일본과 미국까지 출장, 홍보 활동을 하며 신고를 받았습니다. 이때 집계된 피해자 수는 14,028명이었으며 그 중에는 국내(본토) 578명, 일본 57명, 미국 4명 등 제주도 외에서 신고한 637명도 포함되어 있습니다. [188]

군·경관의 피해현황을 보면, 순직경찰관 120명, 부상자 137명(제주신보 1954년 4월 4일자), 응원경찰관 순직 3명, 부상 1명이었으며, 군인은 제 9연대·제 11연대 장병 전사 1명, 부상 3명, 재편된 제 9연대 전사 장병 30명 내외, 부상 15명 이상이었고, 5개월간의 토벌작전에서 제 2연대 119명이 전사하였습니다.[189]

가장 안타까운 것은, 제주도의 선량한 주민들이 남로당 인민유격대와 군경 토벌대의 틈바구니에서 시달리고 희생되었다는 점입니다. 제주도 사람들은 당에 가입하지 않거나 산사람들에게 협조하지 않는다는 이유로 남로당의 유격대들에게 무자비한 폭행을 당하고, 칼과 죽창에 찔려 죽었고, 나무에 묶여 총살을 당하고, 생매장을 당하고, 재산을 빼앗기고, 집들이 불태워지는 등 말로 다 할 수 없는 희생을 당하였습니다. 무참하게 토막난 시체를 겨우 찾아 맞추어 장례를 치르는가 하면, 아예 시체를 찾지 못한 경우도 다반사였습니다.

또한 대한민국의 건국을 위해 불가피하게 진행되었던 진압 과정에서, 제주도 사람들은 군경 토벌대에게도 무차별 학살을 당하거나

---

[188] 집계된 피해자 수의 실체: 제주산업정보대학 고문승 교수는 「박헌영과 4·3사건」이라는 그의 저서에서, 월간지 '현대공론' 1988년 7월호에 실린 유관종 씨의 글을 인용해, 공산폭도들에게 피살된 것으로 추정되는 우익계 인사가 4,200명이고, 폭도들에게 희생된 양민이 1,300여 명이라고 기록하고 있다.

[189] 신상준, 「제주도 4·3사건 Ⅴ」(도서출판 제주문화, 2010), 17, 19, 21-24, 75-76.

인권을 유린당하는 등 수많은 희생을 치러야 했습니다. 이렇게 제주도민들은 밤에는 죽창을 가진 산사람이 무서워 떨고 낮에는 기관총을 가진 군경 토벌대 앞에서 떨면서, 이러지도 저러지도 못하는 가련한 신세가 되고 말았던 것입니다. 좌우익 이념에는 전혀 관심도 없는데 협박에 못 이겨 쌀을 주고 도장을 찍어 준 양민들도 희생을 당했습니다. 밤중에 쳐들어와서 쌀을 안 내주고 당 가입 도장을 안 찍으면 죽인다고 하는데, 시키는 대로 안 할 사람이 어디 있겠습니까? 당시 제주도 전역에 휘몰아친 급작스러운 4·3사건의 충격으로 정신질환에 걸린 사람들도 많았습니다(강을선 씨 증언, 당시 13세).

표선면 토산리의 경우는 마을 전체에 남자가 남지 않을 정도로 초토화되었습니다. 군인들이 "16세부터 60세 미만 남자는 모두 나오라. 빠지는 자가 있다면 죽을 줄 알아라."라고 명령하여 남자 114명이 모였는데, 그들을 새끼줄로 모두 묶어 표선 바다 모래밭으로 끌고 가서 일시에 기관총으로 쏘아 죽였던 것입니다(유일한 생존자 김주담 씨 증언).[190]

4·3당시 서귀포 중학교 교감으로 재직 중이던 현성효 씨(玄聖孝, 당시 31세, 현 서귀포시 서귀동 거주)의 증언에 의하면, 토벌대나 산사람이나 모두 조금만 그들의 비위를 건드리면, 그때 "해치우라."는 말 한마디에 죽여 버렸기 때문에, 오늘 본 사람이 내일 없어지는 경우가 허다했다고 합니다.

결론적으로, 제주 4·3사건의 발발과 목적, 그리고 성격에 대하여 정리해 보면 다음과 같습니다.

---

[190] 「四三眞相」, 85.

(1) 제주 4·3사건의 발발

4·3사건의 전개 과정에서 밖으로 드러난 제주도 남로당 지휘체계를 보면, 제주도민들이 제주도당 위원장직과 인민유격대 사령관을 맡고 있으므로 마치 그들이 사건을 지휘하는 것처럼 보였지만, 실상은 상급당인 전남도당과 중앙당에서 지도원(오르그)이 파견되어 투쟁에 관한 중요한 업무를 처리하였으므로, 실질적인 지휘자는 중앙당과 전남도당에서 파견된 지도원이었습니다.

제주도 무장대의 내부 문건인 「제주도인민유격대 투쟁보고서」(17, 75, 76, 78, 79쪽)에는 여러 차례 남로당 중앙당의 지시가 있었음을 반복하여 기록하였고, 중앙당의 지령에 따라 행동하고 또 진행과정을 보고하고 적절한 지시를 요청·건의하였습니다(75쪽). 또한 같은 보고서에는, 1948년 2월 말에 육지로 갔다가 보름만인 3월 15일에 제주도로 되돌아온 전남도당 파견 지도원(오르그)이 제주도당이 결정한 무장공격에 관하여 「'국경(국방경비대) 프락치는 도당에서 지도할 수 있다. 이번 무장반격에 이것(경비대)을 최대한 동원하여야 한다고 언명하였음'」이라고 언급한 내용이 기록되어 있습니다.

중앙당의 주요 전략사업인 무장투쟁을 지도원이 지시했다는 것은, 오르그가 중앙당으로부터 무장투쟁과 경비대 동원에 관하여 승인을 얻었음을 의미합니다.

박갑동 씨도 그의 저서 「박헌영」 198-199쪽에서 "중앙당의 폭동 지령이 떨어졌다. 아마도 그 지령은 3월 중순쯤에 현지와 무장행동대 두목 김달삼에게 시달된 것으로 안다. … 당시 중앙당에서는 이 사건이 터질 무렵 당 군사부 책임자 이중업과 군대의 프락치 책임자 이재복(민간인 중앙당 군사부원)등을 현지에 파견하여 소위 현지 집중지도로써 군사활동의 확대를 기도했다. 또 폭동의 두목 김달삼의 장인이며 중앙선전부장 강문석을 정책 및 조직지도 책임자로 선정하여 현지에 보냈었다."라고 증언하였습니다.

이때 이재복은 조경순[191]의 안내를 받아 제주도에 갔으며, 도당위원장 안세훈이 피검 중이어서 만나지 못하게 되자 조직부장 김달삼에게 "단선을 하면 반공국가가 탄생되어 남로당은 설 자리가 없어진다. 제주도에서 단선반대투쟁을 강력히 전개하라."라는 지령을 내렸습니다.[192]

주한미육군 971방첩대 문건과 주한미육군사령부 일일정보보고서에 의하면, 전국적인 2·7사건이 경찰의 신속한 대응으로 빠르게 진압되자, 남로당 제주도당에도 "2월 15일부터 3월 5일 사이에 제주도 전역에서 폭동을 일으키라."라는 지령이 하달되었습니다.[193]

그 지령문의 내용은 (1)1948년 2월 중순부터 3월 5일 사이에 제주도 전역에서 폭동을 시작하라 (2)경찰간부와 고위관리들을 암살하고 경찰무기를 노획하라 (3)유엔(한국)위원단과 총선거, 군정을 반대하라, 인민공화국을 수립하라 등 3개 항이었습니다.

또한 김달삼이 1948년 8월 해주인민대표자대회에 참가하여 연설했던 내용을 보면[194], 제주 4·3사건이 소련 및 공산당 세력과 연결

---

191) 제주 출신, 전남도립병원 간호사, 후에 김지회의 처가 되어 지리산에서 활동하다가 체포되어 처형되었음
192) 제 14연대 반란 사건 조사과장 빈철현과 김안일의 증언
193) 주한미육군 971방첩대,「격주간정보보고서」, 1948.2.1.-1948.2.15(제 3호); 주한미육군사령부,「일일정보보고서」, 1948.2.6(제 752호); 주한미육군 제6보병사단 일일정보보고, 1948.2.12.-2.13(제 847호)
194) 김달삼의 연설문은 미국에서 「국립문서기록보관소(NARA), RG242, 북한노획문서19, 제주도」로 분류되어 있었던 것인데, 후에 대한민국이 복사해 온 것으로, 국방부 군사편찬연구소가 2002년에 펴낸 「4·3사건 토벌작전사」에 부록 #4로 수록되어 있다.

되어 있으며, 제주도만의 독립사건이 아니라 소련이 벌인 남한 전체에 대한 적화통일 공작의 일환임을 의심할 여지가 없을 만큼 확실하게 드러내고 있습니다.

이날 김달삼은 연설을 통해 제주도 인민군들이 어떻게 싸웠는지에 대한 구체적 사실들을 보고하였습니다.

"드디어 4월 3일 오전 2시를 기하여 인민군 즉 '산사람'들은 총동원했습니다. 이날 인민의 일부이며 반동의 거점인 지서 20개소를 일제히 습격하여 악질경관 10명과 11명의 테러단 서청원 그리고 악질 반동 등 10명이 인민군의 애국정신에 불타는 정의의 총칼 앞에 제거되었으며. … 지금 이 순간까지 경관 100여 명, 반동 400여 명이 숙청되었습니다."

그리고 김달삼은 인민유격대가 45회 이상의 지서 습격 및 야외투쟁을 통해 570명 이상의 사상자를 내고 각종 시설물을 파괴하고 다수의 무기를 탈취하는 등 무장투쟁을 전개하였다고 설명했습니다. 그리고 김달삼은 통일중앙정부 수립을 위한 통일선거 지하 선거 지지율이 유권자의 80%에 가까웠다고 자신 있게 밝혔습니다. 그리고는 마지막에 "민주조선 완전자주독립 만세!", "조국의 해방군인 위대한 쏘련군과 그의 천재적 령도자 쓰탈린 대원수 만세!"를 부르고 연설을 마쳤습니다.

이러한 김달삼의 연설 내용은 제주 4·3사건이 소련을 비롯한 공산당 세력과 연결되어 있으며, 대남공산화 전략의 일환으로 이루어진 것임을 분명히 보여 주고 있습니다.

(2) 제주 4·3사건의 목적: 남한에 인민공화국 수립

남로당을 비롯한 좌익 집단이 제주도 4·3사건을 단행한 목적은, 남한의 단독정부수립을 저지하고 인민공화국정부를 수립하려 했던 남로당의 정책 목표를 실현하는 데 있었습니다. 남로당 대정면 책임자였던 이운방씨는 「이제사 말햄수다-4·3증언자료집Ⅰ」198쪽에서 "주도자는 빨갱이로 봐야지. 최종 목적은 공산주의니까. 그들의 우선 목적은 통일조국건설이고, 그 과정에서 잘못을 저지르기도 했지."라고 증언하였습니다.

좌익측이 제시한 4·3사건의 목표는 세 가지였습니다.
첫째, 남한 단독정부수립 저지
둘째, 통일 민주독립정부 건설
셋째, 미군정당국의 탄압에 대한 인권 보호

첫째와 둘째는 모두 공산주의 정부를 건설하겠다는 뜻입니다.
셋째에서는 미군정당국의 탄압에 대한 인권 보호 문제를 내세웠습니다. 인권유린(人權蹂躪)은 '인권을 침해하는 일', 특히, '공권력이나 권력을 가진 사람이 인간의 기본적 인권을 침해하는 일'을 이릅니다. 개인의 기본권은 비단 국가공권력에 의해서만 보호되어야 하는 것이 아니고, 모든 사회구성원에 의해서 보호되어야 하는 것입니다. 따라서 경찰이나 우익측에 의한 인권유린 행위만을 지적할 것이 아니라 남로당의 잔악한 인권유린 행위로부터도 보호되어야 하는 것입니다. 또한 남한 단독정부수립 저지를 위한 남조선노동당 등 좌익계의 전면적 무력 유격투쟁이라는 제주도 4·3사건이 가지는 본질적 속성을 간과해서는 안 됩니다.

제주 4·3사건은, 남로당이 5·10단독선거를 저지하여 대한민국 단독정부를 세우지 못하게 하려고 온갖 만행으로 공포 분위기를 조성하고, 순진한 제주도민을 공산화하려 한 사건이었기 때문에 군대와 경찰을 투입하여 진압하기에 이른 것입니다. 사회질서가 파괴되거나 국가가 위태롭게 되었을 때 경찰이나 군대가 동원되어 사회질서를 회복하고 국법에 따라 범법자를 처단하는 것은 지극히 당연한 일입니다. 다만 제주도에서 과잉진압으로 인한 피해가 심각했음을 부인할 수는 없으나, 공산세력의 천인공노할 잔악한 만행에 대한 군경의 진압과정만을 비난해서도 안 될 것입니다. 강력한 진압이 없었다면, 또 제주도의 반공도민 수만의 희생이 없었다면 오늘날 우리나라 역사의 판도는 현재와 크게 달라져 있을 것이 명백한 사실입니다.

(3) 제주 4·3사건의 성격
: 남한 단독정부수립 저지와 조선민주주의인민공화국 수립

제주 4·3사건의 기본 성격은, 남한 단독정부수립을 저지하고 인민공화국정부를 수립하기 위해 기존질서체계의 전복을 목적으로 남로당이 일으킨 사건입니다. 대한민국 정부를 괴뢰정부, 적, 원수라고 칭했는가 하면, 심지어 이덕구는 1948년 10월 24일 대한민국에 대해서 선전포고를 하고, 11월 2일에는 국군 9연대 6중대를 공격하여 국군 21명이 사망하였습니다.

뿐만 아니라 1947년 3·1기념투쟁 때의 지도자 김봉현과 소년 게릴라로 입산하여 활동한 김민주가 공편한 「제주도인민들의 4·3무장투쟁사」에는 제주 4·3사건에 대하여 다음과 같이 기록하였습니다.

① 조선민주주의인민공화국 창건을 위한 투쟁임을 분명히 밝혔다.[195]
② 투쟁과정에서 조선민주주의인민공화국 만세를 불렀다.[196]
③ 오각별 공화국기를 옹포 통조림공장 옥상과 한라산 꼭대기 그리고 삼성혈까지 도처 강산에 게양하였다.[197]

---
195) 「제주도인민들의 4·3무장투쟁사」, 113, 116, 148.
196) 「제주도인민들의 4·3무장투쟁사」, 152, 161, 177, 212, 221.

1948년 4월 21일 제 2구(서귀포) 경찰서 강순형 순경과 이강호 순경이 절단된 전화선 수리 경계차 출장 중 모슬포지서 관내 보성리에서 모슬포 쪽으로 800m 지점 소나무 밭에서 습득한 삐라[198]에 의하면 '조선민주주의인민공화국이 수립될 때까지 투쟁한다'고 되어 있습니다.[199]

이도종 목사(李道宗, 1892년생)는 1919년 상해 임시정부 군자금모금운동에 참여한 바 있는 독립운동가이자(당시 협재교회 전도사) 제주도 1호 목사로, 기독교 불모지인 제주도에서 16년간 10개 교회를 개척하신 분입니다.[200] 이 목사님은 1948년 6월 16일 순회 예배를 드리기 위해 고산을 출발해 인성, 화순교회로 가던 중 남제주군 대정읍 신평리 인향동 인근 중산간 도로에서 산사람들에 의해 피랍, "양놈의 사상을 전파하는 예수쟁이", "미 제국주의의 스파이"라는 혐의로 다른 10여 명과 함께 구덩이에 생매장되었습니다(당시 55세).[201]

---

197) 「제주도인민들의 4·3무장투쟁사」, 153.
198) 포고령인민해방군 제5연대 명의, 4281년(1948년) 4월 10일
199) 「영원한 우리들의 아픔 4·3」사진 19쪽, 박서동 채록 정리, 월간 관광제주
200) 이도종 목사: 1892년 북제주군 애월읍 금성리에서 태어나 평양 숭실중학교를 졸업한 후 1926년 조선예수교장로회 신학대학을 졸업했다. 신학교 재학 중 한때 삼양교회의 전도사로 지낸 바도 있으나 졸업 후는 전라북도 성말, 신풍 등의 교회에서 전도사로 지내다가, 1927년 6월 26일 김제중앙교회에서 목사 안수를 받고, 그 무렵 주례사 중에 시국 관련 발언을 한 것이 문제가 되어 일본경찰에 붙잡혀 가는 일을 겪은 후 1929년 제주로 들어오게 된다. 이 목사는 성읍, 신풍, 서귀, 범환, 중문, 표선, 남원 등지에서 목회하였으며, 1937년 남원교회 시무 당시 제 6대 제주노회장에 선출되었다. 이때 후세 교육이 절실함을 깨달은 그는 만주까지 가서 자금을 마련하여 지금 제주YMCA 건물 자리에 제주성경학원을 세운 바 있으나 아쉽게도 철거되었다. 1937년 고산교회의 4대 목사로 취임한 그는 해방 직후까지 이 교회를 섬겼다. 대한예수교장로회 제주노회(노회장 김정서 목사)는 그의 업적과 순교를 기리기 위해 순교기념비를 세웠다(2003년 6월 10일).

그들은 왜 독립운동가이며 성직자인 그를 생매장한 것입니까? 저들은 겉으로는 경찰과 서청의 탄압에 항쟁하고 친일파를 배척한다는 명분을 내세웠지만, 자신들에게 협조하지 않으면 무조건 반동으로 몰아 무자비한 학살을 서슴지 않았습니다. 이를테면 **남로당에 가입하지 않은 자, 5·10선거에 참여하려는 자, 선거관리인, 지하 선거 비협조자, 식량이나 물건을 지원하지 않은 양민들을 닥치는 대로 죽였습니다.** 공산주의자들이 증오하는 기독교 목사인 이도종 목사도 비협조적이라는 이유로 납치하여 생매장한 것입니다. 그렇게 남녀노소를 불문하고 1,764명을 살해하였습니다. 이렇게 무기를 들고 많은 사람들을 살해하며 대한민국 건국을 결사반대하였으니, 이는 분명 인민항쟁이나 의로운 봉기가 아닙니다.

남로당의 소위 1946년 10월 인민항쟁이나 1948년 2·7구국투쟁 같은 것은 폭력투쟁을 벌이기는 했어도, 아직 체제전복 단계에 이른 것은 아니었습니다. 그러나 1948년 4월의 제주도 4·3사건이나 1948년 10월의 여수·순천 사건을 위시해서 그 후 남한 전역에서 전개된 유격전은 기존질서체제를 전복하기 위한 혁명투쟁으로 전개해 나간 것입니다. 2003년 정부에서 발행된 「제주4·3진상보고서」(기획단장: 박원순 변호사)에서는 "미군과 경찰이 제주도민을 탄압하여 제주 4·3민중항쟁이 일어났다"라고 허위주장을 하고 있습니다. 군인-경찰의 횡포에 맞서 싸운 민중항쟁이요, 통일을 위해 일어난 민중봉기라고 규정하고, 이를 진압한 군과 경찰을 정부가 고용한 폭력집단인 것처럼 말하고 있습니다. 국가의 명령에 따라 목숨 바쳐 일한 군인과 경찰을 나라의 역적으로 뒤바꿔 놓은 것입니다.

1948년 5·10선거를 반대해 제주도 3개 선거구 중 2개 선거구가

---

201) 제주일보 2003년 6월 11일자,「제주도지 제 1권」(제주도, 1993), 1137.

무효화되게 하고, 1948년 8월 25일 북한의 건국선거에 제주도민의 85%인 52,000여 명이 지지투표를 하였는데, 그것이 민중항쟁, 무장봉기라고 할 수 있습니까?

제주 4·3사건을 가리켜 군과 경찰의 횡포에 맞서 싸운 '민중항쟁'이라고 한 것은 자신들의 투쟁을 합리화하기 위한 명분에 불과합니다. 이는 정부탄압과 상관없이 남한 단독정부수립을 저지하고 기존 질서체제를 전복하여 인민민주주의 정부, 즉 공산주의 정부를 건설하려는 데 목적이 있었습니다.

1998년 11월 23일, 김대중 대통령도 CNN과의 인터뷰에서 "제주 4·3은 공산폭동이지만, 억울하게 죽은 사람들이 많으니 진실을 밝혀 누명을 벗겨 줘야 한다."라고 말했습니다.[202]

김대중 대통령 CNN 회견 중 해당 부분 발췌(1998년 11월 23일)
질문: 한국과 미국정부는 1948년 제주 4·3사태에 대한 진상은 서로 언제 공개할 방침입니까?
대통령: 제주 문제가 국회에 청원되어 있습니다. 정부로서는 과거의 억울한 문제에 대해서는 진실을 밝힐 필요가 있습니다. 원래 시작은 공산주의자들이 폭동을 일으킨 것이지만 많은 무고한 사람들이 공산주의자로 몰려서 억울하게 죽음을 당했습니다. 이 문제는 세월이 많이 지났지만, 그들의 명예를 회복시키고 해서 유가족들을 위로해 주어야 합니다.

또한 2010년 11월 20일, 대통령 직속기구인 과거사위 즉 진실·화해를 위한 과거사정리위원회의 위원장 이영조 씨는 미국 세인트루이스에서 열린 국제학술회의에서 '한국 과거사 정리의 성과와 의의'라는 주제로 발표하면서, 제주 4·3사건을 "공산주의자가 주도한 모반·폭동(communist-led rebellion)"이라고 말했습니다.

---
[202] 김대중 사이버 기념관(http://www.kdjhall.org), 한라일보 1998년 11월 24일자

한편, 2014년 6월 12일 대법원에서는 4·3평화공원을 4·3폭동공원이라고 발언한 이선교 목사에게 6년 만에 무죄판결을 최종확정하였습니다.

이처럼 제주 4·3사건은 그들이 전개한 기존질서체제 전복활동에 대한 "정부탄압"에 맞서는 '정당방위'의 한계를 훨씬 능가하는 '**무력혁명투쟁**'이었던 것입니다.[203]

참으로 4·3사건은 국가의 존립 자체를 위태롭게 할 정도로 위협적인 사건이었습니다. 따라서 진압과정에서 발생한 안타깝게 죽은 희생자와 그 유가족들을 살피고 충분히 보상해 주어야 할 것입니다. 그리고 꼭 기억할 것은, 만일 그때 제주 4·3사건을 제대로 진압하지 못하였다면 오늘날 자유민주주의 대한민국은 건국되기 힘들었을 것이며, 6·25사변 때 대한민국의 운명은 현재와 완전히 뒤바뀌었을 것입니다. 수많은 군경 및 제주도민의 희생이 결코 헛된 것이 아니었기에, 오늘의 대한민국이 존재하고 있는 것입니다.

---

[203] 「제주도 4·3사건 V」, 352.

 글을 맺으면서

    제주 4·3사건은, 전쟁기간도 아닌 시기에 낙원처럼 아름답고 살기 좋은 땅 제주도에 크나큰 희생을 가져온 참혹한 비극이요, 너무나 깊은 상처요, 엄청난 슬픔이었습니다. 4·3사건 주동자들은 사건만 일으켜 놓고 대부분 도피하거나 북한·일본(조총련 가입)으로 도망가 버리고, 이념에 대해 아무런 개념도 없고 힘없는 자들만 남아서 고스란히 피해를 당했습니다. 서귀면 인민위원장이었던 **이도백**은 많은 주민을 남로당에 가입시키고 4·3사건을 일으킨 후에 자신은 7년 동안 숨어 지낸 자로 유명합니다.[204] 당시 제주도는 섬인 관계로 육지 상황에 대한 소식이 늦고, 또 지역 특성상 대부분 혈연관계로 이루어진 순박한 사람들이어서, 제주도민은 남로당의 선전선

---

204) 이도백: 당시 남로당 제주도위원회 서귀포 지도부 대표로서, 굉장한 사상가이자, 대단한 선동가, 전략가로 사람에 대한 흡인력이 강했는데, 그의 언변이 얼마나 뛰어났던지 사상이 견고하지 않은 이상 그와 접촉하여 몇 마디 대화만 나누어도 남로당에 가입할 정도였다(현성효 씨 증언). 강을선 씨(제주 서귀포시, 당시 13세로 초등학교 6학년)는 "이도백 씨가 여러 번 저희 집에 찾아와 우리 어머니에게 '봉해'(강을선의 부친인 강성건의 어릴 때 이름)가 도장을 안 찍으니까 도장 찍게끔 설득해 달라고 꾀었습니다."라고 증언하였다. 그런데 제주 4·3사건 이후 남로당 지도급들이 일본과 북한으로 도망갈 때 이도백도 자취를 감추었다. 이도백은 그의 계모가 살던 물방앗간 옆집 툇마루 밑에 시멘트로 사람 눕는 곳을 만들어서 낮에는 그곳에 누워 나무로 만든 뚜껑을 덮고 있었고, 밤에는 나와서 운동도 하고 목욕도 하였다고 한다. 식사는 그 툇마루 앞에 있는 창고에서 했는데 계모가 직접 밥을 날라다 주었고, 그렇게 약 7년 정도 아무도 모르게 지내다가 발각돼 체포되었다. 그런데 이도백은 지하에서만 활동하여 흔적을 남긴 것이 없는데다가 그 밑에 있던 자들이 끝까지 입을 열지 않아 증거불충분으로 무죄 판정을 받고 풀려났다. 이도백의 아내는 당시 목포여고를 나온 엘리트로, 부녀회장을 여러 해 맡으면서 많은 여성들을 남로당원으로 포섭하였다.

동에 쉽게 속을 수밖에 없었습니다. 토지의 무상몰수, 무상분배, 무상교육 등 부자나 가난한 자 없이 평등하게 잘살 수 있다는 감언이설에 현혹되어 무조건 따라가게 된 것입니다. 또한 군경의 과잉진압으로 많은 인명이 희생되고 재산피해를 입었습니다. 남로당 가입이나 활동을 주동한 자들은 무책임하게 다 빠져 나간 상태에서 죄 없는 양민들만 희생된 것입니다. 희생자 연령대가 0-90여 세까지였으니, 성인남녀, 어린이, 아직 세상에 태어나지도 못한 태아까지 소중한 생명을 순식간에 빼앗긴 한 맺힌 사건이었습니다.

역사의 소용돌이에 휩쓸려 제주의 산과 들과 깊은 바다에서 졸지에 희생되어, 그 시신조차 수습할 수 없었던 행방불명자는 4천여 명에 이릅니다. 우리는 그 희생자의 넋을 달래고 유족들을 위로하며 명예를 회복시켜 주어야 하고, 한 걸음 더 나아가 4·3사건에 대한 역사적 사실과 그 진상을 제대로 밝혀 후세대에게 올바른 역사의식을 심어 주어야 합니다. 억울하게 죽었다는 사실에만 집착해서 4·3사건을 일으킨 결정적인 원인을 덮어 버리고 사건의 주모자들을 교묘히 숨겨 두고서, 그것을 항쟁이나 민중봉기라고 말해서는 안 될 것입니다. 뒤얽힌 사건의 주체와 목적과 성격과 결과를 한 올씩 풀어 가야 하고, 그것이 제주도와 대한민국에 어떤 영향을 미쳤는지 냉철하게 판단해야 합니다. 더 나아가, 제주 4·3사건과 같은 불행을 반복하지 않기 위하여 상호간의 대립의식을 해소하고 화합과 결속을 위해 힘을 모아야 할 것입니다.

첫째, 왜곡되어 있는 제주 4·3사건의 역사를 정확하게 바로잡고, 그에 따라 무고한 피해자들의 신원파악과 명예회복이 조속히 이루어져야 하겠습니다.

희생자의 명예회복이란, 군경의 과잉진압으로 억울하게 죽었다는 것을 국가에서 공인하여 이를 보상해 주는 것입니다. 그러므로 희생자로 신고된 자들을 면밀히 살피는 일은 대한민국의 정체성과 관련된 중대한 문제입니다. 그래서 헌법재판소는 2001년 9월 27일의 제주 4·3특별법 헌법소원에 대한 결정문에서 제주 4·3사건 희생자에서 제외되어야 할 대상으로 (1) 수괴급 공산무장병력 지휘관 또는 중간간부 (2) 4·3사건 발발의 책임이 있는 남로당 제주도당의 핵심간부 (3) 무장유격대와 협력하여 진압군경 및 동인들의 가족과 제헌선거 관여자 등을 살해한 자 (4) 경찰 등의 가옥과 경찰관서 등 공공시설에 대한 방화를 적극적으로 주도한 자를 명시했습니다.

둘째, 4·3사건의 진상을 올바르게 밝힘으로써 그동안 훼손되었던 국가의 정체성도 반드시 회복되어야 하겠습니다.

나라를 전복시키려는 사건이 일어날 때 진압하지 않는 국가는 없습니다. 만일 4·3사건의 진압이 없었다면 오늘날 우리나라가 어찌 되었을지는 명약관화(明若觀火)한 일입니다. 제주 4·3사건은 남로당이 북한 김일성 세력과 함께 한반도 전체를 공산화하려는 목적으로 일으킨 것이 엄연한 역사적 사실인데도, 아직도 그것을 민중봉기 또는 민중항쟁이라고 주장하면서 국가의 공권력에 과감히 도전하고 군인·경찰을 학살자로 규정하는 자들이 있습니다. 이러한 자세는 국가정체성을 훼손할 뿐만 아니라 국가 안보를 심각하게 위협하는 요인이 되는 것입니다.

제주도 반공도민 수만 명과 군경관들이 흘린 귀중한 피와 6년 6개월이라는 장기간 동안 제주도민의 물적·심적 희생이 없었다면, 지금의 대한민국은 존립이 불가능했을 것입니다. 이제 서로간의 깊은 감정의 골을 메우고 화해하며, 4·3사건의 정확한 진상과 대한민국의 정체성을 확고하게 재인식하는 가운데, 온 국민이 함께 대한민국의 새 출발을 다짐하며 하나 된 마음으로 밝은 미래를 열어 갈 수 있기를 간절히 소원합니다.

찾아보기

영문 및 숫자

78% / 36
1945년 8월 15일 / 26, 29, 37
1,200만원 / 40, 47
1,700년치 / 41
10월 항쟁 / 85
11·7사건 / 189
122만 루블 / 85
1국 1당 / 51
2·7사건 / 116, 120, 220
200만 원 / 85
2연대 / 86, 200, 217
2중대 공격 / 202
2차 공판 / 42, 43
2차 대전 / 26
3·1기념준비위원회 / 99
3·1독립운동 / 18, 26
3·1발포사건 / 97, 114
3·1운동기념투쟁 / 99, 101
33회 / 42, 49
38선 무단월경 금지령 / 56
4·3지대 / 123
5·10선거 / 114, 136, 150
5배가 운동 / 54
6·10만세 운동 / 21
60배 / 64
6중대 / 188, 223
89개의 오름 / 125
8월 테제 / 32
971방첩대 / 218
9월 총파업 / 51, 55, 83
CNN 회견 / 224

ㄱ

강공부 / 160
강동정치학원 / 209
강자규 / 167, 211, 212
강동효 / 102, 108, 113
강문석 / 53, 131, 152, 220
강병호 / 196
강애숙 / 170
강위조 / 196
강의현 / 187, 191
강인수 / 102, 106, 113, 139
건국동맹 / 30, 34
건국준비위원회 / 32, 33, 34, 94
건준 / 33, 34, 94
검거령 / 21
경기여고 / 34
경북도청 / 64, 70
경성콤그룹 / 22
경제적 혼란 / 47
계엄선포 / 191
고경화 / 197
고달연 / 197
고려공산당 / 20
고려공산청년회 / 19, 20, 21
고선잠 / 197
고성두 / 143
고성전투 / 201
고승옥 / 93, 151, 164, 211
고양숙 / 169
고창호 / 190
공산당에 대한 나의 입장 / 36
공산주의 / 18, 87, 99, 155, 222, 226
과거사위 / 244
과거사정리위원회 / 224
과도국회 / 117
광복청년회 / 96
괴뢰정부 / 186, 221
괴뢰정권 / 56
교환병 / 187
구국투쟁위원회 / 123
구두시험 / 87
구엄마을 / 126
국방경비대 / 87, 92, 128, 132, 150, 173
국토의 분단 / 28
군경토벌대 / 195, 198, 199, 200
군사영어학교 / 168, 175
권영석 / 70
권오직 / 39, 48
근택빌딩 / 38, 40
근택인쇄소 / 38
금악마을 / 142
금촌오 / 166

기마경찰관 / 105, 107
기미독립선언 전국대회 / 98
김경선 / 197
김달삼 / 128, 151, 177
김대중 / 224
김두한 / 86
김두현 / 176, 177
김득룡 / 92
김만겸 / 20
김만풍 / 183
김병호 / 183
김복태 / 92
김상겸 / 184
김상혁 / 53, 183
김삼룡 / 22, 30, 35, 53, 136, 175
김생민 / 124, 131
김성규 / 213
김성삼 / 23, 31
김순옥 / 196
김약수 / 20
김여만 / 189
김영배 / 113, 150
김용주 / 210
김의봉 / 210, 212
김익렬 / 132, 135, 150, 151
김인화 / 194
김일성 / 30, 50, 83, 117, 119, 146, 178, 230
김재봉 / 20
김정진 / 201
김정흥 / 197
김종석 / 175, 196
김차봉 / 113
김창봉 / 176
김창순 / 196
김창언 / 196
김태승 / 196
김태옥 / 197
김태인 / 197
김행백 / 109
김현대 / 75
김형선 / 35, 53

ㄴ

나가사키 / 27
나윤출 / 72
남로당 / 51, 95
남로당 군대 / 167

남부군 / 180
남산 공원 / 98
남조선노동당제주도위원회 / 100
남조선인민대표자회의 / 133
노루오름 전투 / 204
노평 / 64, 65
녹하악 전투 / 204

ㄷ

단독심리 / 43
단독정부 / 55, 88, 117, 118, 119, 136, 219, 220, 221
단선반대투쟁 / 220
담화문 / 111, 116
대구 6연대 / 87
대구10월사건 / 64, 106
대구경찰서 / 65, 69, 70, 75
대구의대 / 67, 69
대구의사회 / 80
대남공산화 전략 / 221
대동청년단 / 96, 126
대정면 건의 / 110
대정지서 / 125
대한독립촉성국민회 / 55, 97
대한민국 임시정부 / 19, 30, 34
대한민국 정부수립 / 146
도두리 / 138, 142
도순리 / 182
도장 / 45, 216
독립운동 조직 / 30
독립전취국민대회 / 55
독립촉성국민회 / 55, 129, 143
독립촉성회 / 135
독촉국민회 / 55, 133
동정파업 / 82
드르스 / 161
딘 러스크 / 28

ㅁ

맨스필드 / 158, 161
메이데이 행사 / 45
명덕리 전투 / 202
명월리 / 141
모리배 / 37
모반 / 224
모스크바 3상회의 / 116

모슬포 / 92, 115, 128, 138, 150
무기 반출 / 132
무기징역 / 171
무기휴회 / 49, 117
무력혁명투쟁 / 225
무상교육 / 227
무상몰수 / 227
무상분배 / 227
무장해제 / 71, 130, 156, 159
무허가통행금지 / 184
문기찬 / 134
문두천 / 182
문상길 / 128, 187
문석준 / 203
문숙자 / 133
문애숙 / 170
문영백 / 103, 133
문익도 / 125
문정자 / 133
물방앗간 / 228
미 CIC / 169
미·소 공동위원회 / 49, 55, 117
미군정 / 36, 37, 48, 49, 52, 56, 62, 64, 67, 70, 71, 92, 94, 97, 99, 100, 102, 104, 111, 112, 150, 214
미군정 정보보고서 / 75
민보단 / 198
민애청 / 53, 95, 177
민전 / 37, 79, 95, 98
민족통일애국청년회 / 95
민족해방운동 / 19
민주주의민족전선 / 37, 98
민주청년동맹 / 66, 95
민주학생연맹 / 53, 120
민중봉기 / 136, 229
민중항쟁 / 136, 226
민청 / 59, 66, 73, 95

ㅂ

박갑동 / 21, 38, 50, 91, 219
박경찬 / 95
박경훈 / 91, 112
박상희 / 78
박인주 / 183
박정희 / 79
박진경 / 162, 166, 180, 211, 212
박헌영 / 20, 49, 62, 83, 112, 116, 175, 219

박흥주 / 183
반공 / 96, 113
반정부활동 / 55
반탁 / 98, 116
발포 사건 / 104, 106, 107, 111, 114
방성화 / 125
배경용 / 167, 171
배상철 / 79
백남운 / 53
백록담 / 214
백선엽 / 168
백인엽 / 210
법정 공동투쟁단 / 43
베로스 / 113
변안순 / 143
변창희 / 212
보안법 / 175
본스틸 / 28
분할점령 / 51
볼셰비키 / 18, 52
봉화불 / 125
부두형 / 196
부적 / 170
부평규 / 196
북로당 / 51
북조선 임시인민위원회 / 54
북조선 인민위원회 / 54
북조선 민주주의 인민공화국 / 54
북촌 / 146
북풍회 / 20
비상계엄령 / 73
비정규 게릴라 부대 / 88
빨치산 / 87
삐라 / 83, 103, 121, 222

ㅅ

사상검토 / 87
사형 집행 제 1호 / 171
산록 전투 / 203
상해 임시정부 / 29, 224
샛별오름 / 122, 127, 130
서북청년단 / 135, 150
서용각 / 190
서울옵셋인쇄소 / 41
서울운동장 / 98
서울 청년회 / 20
서청 / 97, 113, 157

서홍리 / 143
선거감시단 / 117
선거인명부 / 137, 139
선산군 / 79
선전선동요강 / 101
선전포고 / 185
성곽의 축조 / 198
셰퍼드 / 174
소개령 / 193, 214
소군정 / 52, 54, 83
소비에트 / 19, 51, 52, 83
손귀현 / 196
손선호 / 167, 171
손영로 / 176
송요찬 / 174, 184, 187
송원화 / 125, 160
송진우 / 30, 32
수도사단 / 210
스즈키 / 29
스타우드 / 112
스탈린 / 83
스티코프 / 50, 83, 118
시기의 결정 / 122
시체데모 / 68
신민당 / 53
신상우 / 167, 171, 211
신상조사 / 87
신엄 지서 / 197
신인회 사건 / 93
신재석 / 71
신전술 / 37, 55, 56, 62, 84
신천지 / 190
신체검사 / 87
신촌회의 / 123
신탁통치안 / 36, 116
쌀 배급제 / 64

ㅇ

아베 노부유키 / 32
안성혁 / 203
안세훈 / 94, 220
안영길 / 92
안재홍 / 30, 32
암살사건 / 170
애보기 정추자 / 197
애월 지서 / 110, 196
야산대 / 87, 121

얄타 비밀협정 / 28
양기행 / 196
양병직 / 141
양영호 / 196
양회천 / 167, 171
어승생악 / 201, 206, 208
여수 순천 사건 / 18, 87
여운형 / 30, 32, 33
영락리 / 115, 143
영천군수 / 78
외상회의 / 36
오각별 공화국기 / 221
오대진 / 94, 109
오라리 사건 / 160
오만순 / 183
오용국 / 140
오원권 / 213, 216
오일균 / 132, 150, 164, 172
오현중학교 / 102, 201
위생병 / 168
위조지폐 사건 / 37, 48, 55
윌리엄 딘 / 169
원자폭탄 / 27, 29
유재흥 / 203, 206
유해진 / 113
육지경찰 / 105, 113
윤병덕 / 20
윤상탕 / 75
윤석현 / 41
윤춘근 / 92
을100원권 / 38
음모 / 56, 119, 130, 173, 189
응원경찰 / 104, 106, 108, 113, 130, 215
의귀리 전투 / 207
의용군 / 91
이강국 / 49
이관술 / 23, 30, 35
이근양 / 187
이기붕 / 30
이덕구 / 131, 179, 180, 204, 208, 210
이도백 / 94, 228
이도종 / 224
이동휘 / 18, 19
이르쿠츠크 / 18
이문규 / 106, 112
이발소 / 170, 190
이범팔 / 203

이성옥 / 69
이세호 / 150, 171
이승만 / 30, 36, 59, 147, 180, 186, 193
이승진 / 131, 152
이시영 / 30, 146
이영조 / 224
이윤 / 207, 208
이윤락 / 151, 164, 172
이재복 / 85, 220
이주하 / 30, 49, 136
이치업 / 93, 167
이태수 / 78
이한정 / 183
이현상 / 35, 53, 208
이혜복 / 40, 48, 49
인권유린 / 109, 220
인민당 / 53, 85
인민민주주의 / 226
인민유격대 / 125, 150, 164, 180, 199, 221
인민위원회 / 35, 66, 69, 73, 79, 82, 85, 94, 95, 96, 97, 98, 99, 109, 119, 129
인민해방군 / 120
임갑생 / 160
임관호 / 112, 194
임영관 / 105
임찬수 / 203

ㅈ

자위대 / 125, 126, 129, 131, 132, 174
자유민주주의 / 31, 147, 155, 227
자유민주주의 대한민국 제 1공화국 / 147
장석한 / 76
장적우 / 71
장전마을 / 145, 197
장창국 / 92, 167, 176
장택상 / 30, 59, 192
저격사건 / 59
저지마을 / 136, 141
적극적 보이코트 / 92
적기가 / 42, 56, 136
적화음모 사건 / 189
적화통일 / 221
전남도당 / 219
전투사령부 / 169
전평 / 56, 62, 87, 121, 177
절약 / 205
정밀인쇄 / 38, 39

정병택 / 183
정익조 / 183
정찬수 / 183
제 11차 공판 / 45
제주 3·1발포사건 / 97, 113, 114
제주 4·3사건 / 88, 114, 122, 136, 209, 210
제주 9연대 / 128, 151, 165, 175
제주도 / 10, 90, 120, 124, 136, 146, 150, 182, 184, 185, 189, 191, 192, 195, 198, 203, 206, 214, 217, 222, 226
제주도경비사령관 / 184
제주도당 / 207, 212
제주도민주주의민족전선 / 128
제주도 인민위원회 / 97, 109
제주도인민유격대 투쟁보고서 / 93, 125, 126, 132, 151, 164, 173, 217
제주도지구 전투사령부 / 203
제주도 총파업 / 109
제주북국민학교 / 102, 103, 104, 107
제주청맹 사건 / 93
제헌국회 / 146
제헌국회의원선거 / 136
조경순 / 220
조몽구 / 94, 109, 131
조선건국동맹 / 32
조선공산당 / 19, 21, 31, 35, 37, 51, 52, 55, 58, 59, 66, 73, 82, 84, 85, 94, 95
조선공산당 재건준비위원회 / 31, 32, 35
조선노동조합 전국평의회 / 57
조선민족청년단 / 97
조선민주주의인민공화국 / 118, 136, 177, 178, 221
조병옥 / 59, 111, 137, 150, 162
조선인민공화국 / 30, 34, 94, 185
조선인민보 / 49
조선정판사 / 37
조태흡 / 197
족청 / 96
존 무초 / 118
중간좌파 / 33
중앙신문 / 49
진중일기 / 207
징크판 / 39

ㅊ

찬탁 / 36, 98, 116
창천 / 144

찰스 본스틸 / 28
철도파업 / 57, 62
체포령 / 49, 62, 83
최경록 / 173
최무학 / 67, 87
최문학 / 87
최영규 / 183
충남경찰청 / 104

ㅋ

카이로 회담 / 28
칼빈총 / 161, 201, 203
캄파 / 101
코민테른 / 18
콜레라 / 68

ㅌ

탈영병 41명 / 165
태평양전쟁 / 32
토끼몰이 / 194
토벌작전 / 151, 173, 182, 184, 187, 192, 195, 198, 200, 204, 210, 215
토산리 / 218
통화질서 / 47
투표소 / 137, 139
투표용지 / 140, 178
트루먼 / 29
특별통행증 / 185

ㅍ

파르티잔 / 88
팔로군 / 91, 127
패트리지 / 102, 109
편의대 운용 / 207
평정비 / 210
평화기념비 / 216
평화협상 / 151, 159
포고령 / 184
포로수용소장 / 174
포츠담 회담 / 28
폭동 / 58, 85, 114, 121, 122, 126, 128, 150, 157, 217, 218, 224, 225
폭력 혁명 / 18
프락치 / 51, 93, 151, 164, 187, 190, 217
플레지어 / 70
피격사건 / 59

피고인 회의 / 43
피의 혁명 / 18

ㅎ

하늘이 준 떡 / 26
하도 마을 / 145
한라단 / 96
한인사회당 / 19, 20
한의사 / 176
한청 / 96
함병선 / 200, 208
함석헌 / 26
합동위령제 / 210
합법적인 국가 / 147
항복문서 / 29
항쟁 / 85, 100, 131, 136, 152, 225
해방일보 / 38, 39, 48
해주인민대표자회의 / 109
현대일보 / 49, 198
향보단 / 144, 198
허영삼 / 213
허정 / 30
헝거 / 122
혁우동맹 사건 / 94
현성효 / 218
현신춘 / 196
호응 투쟁 / 82
홍순봉 / 187
홍순영 / 111, 141
화요회 / 20, 30, 31
환이자동차 / 82
활동 자금 / 47, 51
황말용(혹은 황팔용) / 65
히로시마 / 27
히로히토 / 27

대한민국 근현대사 시리즈 2

참혹했던 비극의 역사
1948년 제주 4·3사건
1946년 10월 1일 대구10월사건

초 판 1쇄	2011년 11월 5일
110쇄	2025년 10월 27일
저 자	박윤식
발행인	유종훈
발행처	휘선(사단법인 성경보수구속사운동센터)
e-mail	center@huisun.kr
주 소	서울시 구로구 오류로8라길 50 6층
전 화	02-2618-1217
등 록	제25100-2007-000041호
ISBN	979-11-964006-4-4 (04390)(세트)
	979-11-964006-6-8
책 값	5,000원

휘선은 '사단법인 성경보수구속사운동센터'의 브랜드명입니다.

*이 출판물은 저작권법에 의해 보호를 받는 저작물이므로 저작권자의 허락 없이 본 내용의 일부 또는 전체를 무단복제, 전재, 발췌하면 저작권법에 의해 처벌을 받습니다.
저작권 등록번호: 제 C-2012-002595 호

앞 표지그림: 대한민국의 국화(國花) 무궁화를 14개 도에 한 송이씩 그려 삼천리 금수강산을 상징하였다. 무궁화 (Rose of sharon)는 피고 또 피어 영원히 지지 않는 꽃, 영원무궁토록 빛나 겨레의 환한 등불이 될 꽃, 성스럽고 선택받은 곳에서만 피어나는 아름다운 꽃이라 이름한다.

　본 서의 표지그림은 대한민국의 밝은 미래와 강인한 생명력이 세세토록 무궁(無窮)하기를 기원하는 마음으로, 독립운동가 한서(翰西) 남궁억 선생(1863-1939년)의 무궁화 수본(繡本)을 재창작한 것이다. 처음 이 수본은 한반도에 당시의 13도를 상징하는 무궁화 13송이와 백두대간을 상징하는 무궁화 가지를 수놓았으며, 독도와 제주도는 무궁화 꽃잎으로 수놓아져 있었다.

　남궁억 선생은 일제 시대에 독립운동가, 언론인, 교육자로서 나라의 독립을 위해 '무궁화운동'에 앞장섰던 분이다. 초지일관 구국을 위해 헌신한 진정한 애국자로, "내가 죽거든 무덤을 만들지 말고 과목 밑에다 묻어서 거름이나 되게 하라."는 위대한 유언을 남기셨다. 1933년 11월 4일 '무궁화와 한국역사사건'으로 체포되어 복역하다가 1935년 병보석으로 출감한 뒤 오래 살지 못하고 1939년 4월 5일 77세에 세상을 떠났다.